やさしい建築環境

辻原万規彦 監修
Makihiko TSUJIHARA

今村仁美・田中美都 著
Satomi IMAMURA / Misato TANAKA

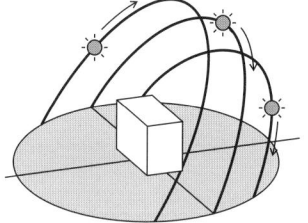

Architectural Environment

学芸出版社

まえがき

　建築物を造る上では、もちろん構造面が安全でなければなりません。しかし、構造だけではなく、その中で生活や仕事やショッピングなどをする人々が、快適に時間を過ごすことができる環境も求められます。また、寒暖の差のある日本では、結露による内部構造の腐朽など、環境面から構造に影響をおよぼすことがないようにすることも求められます。

　そこで、今まで少し難しいというイメージのあった『建築環境工学』の分野を、もう少し身近に現実的に捉えることができないかと考え、監修でもある辻原万規彦が大学の講義用に作成した講義ノートをもとに、著者がイラストを交えた構成に作り替えて本書としました。

　イラストを交えたことで内容をまずイメージでとらえ、そこから理解を深めることができるのではないかと思います。

　また、基礎をしっかり理解することなく発展に入ってしまい、難しいというイメージを持たれる方も多いと思います。そこで本書では、まずしっかりと基本を理解することを第一の目的としました。そうすることが、発展への近道だと考えるからです。

　本書の構成は、建築士試験にも対応しており、二級建築士試験への基礎の理解、一級建築士試験への発展のための参考書に最適です。

　本書をもとに、建築環境工学への関心が深まり、今後、環境や人にやさしい建築物がますます増えていくことを心より望みます。

　　　　　　　　　　著者を代表して　今村仁美

※本文の文字について
・青色の文字は、主にキーワードとなる部分を示します。
・黒網掛け文字は、主に補足説明に用いています。
・【法】は建築基準法、【令】は建築基準法施行令を示します。

目　次

1章　光環境 ——————— 7

❶ 照明 …………………………………… 8

1　視覚　8
- 1-1　目の構造
- 1-2　明視
- 1-3　順応
- 1-4　可視光線

2　照度と輝度　10
- 2-1　光束と光度
- 2-2　照度
- 2-3　光束発散度
- 2-4　輝度
- 2-5　点光源による直接照度の計算

3　昼光　14
- 3-1　昼光率

4　人工照明　17
- 4-1　人工光源の種類と色温度
- 4-2　主な光源の性質

5　照明計画　20
- 5-1　全般照明と局部照明
- 5-2　直接照明と間接照明
- 5-3　グレア
- 5-4　均斉度
- 5-5　照明器具と建築化照明
- 5-6　光束法

❷ 色彩 …………………………………… 25

1　色の表示　25
- 1-1　色の種類
- 1-2　色の三属性
- 1-3　色の混合

2　表色　26
- 2-1　XYZ表色系
- 2-2　マンセル表色系
- 2-3　オストワルト表色系

3　色の名称　28

4　色の効果　29

- 4-1　色の物理的感覚
- 4-2　色の知覚的感覚
- 4-3　色の美的効果

練習問題　33

2章　温熱環境 ——————— 35

❶ 温度と熱移動 …………………………… 36

1　熱の移動　36

2　熱が伝わるしくみ　36

3　熱伝達　37
- 3-1　対流熱伝達
- 3-2　放射熱伝達
- 3-3　総合熱伝達

4　熱伝導　39

5　熱貫流量　42
- 5-1　熱貫流率・熱貫流量の求め方

❷ 室温と熱負荷 …………………………… 44

1　室温の変動　44

2　室内外への熱の出入り　44
- 2-1　定常状態の熱の出入り
- 2-2　熱取得
- 2-3　熱損失
- 2-4　熱損失係数

3　断熱性能　48
- 3-1　外断熱と内断熱
- 3-2　熱容量と断熱性
- 3-3　高気密化による効果

❸ 湿度と結露 ……………………………… 52

1　湿度　52
- 1-1　絶対湿度
- 1-2　飽和状態
- 1-3　相対湿度

1-4 露点温度

2 結露 57
2-1 表面結露
2-2 内部結露

4 体感温度 —————————————— 61

1 環境と人体の熱平衡 61
1-1 人間の暑さ・寒さの感覚（温冷感）に影響する要因
1-2 人体と環境との間の熱平衡
1-3 温熱環境の測定

2 温熱環境指標 64
2-1 作用温度
2-2 新有効温度（ET*）
2-3 標準新有効温度（SET*）
2-4 PMV
2-5 局所不快感

5 太陽と日射 —————————————— 69

1 日照の必要性 69

2 太陽位置 69
2-1 太陽の動きと南中高度
2-2 太陽位置
2-3 太陽位置図
2-4 太陽位置の求め方

3 日照 72
3-1 可照時間と日照時間

4 日影 72
4-1 日影曲線
4-2 日影図と等時間日影図
4-3 終日日影と永久日影
4-4 建物の配置による日影への影響
4-5 建築基準法による日影規制【法56条の2】

5 日射 76
5-1 太陽から放射される熱エネルギー
5-2 太陽から放射される熱エネルギーの受熱
5-3 日射の調節と利用
5-4 日射の取得と遮へい
5-5 ガラスに対する日射の透過率

練習問題 83

3章　空気環境 ———————————— 87

1 室内の空気を汚染する物質 —————— 88

1 換気の目的 88
1-1 室内汚染物質
1-2 換気の目的
1-3 室内の汚染物質濃度
1-4 汚染物質の許容濃度と必要換気量
1-5 有効換気量

2 シックハウス症候群 93
2-1 シックハウス症候群を発症させる化学物質
2-2 シックハウス症候群の予防
2-3 建築基準法による規制

3 空気の性質 95
3-1 空気の性質
3-2 その他の気体の性質と比重
3-3 空気の流れの基礎式

2 自然換気 —————————————— 97

1 風圧力による換気 97

2 温度差による換気 98

3 換気風量の計算 100
3-1 換気風量の計算式
3-2 開口部の合成

3 機械換気 —————————————— 102

1 機械換気方式の種類 102

4 換気計画 —————————————— 104

1 全般換気と局所換気 104

2 換気経路 104

3 その他の換気方式 105

4 気密性能 105

5 通風 ………………………………………… 106

練習問題 107

4章　音環境 ——————— 109

1 音の性質 ……………………………………110

1　音のしくみ　110
1-1　音波と音圧
1-2　音速と波長
1-3　周波数

2　音の単位　111

3　音のレベル表示　112
3-1　音の強さのレベル
3-2　音圧レベル
3-3　音響エネルギー密度レベル
3-4　音響パワーレベル
3-5　レベルの合成

4　聴覚と音の生理・心理　115
4-1　音の聴感上の三要素
4-2　音の心理的・生理的効果

5　音の伝搬　117
5-1　点音源
5-2　線音源
5-3　面音源

2 室内の音 ……………………………………119

1　室内で発生する音の種類　119

2　室内の音の伝わり方　119

3　吸音　120
3-1　吸音率と吸音力
3-2　吸音材料と吸音構造

4　遮音　122
4-1　透過率と透過損失
4-2　コインシデンス効果
4-3　共鳴効果
4-4　音の総合透過損失

5　壁・床の遮音等級　125
5-1　壁の遮音等級
5-2　床の遮音等級

3 室内の音響 ……………………………………127

1　残響　127

2　反響（エコー）　129

4 騒音と振動 ……………………………………131

1　騒音　131
1-1　騒音レベルの測定
1-2　室内騒音の許容値
1-3　騒音対策

2　振動　134
2-1　振動による騒音

練習問題 135

5章　地球環境 ——————— 137

1 地球環境に関する用語 ……………………138

1　地球温暖化　138

2　ヒートアイランド　139

3　大気汚染　139
3-1　オゾン層

4　水質汚濁　140

単位のまとめ　140
ギリシア文字　140

索　引　141

1章　光環境

1 照明

1 視覚

1-1 目の構造

人間の目は、カメラと似た構造をしており、光を捉えることができる。
その光を通して、いろいろな情報を得る。

老化による視覚の変化
- 焦点を合わせる能力が低下する（＝老眼）。
- 水晶体が光を透過させにくくなる。また、ものが黄色を帯びて見える。
- グレア（まぶしく感じること、p.21参照）を感じやすくなる。　　など

⇩

高齢者が安全に生活できるための配慮が求められる！

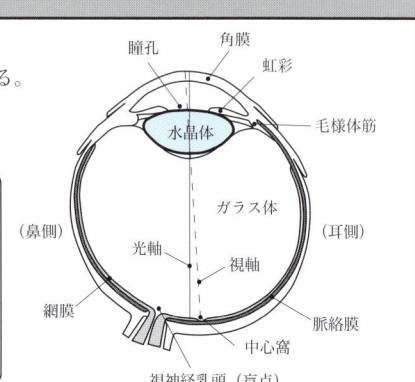

1-2 明視

明視：はっきり、よく見えること

明視に影響を与える5つの条件

| 明るさ | 対比 | 色 | 大きさ | 時間（動き） |

時間（動き）
動いている文字などを読むためには、それを認識するためのある程度の時間が必要。

※4つの条件の場合は除く。

1-3 順応

目は、明るさの変化に対して順応する能力がある。
- 明るいところに慣れること：明順応
- 暗いところに慣れること　：暗順応

明順応にかかる時間

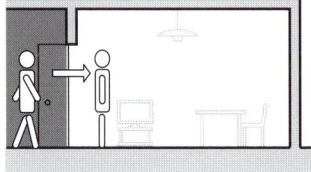
暗い所から明るい所に入ると、まぶしくてほとんどなにも見えない。

約1分 ⇒

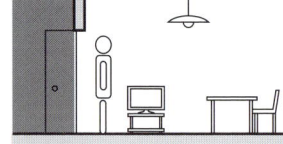
はっきり見えるようになる。

暗順応にかかる時間　※老化によって、特に暗順応にかかる時間が長くなる。

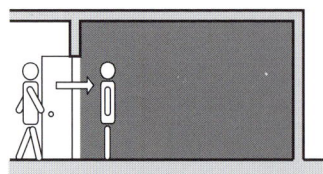
明るい所から暗い所に入ると、真っ暗でなにも見えない。

約10分以上
（完全に安定するまでには約30分かかる。）⇒

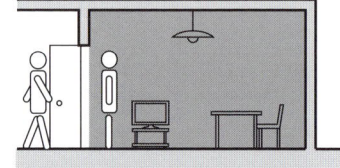
暗い中でもかなりはっきり見えるようになる。

1-4 可視光線

可視光線：人間が見ることのできる電磁波

電磁波には、紫外線・赤外線・X線などいろいろな種類があり、これらは目には見えないが、可視光線は、色として見る（認識する）ことができる。

単位：nm（ナノメートル）
n（ナノ）は 10^{-9} で表す。 ⇒ nm＝10^{-9}m

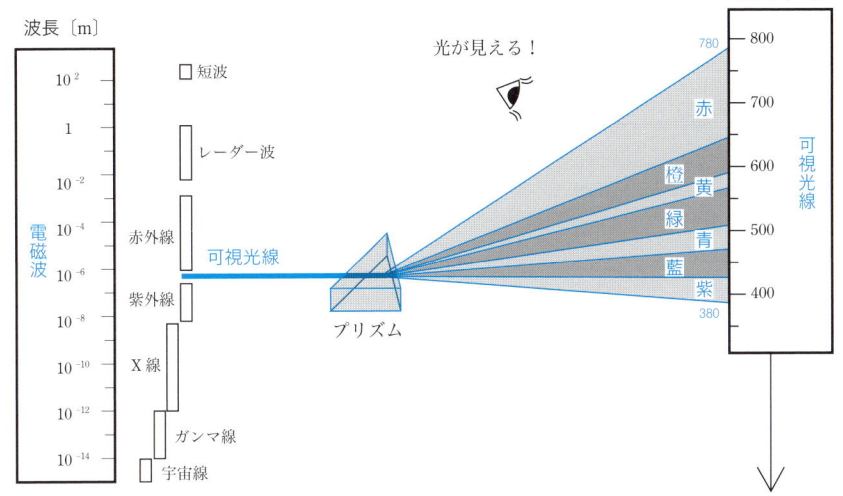

人間が、光として目に感じるものは、波長が380〜780 nmの電磁波であり、555 nmの波長を最も明るく感じる。

人間の目による明るさ感覚が波長によって異なることを『視感度』という。

波長：波の頂上（谷）から次の波の頂上（谷）までの長さ

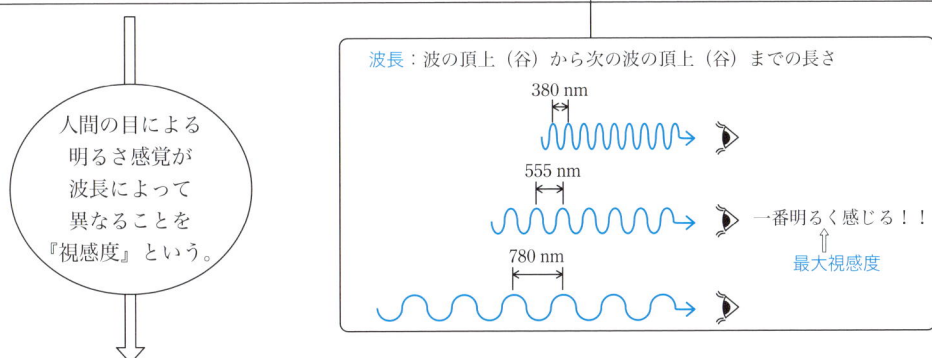

比視感度：
『最大視感度』に対する『各波長の視感度』の比

$$比視感度 = \frac{各波長の視感度}{最大視感度}$$

※プルキンエ現象はこのため（p.32参照）。

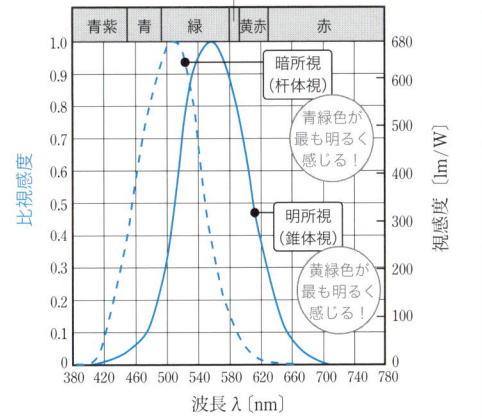

2　照度と輝度

2-1　光束と光度

光束：単位時間に光源から放射される光のエネルギー　⇦ 右図の場合の矢の数と考えるとよい。

単位：lm（ルーメン）

ただし、光束は比視感度（前ページ参照）で補正されるため、人間の感覚に基づいた量となる。

光度：光源からある方向に放射される光のエネルギー（光束）の密度。光の強さ。

単位：cd（カンデラ）　　$cd = \dfrac{lm}{sr}$

⇧ 右図の場合の矢の密度と考えるとよい。

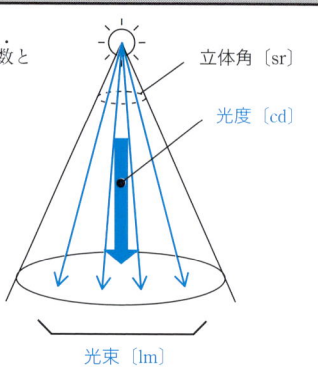

立体角〔sr〕
光度〔cd〕
光束〔lm〕

2-2　照度

照度：光が入射する面の明るさ

⇩

単位面積当たりに入射する光束（前項参照）の量

$$照度〔lx（ルクス）〕 = \dfrac{光束〔lm〕}{面積〔m^2〕}$$

・照度基準　　：p.11 参照
・水平面照度：p.13 参照

輝度（次ページ参照）との違いを確認しましょう！

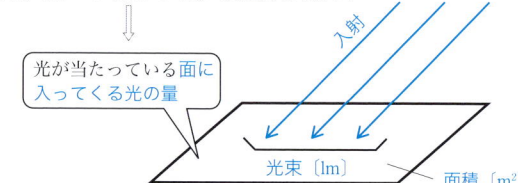

光が当たっている面に入ってくる光の量

入射
光束〔lm〕
面積〔m²〕

いずれも、計算式は $\dfrac{光束}{面積}$ で、単位は〔lm/m²〕となる。
ただし、照度は〔lm/m²〕を〔lx〕（ルクス）と言い換えて表現する。

2-3　光束発散度

光束発散度：光を発散する面の明るさ

光束発散度には、2種類ある。

【反射光束発散度】

反射した面から出てくる光束の単位面積当たりの量

$$反射光束発散度〔lm/m^2〕 = \dfrac{光束〔lm〕}{面積〔m^2〕}$$

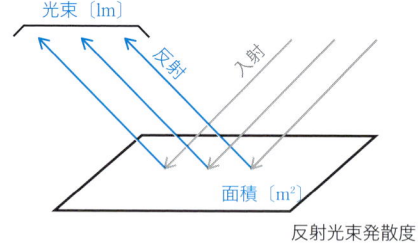

反射光束発散度

【透過光束発散度】

透過した面から出てくる光束の単位面積当たりの量

$$透過光束発散度〔lm/m^2〕 = \dfrac{光束〔lm〕}{面積〔m^2〕}$$

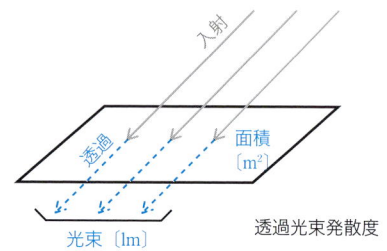

透過光束発散度

2-4　輝度

輝度：ある方向から見た面の明るさ・輝きの程度を表す。

目で見た明るさ感に直接的なかかわりがある。

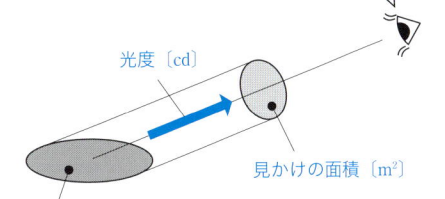

光または光が当たっている部分を目で見た時の光の量

$$輝度〔cd/m^2〕= \frac{光度〔cd〕}{見かけの面積〔m^2〕}$$

光度〔cd〕
見かけの面積〔m²〕
面（光源面）の面積

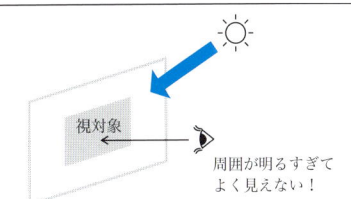

視対象と周囲の輝度による影響

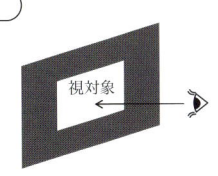

映画館で、館内の照明を消すとスクリーンの映像がはっきり見えるのもこのため！

視対象

視対象より周囲の輝度が低い。

⇩

視力はほとんど低下しない。

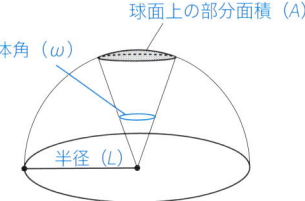

視対象
周囲が明るすぎてよく見えない！

視対象より周囲の輝度が高い。

⇩

著しく視力が低下する。

立体角

※前ページ2-1項参照

半径（L）の球の球面上の部分面積（A）の錐面（すいめん）の開き具合（角度）

$$立体角（\omega）〔sr〕= \frac{A}{L^2}$$

単位は〔sr〕（ステラジアン）

球面上の部分面積（A）
立体角（ω）
半径（L）

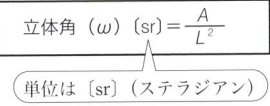

照度基準

日本では、日本工業規格（JIS 規格）によって、照度基準が決められている（次ページ参照）。

◎視作業面

照度は、主に作業を行っている面（視作業面）の高さが基準となる。

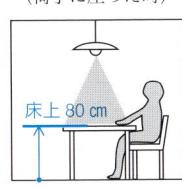

机の上の視作業面（椅子に座った時）

床上 80 cm

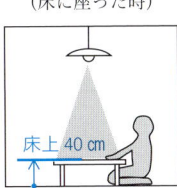

机の上の視作業面（床に座った時）

床上 40 cm

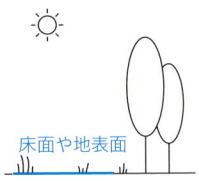

廊下や屋外の視作業面

床面や地表面

主な基準の例

- 精密な視作業（裁縫）：1,000 lx
- 普通の視作業（読書）：500 lx
- 粗い視作業、継続的に作業する部屋（娯楽）：200 lx

その他の部屋は、次ページの表を参照　（　）内は住宅の居間の場合の例

高齢者に対する配慮として、一般の基準の1.5～4 倍の照度が適当とされている。

1章 光環境　1 照明

使用目的に応じた照度基準　JIS Z9110:2010 照度基準（一部抜粋）

◎ 基本的な照明要件（屋内作業）

	維持照度 $\bar{E}_m$[lx]	照度均斉度 U_o
超精密な視作業	2,000	0.7
非常に精密な視作業	1,500	0.7
精密な視作業	1,000	0.7
やや精密な視作業	750	0.7
普通の視作業	500	0.7
やや粗い視作業	300	0.7
粗い視作業、継続的に作業する部屋（最低）	200	
作業のために連続的に使用しない所	150	
ごく粗い視作業、短い訪問、倉庫	100	

◎ 維持照度：ある面の平均照度を下回らないように維持すべき値。
◎ 照度均斉度：ある面における平均照度に対する最小照度の比。

$$\text{照度均斉度} = \frac{\text{作業面の最小照度}}{\text{平均照度}} \quad (\text{p.21参照})$$

◎ 用途別に定められた値

① 事務所

		維持照度 $\bar{E}_m$[lx]	照度均斉度 U_o
作業	設計、製図	750	0.7
	キーボード操作、計算	500	0.7
執務空間	設計室、製図室、事務室、役員室	750	
	診察室、印刷室、電子計算機室、調理室、集中監視室、制御室、守衛室	500	
	受付	300	
共用空間	会議室、集会室、応接室	500	
	宿直室、食堂	300	
	喫茶室、オフィスラウンジ、湯沸室	200	
	休憩室、倉庫	100	
	更衣室、便所、洗面所、書庫	200	
	化粧室	300	
	電気室、機械室、電気・機械室などの配電盤及び計器盤	200	
	階段	150	
	屋内非常階段	50	
	廊下、エレベータ	100	
	エレベータホール	300	
	玄関ホール（昼間）	750	
	玄関ホール（夜間）、玄関（車寄せ）	100	

② 学校

		維持照度 $\bar{E}_m$[lx]	照度均斉度 U_o
作業	精密工作、精密実験	1,000	0.7
	精密製図	750	0.7
	美術工芸製作、板書、キーボード操作、図書閲覧	500	0.7
学習空間	製図室	750	
	被服教室、電子計算機室、実験実習室、図書閲覧室	500	
	教室、体育館	300	
	講堂	200	
執務空間	保健室、研究室	500	
	教職員室、事務室、印刷室	300	
共用空間	会議室、放送室	500	
	集会室	200	
	宿直室	300	
	厨房	500	
	食堂、給食室	300	
	ロッカー室、便所、洗面所、書庫	200	
	倉庫	100	
	階段	150	
	非常階段	50	
	廊下、渡り廊下、昇降口	100	
	車庫	75	

③ 住宅1

		維持照度 $\bar{E}_m$[lx]	照度均斉度 U_o
居間	手芸、裁縫	1,000	0.7
	読書	500	0.7
	団らん、娯楽	200	
	全般	50	
書斎	勉強、読書	750	0.7
	VDT作業⇔コンピュータを用いた作業など	500	
	全般	100	
子供室 勉強室	勉強、読書	750	0.7
	遊び、コンピュータゲーム	200	
	全般	100	
応接室 （洋間）	テーブル、ソファ、飾り棚	200	
	全般	100	
座敷	座卓、床の間	200	
	全般	100	
食堂	食卓	300	
	全般	50	
台所	調理台	300	0.7
	流し台	300	
	全般	100	
寝室	読書、化粧	500	
	全般	20	
	深夜	2	
家事室 作業室	手芸、裁縫、ミシン	1,000	0.7
	工作	500	0.7
	VDT作業	500	
	洗濯	200	
	全般	100	
浴室 脱衣室 化粧室	ひげそり、化粧、洗面	300	
	全般	100	
便所	全般	75	
階段 廊下	全般	50	
	深夜	2	
納戸・物置	全般	30	
玄関 （内側）	鏡	500	
	靴脱ぎ、飾り棚	200	
	全般	100	
門・玄関 （外側）	表札・門標、新聞受け、押しボタン	30	
	通路	5	
	防犯	2	
車庫	全般	50	
庭	パーティー、食事	100	
	テラス、全般	30	
	通路	5	
	防犯	2	

・それぞれの場所の用途に応じて全般照明と局部照明とを併用することが望ましい。（全般照度と局部照度は p.20参照）
・居間、応接室及び寝室については調光を可能にすることが望ましい。

④ 住宅2（共同住宅の共用部分）

		維持照度 $\bar{E}_m$[lx]	照度均斉度 U_o
共用部分	ロビー、エレベータホール、エレベータ	200	
	受付	300	0.7
	集会室	300	
	管理事務所	500	
	洗濯場	150	
	浴室、脱衣室、廊下	100	
	階段	150	
	非常階段、物置	50	
	棟の出入口	100	
	車庫、ピロティー	50	
	構内広場	3	

・居住部分は、「③住宅1」による。

2-5 点光源による直接照度の計算

$$\text{点光源による直接照度（水平面照度）} = \frac{\text{光度}}{(\text{点光源からの距離})^2}$$

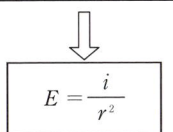

E：照度〔lx〕（＝〔lm/m²〕、p.10参照）
i：光度〔cd〕（＝〔lm/sr〕、p.10参照）
r：光源からの距離〔m〕

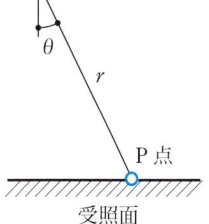

$$E = \frac{i}{r^2}$$

入射角が θ とすると！

$$E = \frac{i}{r^2} \cdot \cos\theta$$

※点光源が2つある場合は、それぞれの和となる！
（下記の問題3参照）

問題

右図のような点滅できる2つの点光源イ・ロに照らされた床上のA点とB点の水平面照度を、それぞれ求めましょう。

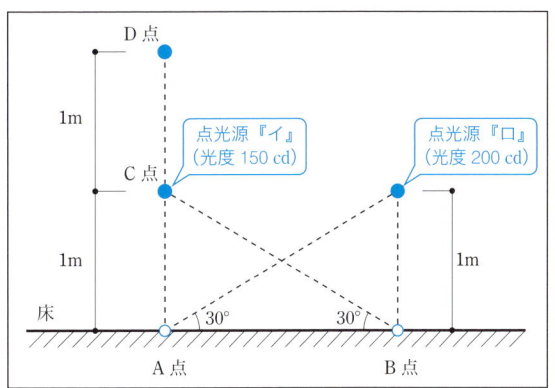

問題1 点光源『ロ』のみが点灯している場合の、B点の水平面照度はいくらか。

$$\text{水平面照度} = \frac{\text{光度}}{(\text{点光源からの距離})^2} = \frac{200}{1^2} = 200$$

したがって、水平面照度は 200 lx

問題2 点光源『ロ』のみが点灯している場合の、A点の水平面照度はいくらか。

$$\text{水平面照度} = \frac{200}{2^2} \cdot \cos 60° = 25$$

したがって、水平面照度は 25 lx

問題3 点光源『イ』・『ロ』の両方が点灯している場合の、A点の水平面照度はいくらか。

$$\text{水平面照度} = \underbrace{\frac{150}{1^2}}_{\text{点光源『イ』に対するA点の水平面照度}} + \underbrace{\frac{200}{2^2} \cdot \cos 60°}_{\text{点光源『ロ』に対するA点の水平面照度}} = 175$$

したがって、水平面照度は 175 lx

問題4 点光源『イ』のみを点灯し、点光源『イ』の位置をC点からD点に移動した場合、A点の水平面照度は移動前の何倍になるか。

$$\text{C点の場合の水平面照度} = \frac{150}{1^2} = 150 \qquad \text{D点の場合の水平面照度} = \frac{150}{2^2} = 37.5$$

したがって、C点からD点に移動した場合の水平面照度は 1/4 倍

⇑
点光源までの距離が2倍になると、照度は1/4になる（距離の2乗に反比例する）ということ！

3 昼光

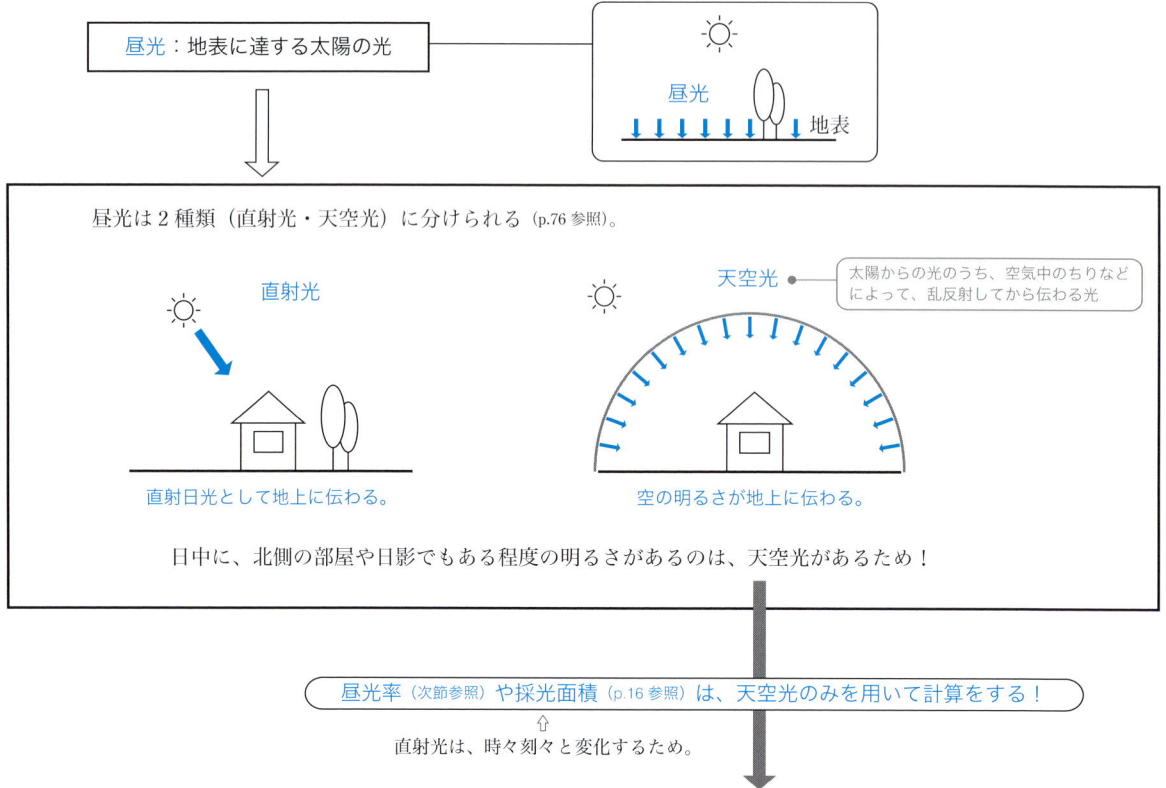

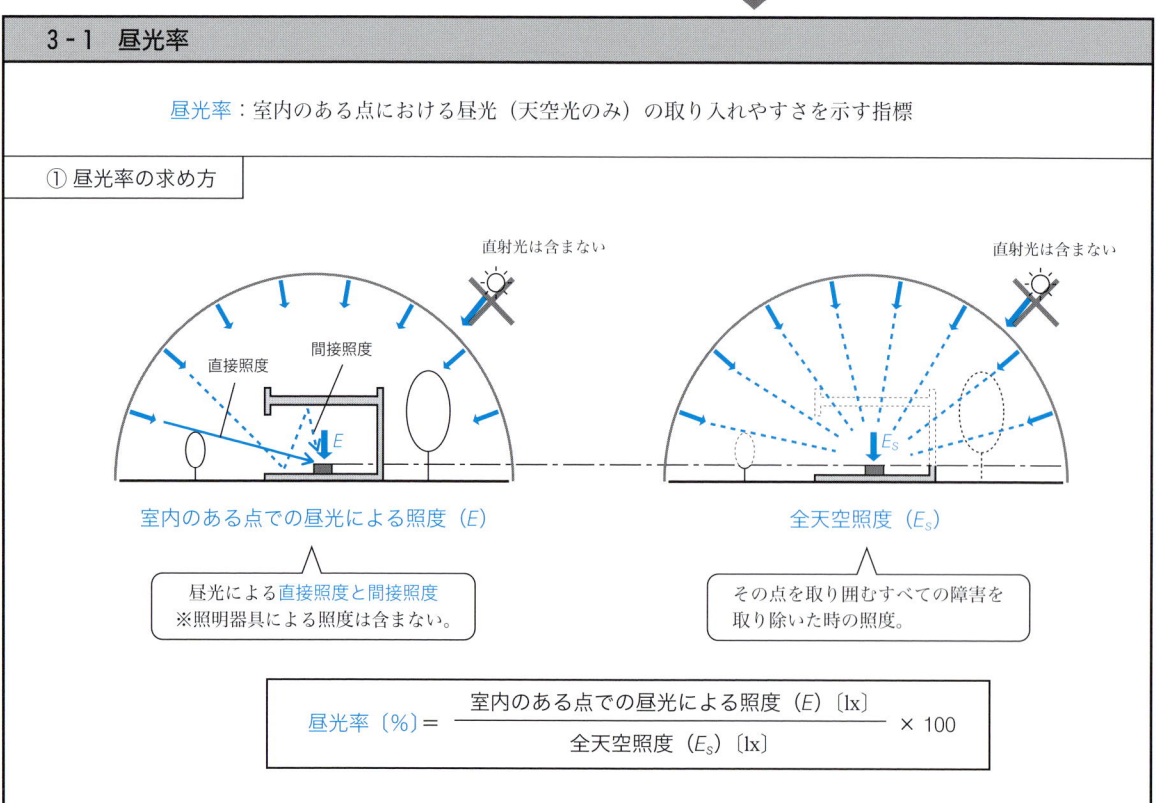

昼光：地表に達する太陽の光

昼光は2種類（直射光・天空光）に分けられる（p.76参照）。

直射光
直射日光として地上に伝わる。

天空光 ● 太陽からの光のうち、空気中のちりなどによって、乱反射してから伝わる光
空の明るさが地上に伝わる。

日中に、北側の部屋や日影でもある程度の明るさがあるのは、天空光があるため！

昼光率（次節参照）や採光面積（p.16参照）は、天空光のみを用いて計算をする！
↑
直射光は、時々刻々と変化するため。

3-1 昼光率

昼光率：室内のある点における昼光（天空光のみ）の取り入れやすさを示す指標

① 昼光率の求め方

直射光は含まない

室内のある点での昼光による照度（E）
昼光による直接照度と間接照度
※照明器具による照度は含まない。

全天空照度（E_S）
その点を取り囲むすべての障害を取り除いた時の照度。

$$昼光率〔\%〕= \frac{室内のある点での昼光による照度（E）〔lx〕}{全天空照度（E_S）〔lx〕} \times 100$$

② 基準昼光率

基準昼光率：視作業や室空間の種類に応じた昼光率の基準

普通の日の15,000 lxを基準に求められる。

設計用の全天空照度

天空の状態	全天空照度〔lx〕
特に明るい日（薄曇り・雲の多い晴天）	50,000
明るい日	30,000
普通の日	15,000
暗い日	5,000
非常に暗い日（雷雲・降雪中）	2,000
快晴の青空	10,000

段階	基準昼光率〔%〕	視作業・行動のタイプ（例）	室空間の種別例	照度〔lx〕※全天空照度が15,000lxの場合
1	5	長時間の精密な視作業（精密製図・精密工作）	設計・製図室（天窓・頂側光による場合）	750
2	3	精密な視作業（一般の製図・タイプ）	公式競技用の体育館 工場の制御室	450
3	2	長時間の普通の視作業（読書・診察）	事務室一般 診察室 駅・空港のコンコース	300
4	1.5	普通の視作業（板書・会議）	教室一般、学校、体育館 病院検査室	225
5	1	短時間の普通の視作業または軽度の視作業（短時間の読書）	絵画展示の美術館（展示された絵画面上）病院の待合室 住宅の居間・台所（室空間の中央床面上）	150
6	0.75	短時間の軽度の視作業（包帯交換）	病院の病室 事務所の廊下・階段	110
7	0.5	ごく短時間の軽度の視作業（接客・休憩・荷造り）	住宅の応接室・玄関・便所（室空間の中央床面上）、倉庫	75
8	0.3	短時間出入りする際の方向づけ（通常の歩行）	住宅の廊下・階段（室空間の中央床面上）病棟の廊下	45
9	0.2	停電の際などの非常用	体育館の観客席、美術館、収蔵庫	30

昼光率に影響を与える要素

◎ 開口部の大きさ、形、位置

例）開口部の大きさ

光の量：多い

光の量：少ない

開口部の大きさが小さくなるほど昼光率は低くなる。ただし、取付け位置などによって異なる（次ページ参照）。

◎ ガラス面の状態

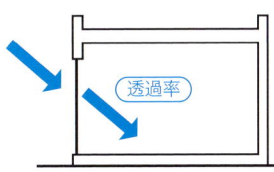
透過率：大

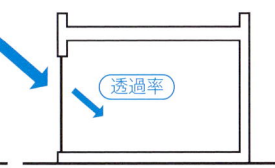
透過率：小

ガラスの昼光に対する透過率が低いほど昼光率は低くなる。

◎ 室内の仕上げ

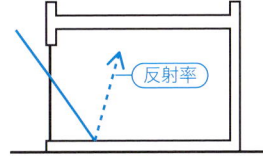

室内の仕上げの反射率が低いほど昼光率は低くなる。

◎ 測定点の窓からの距離

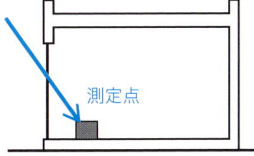
光が届く量：多い

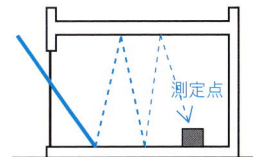
光が届く量：少ない

窓からの距離が遠くなるほど昼光率は低くなる。

建築基準法の採光に関する規定　【法28条1項】【令19条2項・3項】

建築基準法では人々が健康に過ごすために、居室（下記参照）の床面積に対して、一定の割合以上の採光が開口部（窓）から確保できるように基準が設けられている。

採光が必要な居室の種類と床面積に対する開口部の割合

居室の種類		割合
住宅（共同住宅の住戸も含む）の居室		1/7以上
(1)	幼稚園、小学校、中学校、高等学校、中等教育学校の教室	1/5以上
(2)	保育所の保育室	
(3)	病院、診療所の病室	1/7以上
(4)	寄宿舎の寝室、下宿の宿泊室	
(5)	・児童福祉施設等の寝室（入所する者の使用するものに限る） ・児童福祉施設等（保育所を除く）の居室のうち、入所者・通所者に対する保育、訓練、日常生活に必要なものとして使用されるもの	
(6)	(1)に掲げる学校以外の学校の教室	
(7)	病院、診療所、児童福祉施設等の居室のうち入院患者、または入所する者の談話、娯楽等として使用されるもの	1/10以上

◎ 最低限必要な開口部の面積（必要採光面積）を求める。

居室の床面積に対して、最低限必要な面積

必要採光面積＝居室の床面積 × 割合

例）住宅の居室の場合

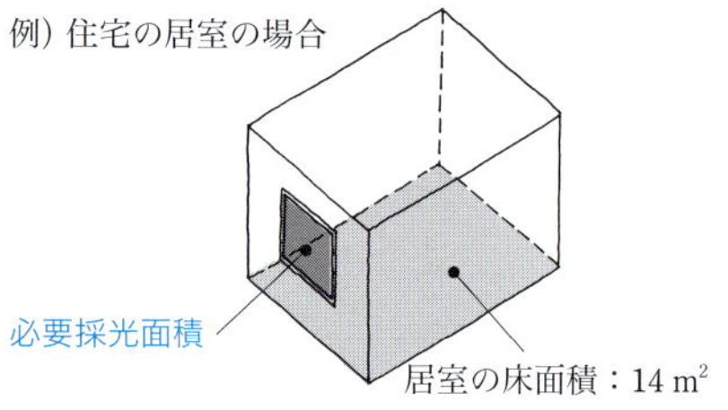

必要採光面積
居室の床面積：14 m²

必要採光面積＝14 m² × 1/7 ＝ 2 m²

したがって、2 m²以上の開口部が必要となる。

◎ 実際に有効な開口部の面積（有効採光面積）を求める。

設計した窓の面積に対して、実際に明るさが確保できる面積

開口部の面積に係数（採光補正係数）を掛けたものが、実際に有効な開口部の大きさとなる。

有効採光面積＝開口部の面積 × 採光補正係数

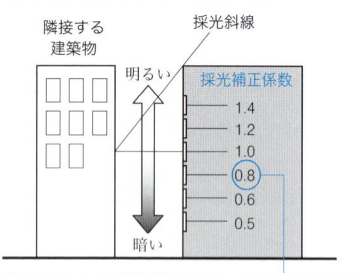

近隣に建物があると、窓があっても十分な明るさが確保できない場合がある。

本来の80%の明るさしか期待できないということ

必要採光面積 ≦ 有効採光面積

となれば、明るさが確保できていると判断できる。

※採光補正係数の求め方は、【令20条2項】を参照

建築基準法の「居室」の定義

特定の人が継続的に使用する部屋だけではなく、特定の部屋が不特定の人によって、時間的に継続して使用される場合も、「継続的な使用」（居室）に含まれる。

例）住宅の居室：居間、応接室、寝室、書斎、食堂など

4 人工照明

室内を明るくする照明には、昼光照明と人工照明がある。
これらを組み合わせることや、いずれかを選択することによって効果的な照明計画を行うことができる。

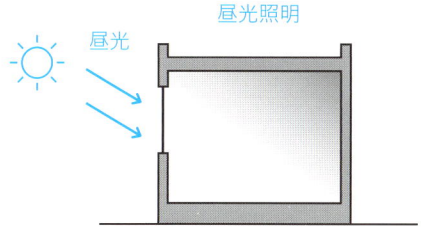

昼光によって、室内が明るくなる
（p.14〜16参照）

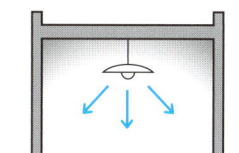

照明器具によって、室内を明るくする

昼光を利用した照明計画を行う際の注意点
・明るさの変動が大きい。
・過剰な明るさや、まぶしさをもたらす可能性がある。
・空調負荷が増加する場合がある。　　など

4-1 人工光源の種類と色温度

色温度：様々な光源の光色（光源自体の色）を表すのに用いられる。

単位：K（ケルビン）

光色

色温度が高くなるにつれて、光色が変化する。

色温度：低い ──→ 高い
光　色：赤 → 黄 → 白 → 青

演色

照明光が色の見え方に及ぼす影響

自然光に照らされた時の見え方に近いほど演色性がよい。

⇩

演色評価係数（Ra）
昼間に自然光の下で見る色とのずれを示した係数

0 ←─────────○──→ 100
　　　　　　　90

90 以上であれば、演色性が良いといえる！

演色は光源の種類に関係する！

洋服店で買った時と、屋外で着た時の服の色のイメージが違うのはこのため！

色温度〔K〕	光源の種類	光色
↑		青みがかった色 （涼しいイメージ）
5,300		
	蛍光ランプ 蛍光水銀ランプ メタルハライドランプ	白色
3,300		
↓	ハロゲン電球 白熱電球 高圧ナトリウムランプ	赤みがかった色 （暖かいイメージ）

4-2 主な光源の性質

① 白熱電球

ガラス球内にある抵抗線の発熱によって生じる光を利用

- ランプ効率：低い（7〜17 lm/W）
- 寿命　　：短い（1,000〜1,500 時間）
- 色温度　：低い（2,850 K）
- 演色性　：良い

> ランプ効率：
> 単位消費電力当たりの光束数。発光効率とも言う。

赤みがかった光色（暖かなイメージ）

- 色温度が低く、演色性が良いため、さまざまな用途に用いられている。
- 白熱電球は、表面温度が高いため、室内の温度が上昇することがある。
- 消費電力を低くおさえるため、一部を除き、白熱電球の製造は中止され、LED 電球に置き換えられつつある。

② ハロゲン電球

白熱電球内にアルゴンなどのガスとともにハロゲン物質を封入したもの

- 白熱電球に比べて、ランプ効率が多少良い
- 白熱電球に比べて、寿命が約2倍
- 小型

輝度が高いため、スポットライトとしてよく用いられる。

③ 蛍光ランプ

（白熱電球の約5倍）

- ランプ効率：良い（33〜84 lm/W）
- 寿命　　：長い（3,000〜12,000 時間）
- 色温度　：調整できる
- 演色性　：かなり良好

色温度（前ページ表参照）
- 電球色（3,000 K）　赤みがかった白
- 温白色（3,500 K）
- 白色　（4,200 K）　白
- 昼光色（6,500 K）　青みがかった白

- 白熱電球に比べて表面温度が低い。
- 白熱電球の代替えとして、電球型蛍光ランプがある。

> 白熱電球の消費電力は、蛍光灯（ランプ）の約5倍！

④ HID ランプ

高効率・高出力の高輝度放電ランプで、右記の種類などがある。

- ランプ効率：良い
- 寿命　　：長い
- 演色性　：低いものもある

始動や再始動に、数分から10分以上かかることもある。

蛍光水銀ランプ
ホール・工場・体育館などに用いられる。

メタルハライドランプ
屋外照明・大規模な商業施設などの屋内空間などに用いられる。
※演色性が比較的よい。

高圧ナトリウムランプ
道路照明・工場などに用いられる。
※オレンジ色の光色

⑤ 発光ダイオード（LED）

蛍光ランプを超えるランプ効率を持つものもあり、寿命が著しく長い。
信号やイルミネーション、液晶パネルのバックライトなどに用いられており、今後、さらに利用範囲が広がると期待される。

1章 光環境　1 照明

	白熱電球	ハロゲン電球	蛍光ランプ	HIDランプ			発光ダイオード(LED)
				蛍光水銀ランプ	メタルハライドランプ	高圧ナトリウムランプ	
発光原理	温度放射		ルミネセンス(低圧放電)	ルミネセンス(高圧放電)			半導体
消費電力 [W]	10～200	60～500	4～110	40～1,000	100～2,000	50～940	5～11
全光束 [lm]	73～3450	540～10,000	130～9,220	1,400～59,500	9,000～200,000	2,500～139,000	300～1,000
ランプ効率 [lm/W]	7～17	9～20	33～84	35～60	90～100	50～148	60～90
色温度 [K]	2,850	2,800～3,000	2,800～7,200	3,900	3,000～6,000	2,050～2,800	2,700～5,000
演色性 (平均演色評価係数Ra)	良い・赤みが多い (100)	良い (100)	比較的良い (60～99)	あまり良くない (40)	良い (高演色型は非常に良い) (70～96)	良くない (高演色型は比較的良い) (25～85)	比較的良い (70～90)
寿命 [時間]	1,000～1,500	1,500～2,000	3,000～12,000	12,000	6,000～12,000	9,000～24,000	30,000～40,000
コスト 設備費	安い	比較的高い	比較的安い	やや高い	やや高い	やや高い	やや高い(安くなる可能性大)
コスト 維持費	比較的高い	比較的高い	比較的安い	比較的安い	比較的安い	安い	安い
用途 (例)	住宅・店舗・応接室・ホテル	店舗(スポット照明など)・スタジオ	事務所・店舗・住宅・(低天井施設)・街路	道路・街路・高天井工場・スポーツ施設	スポーツ施設・店舗・高天井工場	道路・街路・店舗・スポーツ施設・高天井工場	信号機・テレビ・イルミネーション・住宅

発光ダイオードは、今後の技術の発展によって値が変わる可能性がある。

※一般的な値を示すが、メーカーによって値が異なることもある。

◎白熱電球　◎ハロゲン電球　◎蛍光ランプ　◎蛍光水銀ランプ　◎メタルハライドランプ　◎高圧ナトリウムランプ　◎発光ダイオード

5 照明計画

5-1 全般照明と局部照明

照明器具を用いて空間全体を明るくする方法として『全般照明』が、部分的に明るくする方法として『局部照明』がある。いずれも、光源などの性質とコストに応じて選択する。

全般照明
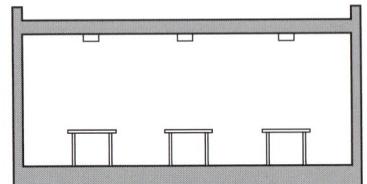

局部照明
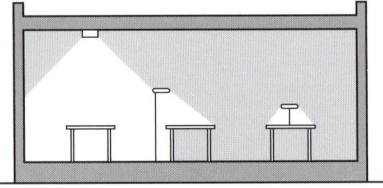

空間全体を一様に明るくし、照度をできるだけ均一に保つ。

必要な部分だけを明るくする。

不必要な部分まで明るくなるので、経済的ではない。

必要な部分だけ明るくなるので、経済的ではあるが、空間内の明暗の差が大きく、目が疲れやすい。

事務室や商業施設など、人がさまざまに動く可能性のある空間に適している。

読書室や集中作業などを行う空間に適している。

※全般照明と局部照明を併用する場合、全般照明の照度を低くする。
ただし、全般照度と局部照度の差があまり大きくならないようにする。　周囲が暗すぎると、目が疲れるため

5-2 直接照明と間接照明

照明器具を用いて空間の使用目的に応じた明るさや空間の雰囲気を作り出す方法として、『直接照明』と『間接照明』がある。

直接照明
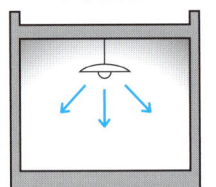

間接照明
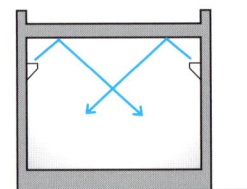

明るくしたい部分に、直接光をあてる。

壁や天井に光をあて、その反射によって空間を明るくする。

明るい部分と暗い部分の差が大きくなる。
物の凹凸ははっきりするが、影ができる。

全体的にやわらかい光の空間になる。
ただし、物の陰影がはっきりせず、凹凸をとらえにくい。

食卓や作業面を照らすのに適している。

リビングやホテルの客室など、実用性よりインテリアとしての効果を重視する空間に適している。

5-3 グレア

グレア：視野内に高い輝度の部分があると、まぶしくて見えにくくなったり、目の疲労や不快感を感じる。

(反射グレア)

例）コンピューターの画面に照明器具などが映り込み、作業の支障になる。

※照明がパソコンの画面に映り込まないように照明器具の取付けの際には注意する。

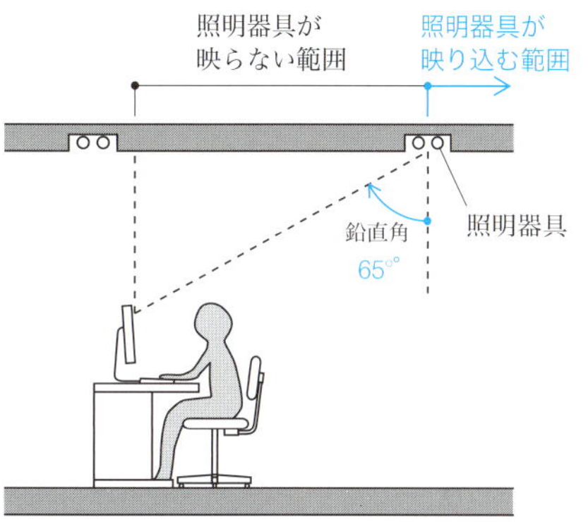

(光膜反射)

例）黒板や本などが反射して見えにくい場合がある。

※拡散パネルやルーバーなどを備えた照明器具を用いると、グレアの防止に有効。

5-4 均斉度

教室やオフィスなどでは、室内全体で均一な明るさが求められる。
⬇
室内の照度のバラツキの程度を求める。⇒ 『均斉度』
⬇
照度のバラツキのない照明計画とする。

- 昼光を利用する（次ページ参照）。
- 照明器具のみで計画する。
- 昼光＋照明器具で調節する。

照明器具を用いる場合は、エリアごとに点灯ができるように、スイッチを分割するなどの工夫をする。

p.12 照度均斉度の値はこちら

$$均斉度 = \frac{作業面の最小照度}{平均照度}$$ または $$均斉度 = \frac{作業面の最低照度}{作業面の最高照度}$$

均斉度
照度分布にムラが少なく目が疲れにくい。 ← 高い　低い → 照度分布にムラがあり目が疲れやすい。

片側採光の場合

片側にしか窓がない場合は、窓がある側とない側で大きく照度が異なる。

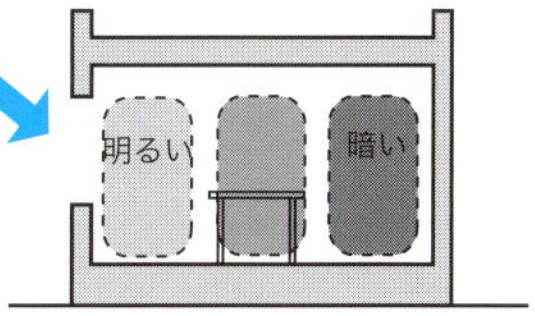

明るい　　暗い

昼光照明時の均斉度を高める対策

均斉度を高めるには、窓から離れた部分にどのようにして光を送るかが重要になる。

◎ 窓の位置は高い方が効果的

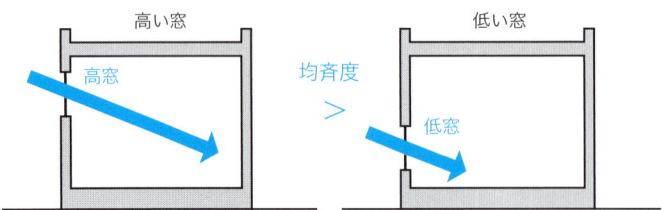

部屋の奥まで光が届く。　　　　　部屋の手前までしか光が届かない。

◎ 窓の形状は横長の方が効果的

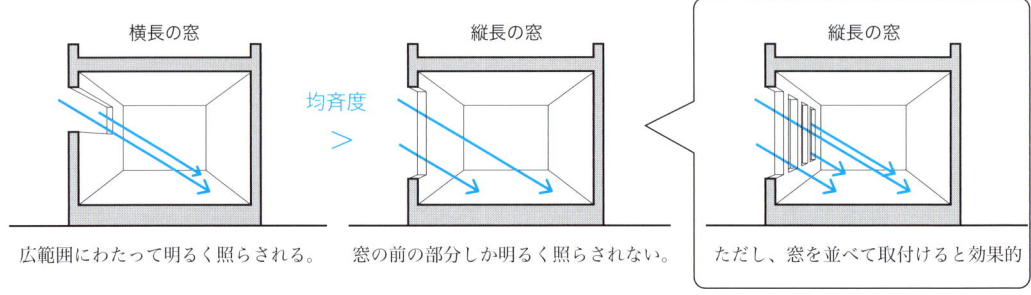

広範囲にわたって明るく照らされる。　窓の前の部分しか明るく照らされない。　ただし、窓を並べて取付けると効果的

◎ 側窓よりも天窓の方が効果的

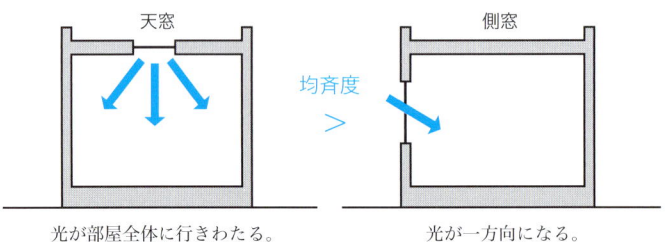

光が部屋全体に行きわたる。　　　光が一方向になる。

◎ 水平ルーバーなどを取付ける。　◎ 室内の壁や天井の反射率を高める。　◎ 拡散性の高いガラスを用いる。

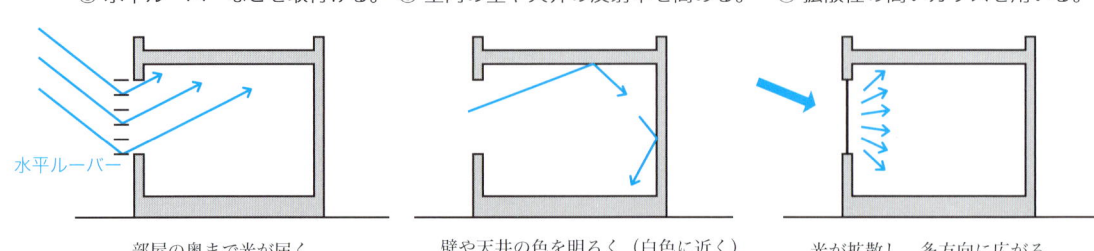

部屋の奥まで光が届く。　　壁や天井の色を明るく（白色に近く）　　光が拡散し、多方向に広がる。
　　　　　　　　　　　　するほど反射率は高くなる。

など

5-5 照明器具と建築化照明

① 照明器具の種類

照明器具は、空間の用途やその中で行う作業に応じて使い分ける。

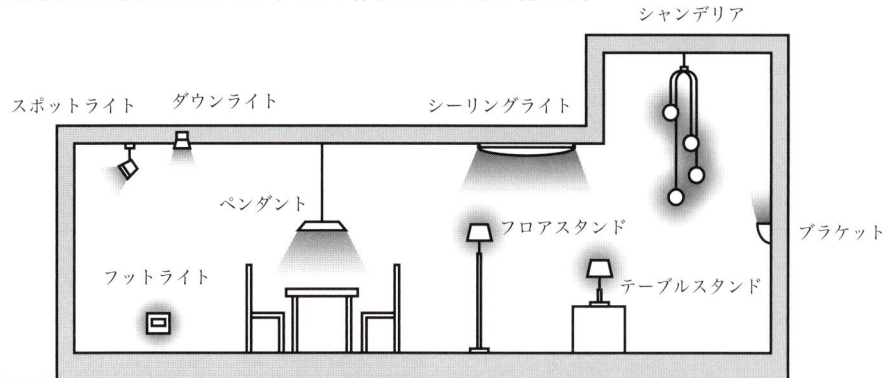

② 照明器具の配光

照明器具の配光：光源あるいは照明器具の各方向に対する光度の分布

分類の名称		直接照明	半直接照明	全般拡散照明	半間接照明	間接照明
光束〔%〕	上方へ	0〜10	10〜40	40〜60	60〜90	90〜100
	下方へ	100〜90	90〜60	60〜40	40〜10	10〜0
配光例						
照明器具の例		・ダウンライト ・金属反射がさ ・グレアレス型蛍光灯器具	かさなし蛍光灯器具	拡散グローブ	半透明反射さら	・孔あき金属反射さら ・金属反射さら

③ 建築化照明

建築化照明：天井や壁に照明器具を組み込み、建築と一体化したもの。
照明の配置や形状が空間のデザインにもなり、また、さまざまな光の演出が可能となる。

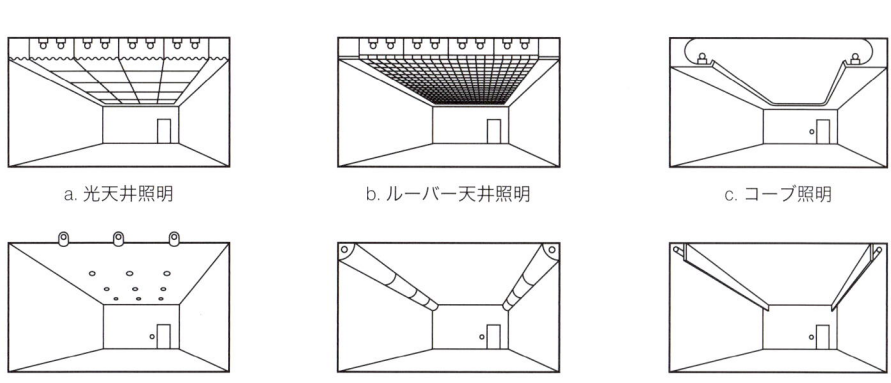

a. 光天井照明　　b. ルーバー天井照明　　c. コーブ照明
d. ダウンライト照明　　e. コーナー照明　　f. コーニス照明

5-6 光束法

光束法：電灯照明のランプ本数や、照明器具台数を求める場合に用いられる。

照明器具の台数の求め方

① 室指数を求める。

$$\text{室指数} = \frac{\text{間口(m)} \times \text{奥行き(m)}}{\{\text{間口(m)} + \text{奥行き(m)}\} \times \text{高さ(m)}}$$

高さ：照明器具から作業面までの高さ

室指数 → 表より照明率が割り出せる。

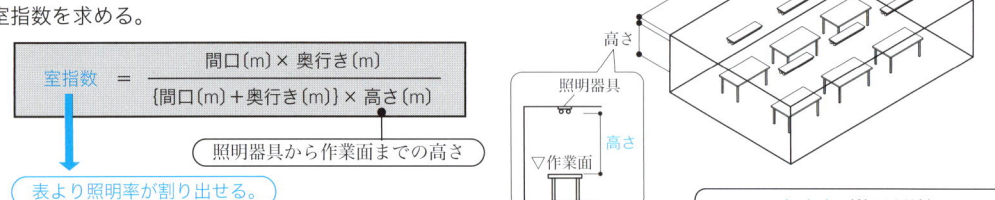

② ランプの本数を求める。

$$\text{ランプの本数} = \frac{\text{作業面面積(m}^2\text{)} \times \text{作業面照度(lx)}}{\text{発散光光束(lm)} \times \text{照明率(\%)} \times \text{保守率(\%)}}$$

照明率：ランプからの発散光束に対し、作業面に入射する光束の割合。照明器具の維持管理を考慮している。

保守率（使用環境）

照明施設をある期間使用した後の作業面の平均照度と初期照度の比

下記の条件により決められる。
- ランプの種類
- 照明器具の形状と構造
- 照明器具の使用環境
- ランプ交換や、ランプ・照明器具の清掃など保守管理の仕方

⇩

『標準的保守率』※表で示されている。

例）蛍光ランプの場合の保守率

	良い	普通	悪い
露出形	0.72	0.7	0.66

③ 照明器具台数を求める。

$$\text{照明器具台数} = \frac{\text{ランプの本数}}{\text{照明器具 1 台当たりのランプの本数}}$$

問題 間口10 m、奥行き15 m、照明器具の取付け高さ2.8 mの事務室で、机上面照度500 lxを確保するための照明器具の台数を求めましょう。机上面は床面から0.8 mとします。

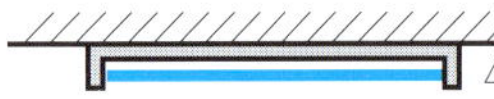

天井直付け形

照明器具 1 台当たりのランプの本数は 2 本

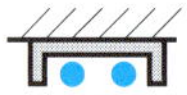

事務室の環境：
- 室の反射率：天井 70%・壁 70%・床 10%
- 保守率：普通（0.7）

照明器具：
- 発散光光束：4,000 lm

反射率 天井	80%			70%			50%		30%	20%	0%
壁	70%	50%	30%	70%	50%	30%	50%	30%	30%	10%	0%
床	10%			10%			10%		10%	10%	0%
室指数	**照明率**										
0.60	.47	.36	.28	.45	.35	.28	.33	.27	.26	.21	.19
0.80	.55	.44	.37	.54	.43	.36	.41	.35	.33	.29	.26
1.00	.61	.50	.42	.58	.48	.41	.46	.40	.38	.33	.31
1.25	.66	.56	.48	.64	.54	.47	.52	.45	.44	.39	.36
1.50	.70	.60	.53	.67	.59	.52	.56	.50	.48	.43	.40
2.00	.75	.67	.61	.73	.66	.59	.62	.57	.54	.50	.47
2.50	.79	.72	.65	.76	.70	.64	.66	.61	.59	.54	.51
3.00	.81	.75	.69	.79	.73	.68	.69	.65	.62	.58	.54
4.00	.85	.79	.75	.82	.77	.73	.74	.70	.67	.63	.59
5.00	.86	.82	.78	.84	.80	.76	.76	.73	.70	.66	.63

照明率：実際には、照明器具によって値が異なる。

◎ 室指数を求める。

$$\text{室指数} = \frac{10 \times 15}{(10+15) \times (2.8-0.8)} = 3.0 \Longrightarrow \text{上表より、照明率} = 0.79$$

（3.0：端数になった場合は、その近似値）（2.8−0.8：照明器具と机上面の距離）

◎ ランプの本数を求める。

$$\text{ランプの本数} = \frac{150 \times 500}{4{,}000 \times 0.79 \times 0.7} \fallingdotseq 33.9 \text{〔本〕}$$

（150：床面積、500：机上面照度、4,000：光束、0.79：照明率、0.7：保守率）

◎ 照明器具の台数を求める。

$$\text{照明器具の台数} = \frac{33.9}{2} = 16.95$$

したがって、照明器具の台数は、**17 台**

2 色彩

1 色の表示

1-1 色の種類

```
         ┌─ 光源色 ── 光源が発する光そのものによって感じる色
         │              光源自身の色の違い（白熱灯の赤みがかった色や蛍光灯の青みがかった
         │              色など）や、夕焼けの赤い光など
  色 ──┤
         │           ┌─ 表面色 ── 物体に当たった光が反射した時の色
         │           │              特定の色が強く反射されることにより、目はその色を物体の色として認識する。
         └─ 物体色 ─┤
                     └─ 透過色 ── 光が物体を透過した時の色
                                    ステンドグラスのように、光が透過することで、その色を認識する。
```

1-2 色の三属性

① 色相

色相：色みの性質に関する属性
色相は、光の波長によって異なる。（p.9 参照）

例）赤・青・緑 など

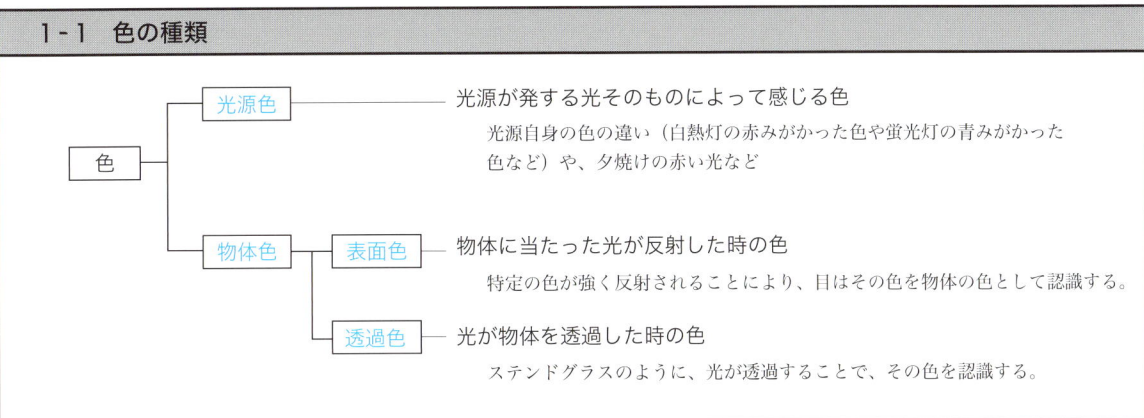

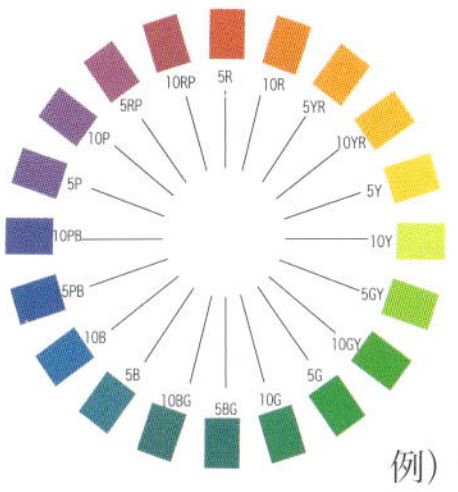

例）マンセル色相環

② 明度

明度：表面色の明るさに関する属性
　　　⇧
光に対する反射率に関係する。

明るい：明度が高い

無彩色（p.28参照）の場合

有彩色（p.28参照）の場合

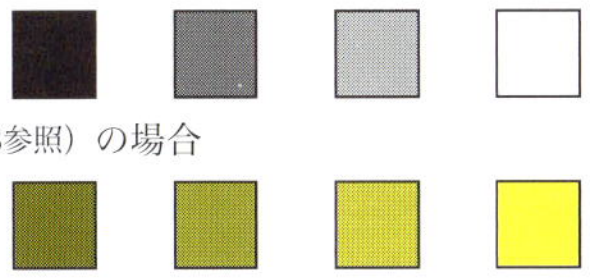

暗い ← 低　明度　高 → 明るい

※天井や壁の明度を高くすると、一般に、照明による机面上の照度（p.22参照）は高くなる。

③ 彩度

彩度：表面色の鮮やかさ、色みの強さに関する属性

鮮やか：彩度が高い

無彩色（p.28参照）

鈍い ← 低　彩度　高 → 鮮やか

※灰色の混じる量が変わる！

色調（トーン）

色の明度と彩度を合わせた概念。明・暗、強・弱、濃・淡、浅・深のような色の調子の違い。
鮮やかさ感を表す『さえた』・『こい』・『あさい』・『にぶい』などの修飾語を色名（色相）の前に
おいて表現する。

　　　　例）さえた青色・こい緑色・にぶい黄色など

1-3　色の混合

① 加法混色

例）テレビの画面の色

加法混色：異なる色の光を重ねて新たな色を作ること

重ね合わす光が増すごとに『白色』に近くなる。

◎加法混色の三原色
- R：赤
- G：緑
- B：青

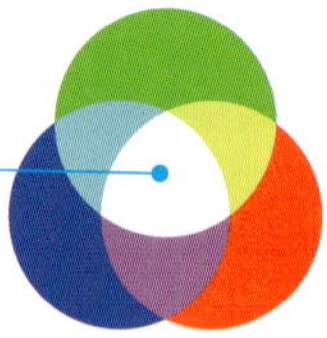

白色

② 減法混色

例）絵の具を混ぜ合わせた時の色

減法混色：異なる色を混ぜ合わす時に元の光を遮って色を作ること
混色の結果、明度が低くなる。

三色を均等に混合して着色された物体の表面は『黒色』になる。

プリンターなどで『CMYK』（K：黒）とあるのは、本来、黒は『CMY』を混ぜ合わせて作ることができるが、それでは鈍い暗色にしかならないため、鮮やかな黒を表現するために『K』が追加されている。

◎減法混色の三原色
- C：シアン（青緑）
- M：マゼンタ（赤紫）
- Y：イエロー（黄）

黒色

2　表色

表色：色彩を数量的に表示すること　『XYZ 表色系』や『マンセル表色系』などがある。

2-1　XYZ 表色系

『XYZ 表色系』：国際照明委員会（CIE）が定め、世界でもっとも広く採用されている。

（工業製品のように厳密な色管理が求められる場合などに用いられる）

色の再現

『X（赤）』、『Y（緑）』、『Z（青）』の3種の色光を原刺激とし、加法混色（前項参照）によって、色を再現する。

『Y（緑）』　　　：光の明るさを持つ色光
『X（赤）』、『Z（青）』：光の明るさを持たない色光
　　　　　　　　　（色らしさのみを示す）

『X』、『Y』、『Z』から色度座標（x、y）の値が算出される。

xy 色度図

xy 色度図：明るさを除いた色みの位置を表わすグラフ

白色：x＝0.33、y＝0.33 付近

※外側に行くほど色が鮮やかになる。⇔ 彩度が上がる。

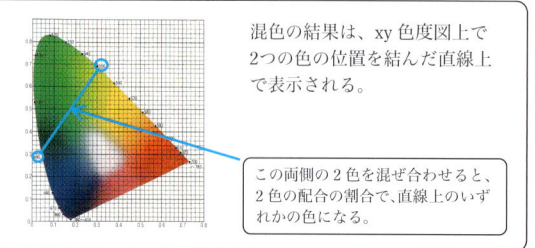

混色の結果は、xy 色度図上で2つの色の位置を結んだ直線上で表示される。

この両側の2色を混ぜ合わせると、2色の配合の割合で、直線上のいずれかの色になる。

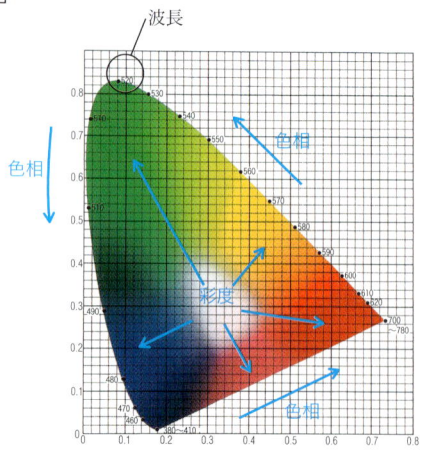

y 軸の値が大きくなる　⇒ 緑みが強くなる
x 軸の値が大きくなる　⇒ 赤みが強くなる
原点に近づく　　　　　⇒ 青みが強くなる

2-2 マンセル表色系

マンセル表色系：アメリカの画家マンセルが発表した表色系を、科学的に裏付けし、改良したもの
※現在使われているものは、かつては『修正マンセル表色系』と呼ばれていた。

色の三属性を下記のように表現する。

・色相：マンセルヒュー
・明度：マンセルバリュー
・彩度：マンセルクロマ

日本工業規格（JIS）では、『マンセル表色系』に基づいた色票を標準色票としている。

① マンセルヒュー（色相）

マンセルヒューは、マンセル色相環で表す。

基本色相5色と中間色相5色の計10色を円周上に配置したもの

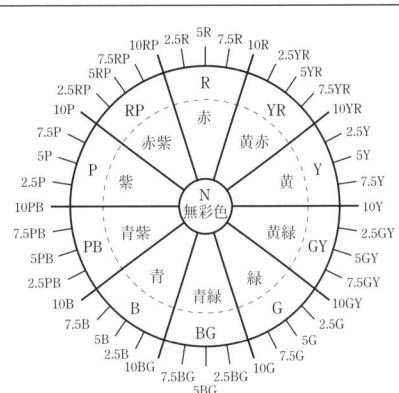

| 基本色相
（5色） | R（赤）
Y（黄）
G（緑）
B（青）
P（紫） | + | 中間色相
（5色） | YR（橙）
GY（黄緑）
BG（青緑）
PB（青紫）
RP（赤紫） |

1つの色をさらに分割（2分割、4分割など）することで、より細かな色相が表現できる。

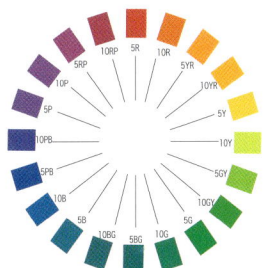

上記のアルファベットは、英語の頭文字を用いている。

R：Red
Y：Yellow
G：Green
B：Blue
P：Purple

② マンセルバリュー（明度）

マンセルバリューは、11段階で表される。

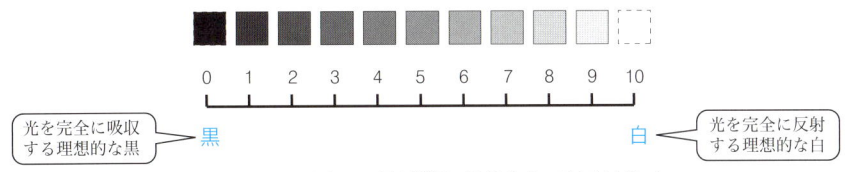

光を完全に吸収する理想的な黒　黒　　　　　　　白　光を完全に反射する理想的な白

※0、10のバリューは実際には色としては存在しない。

マンセルバリューが大きくなれば、色の反射率は大きくなり、明るい色になる。

③ マンセルクロマ（彩度）

マンセルクロマは、0から始まるいくつかの段階で表される。

純色（この色相の中で最も彩度が高い色）

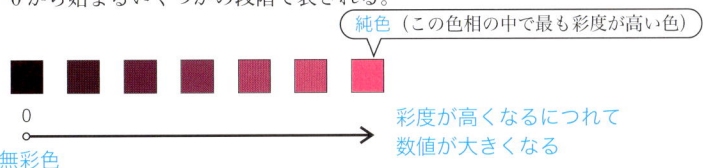

0　　　　　　　　　　　　彩度が高くなるにつれて
無彩色　　　　　　　　　　数値が大きくなる

各色相の中で、最も彩度の高い色を『純色』という。

※純色の彩度の数値は、色相や明度によって異なる。⇔ マンセル色立体（次ページ参照）が不規則な形になるのはこのため！

④ マンセル色立体

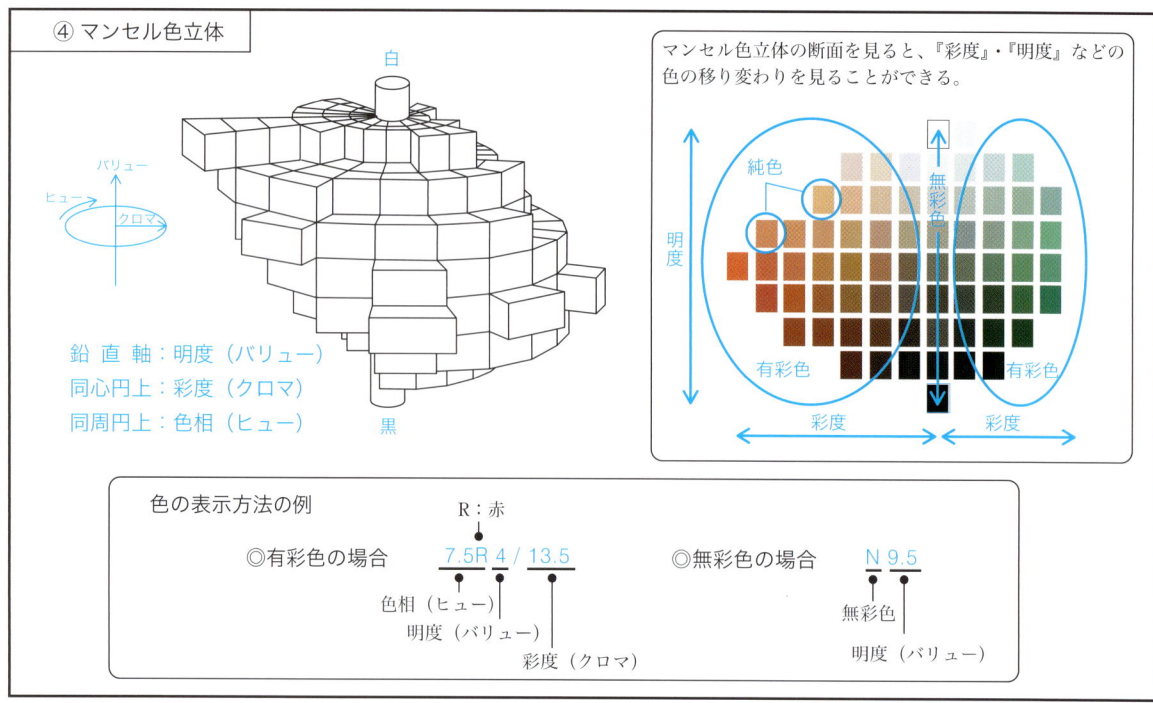

鉛直軸：明度（バリュー）
同心円上：彩度（クロマ）
同周円上：色相（ヒュー）

マンセル色立体の断面を見ると、『彩度』・『明度』などの色の移り変わりを見ることができる。

色の表示方法の例

◎有彩色の場合　7.5R 4 / 13.5
　　　　　　　　色相（ヒュー）
　　　　　　　　　明度（バリュー）
　　　　　　　　　　彩度（クロマ）
R：赤

◎無彩色の場合　N 9.5
　　　　　　　　無彩色
　　　　　　　　　明度（バリュー）

2-3　オストワルト表色系

理想的な白・黒・オストワルト純色を定義し、これらの混合によって色を表現する。

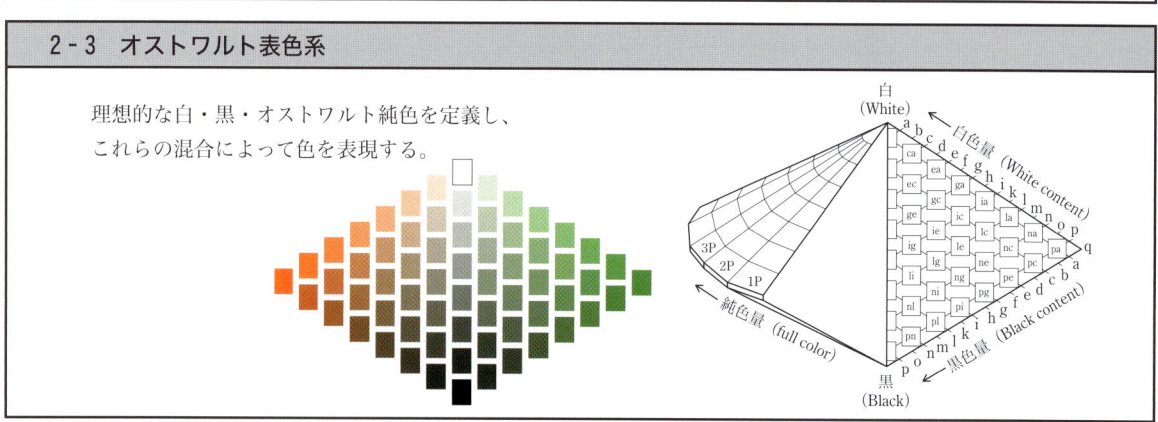

3　色の名称

有彩色と無彩色

有彩色：赤・黄・青などで、色相・明度・彩度の三属性（p.25参照）を持つ。
無彩色：白・黒・灰色。三属性のうち、明度だけしか持たない。

純色

各色相において、最も彩度が高く、刺激純度の高い色。

補色

2つの色を混ぜ合わせると、灰色（無彩色）になる時、
2色はお互いに『補色』の関係にあるという。
マンセル色相環では、直径の両端に位置する2色が補色となる。
※補色同士の配色は、調和する（p.32参照）。

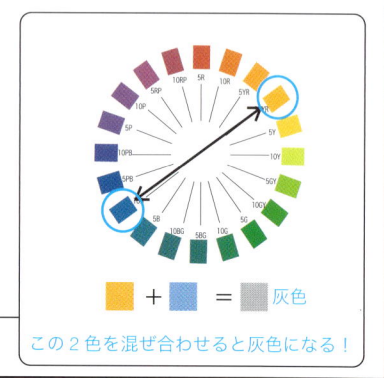

この２色を混ぜ合わせると灰色になる！

4 色の効果

4-1 色の物理的感覚

① 暖色と寒色

暖色

暖かさの印象を生む色

赤紫・赤・黄赤・黄などの波長が長い色相

暖色で、彩度の高い色ほど、『興奮感』を感じる。

寒色

冷たさや涼しさの印象を生む色

青緑・青・青紫などの波長が短い色相

寒色で、彩度の低い色ほど、『鎮静感』を感じる。

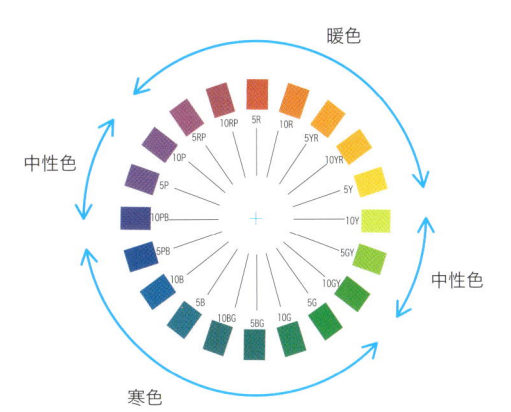

無彩色の場合

低明度色（黒）：暖かく感じる。
高明度色（白）：涼しく感じる。

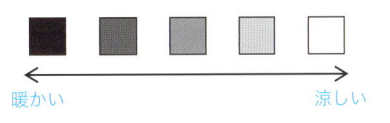

② 進出色と後退色

進出色

周囲よりも飛び出して見える色

暖色・高明度色は、膨張して見える。

後退色

周囲よりも遠ざかって見える色

寒色・低明度色は、収縮して見える。

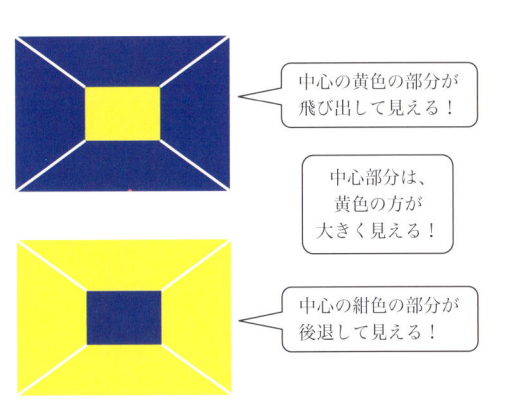

中心の黄色の部分が飛び出して見える！

中心部分は、黄色の方が大きく見える！

中心の紺色の部分が後退して見える！

③ 色の重量感

色の重量感は、明度の影響が大きい。

　高明度：軽く感じる。
　低明度：重く感じる。

寒色系よりも、暖色系の方が軽く感じる。

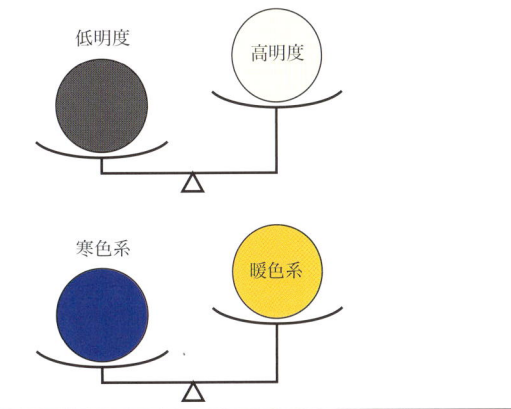

④ 色の面積効果

面積が大きくなると、明度・彩度が高くなったように見える効果

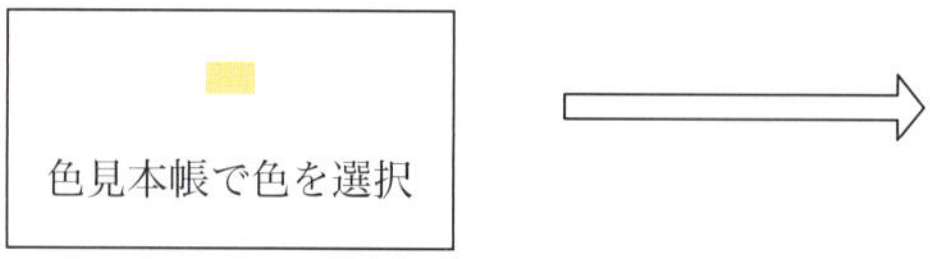

色見本帳で色を選択 → 明るすぎる!!

壁の色などを、小さな色見本で選ぶ場合には、適当と思う色よりも、『低明度』・『低彩度』の色を選ぶなどの工夫をすることが必要！

⑤ 安全色

交通安全・労働安全などのために使われている色

色名	基準の色	表示事項	使用箇所の例	背景色
赤	7.5R4/15	1. 防火　2. 停止　3. 禁止 4. 高度の危険	1. 消火栓　2. 緊急停止ボタン 3. バリケード（立ち入り禁止） 4. 発破警標	白
黄赤	2.5YR6/14	1. 危険 2. 航空・船舶の保安施設	1. 露出歯車の側面 2. 滑走路の目印	黒
黄	2.5Y8/14	注意	クレーン・低いはり・有害物質の小分け容器または使用箇所	黒
緑	10G4/10	1. 安全　2. 避難 3. 衛生・救護の保護 4. 進行	1. 非常口を示す標識　2. 救急箱 3. 進行信号旗	白
青	2.5PB3.5/10	1. 指示　2. 義務的行動	担当者以外がみだりに操作してはならない箇所	白
赤紫	2.5RP4/12	放射能	放射性同位元素およびこれに関する破棄作業室・貯蔵施設・管理区域に設けるさくなど	黄と組み合わせて用いる
白	N9.5	1. 通路　2. 整頓	1. 通路の区画線・方向線・方向標識 2. 廃品の入れ物	
黒	N1	補助に使う	誘導標識の矢印・注意標識のしま模様・危険標識の文字	

(JIS Z 9101 などより)

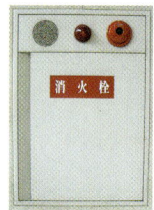   

4-2 色の知覚的感覚

① 対比

対比：2つの色が影響しあい、その相違が強調されて見える現象

経時色対比

ある色を見た直後に他の色を見ると、元の色と違った見え方をする現象

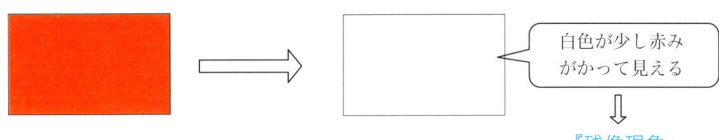

白色が少し赤みがかって見える

→ 『残像現象』

同時色対比

2色を同時に見た場合に、互いの色が影響しあうため、元の色と違った見え方をする現象

※色の組み合わせによって、『色相対比』、『彩度対比』、『明度対比』などに分けられる。

中心の色がどのように見えるかを比べてみよう！
※中心の色は左右それぞれ同じ色

◎色相対比

周囲の色の影響を受けて色相が少し変わって見える現象

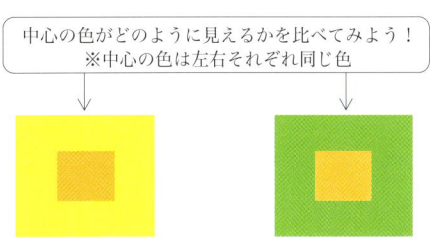

同じオレンジ色なのに違って見える。

◎彩度対比

周囲の色の影響を受けて鮮やかさが変わって見える現象

背景がくすんだ（彩度の低い）色：
　　　　　　より鮮やかに見える。
背景が鮮やかな（彩度の高い）色：
　　　　　　より鈍く、くすんで見える。

鮮やかな青色に見える。　　鈍く、くすんだ青色に見える。

◎明度対比

周囲の色の影響を受けて明るさが変わって見える現象

背景の色よりも明るい色：より明るく見える。
背景の色よりも暗い色　：より暗く見える。

・灰色が明るく見える。　　・灰色が暗く見える。
・色の境界がはっきりする。　・色の境界がはっきりしない。

補色対比　※補色（p.28参照）

補色を並べると、互いに彩度が高くなったように見える現象

それぞれの色の彩度が高くなったように感じる。

補色関係の2色の例

② 同化

同化：囲まれた色が周囲の色に近づいて見える現象

※色の組み合わせによって、『色相の同化』、『彩度の同化』、『明度の同化』などに分けられる。

白色が、赤みがかる。　　白色が、青みがかる。

③ プルキンエ現象

プルキンエ現象：明るい所では同じ明度に見える『赤』と『青』が、暗い所では、赤が低明度に、青が高明度に見える現象(p.9 参照)

同じ明度の２色

赤が暗く沈んで見え、青は明るく浮き上がって見える。

道路標識の地の色は夜でもよく見えるように青が使われている！

④ 視認性

視認性：はっきり見えるか否か、という特性

文字の読みやすさで確認しよう！

文字などの色と、地の色の間で、『明度』・『色相』・『彩度』の差が大きくなるほど、視認性は向上する。

※特に明度の差が大きく影響する。

※高齢者への配慮として、案内標識などには特に視認性を高める必要がある。

⑤ 誘目性

誘目性：目を引きやすいか否か、という特性。高彩度色は、一般に誘目性が高い。

交通標識に赤が使われているのはこのため！ ⇨ 高い ←→ 低い

4 - 3　色の美的効果

色彩調和：複数の色を組み合わせることによって、新たな効果を生み出すこと

様々な人が「色彩調和論」を提案しているが、例えば、色彩学者のジャッドは、次のような４つの原理を提案した。

秩序性の原理

マンセル表色系などの体系から、等間隔で色相を選ぶなど、一定の法則を持って選んだ色の組み合わせは調和する。

親近性の原理

自然の色に見られる色の連続性など、なじみのある色の組み合わせは調和する。

共通性の原理

共通性のある色の組み合わせは調和する。

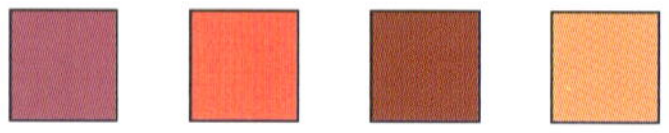

明瞭性の原理

色どうしに適度な差がある組み合わせは調和する。

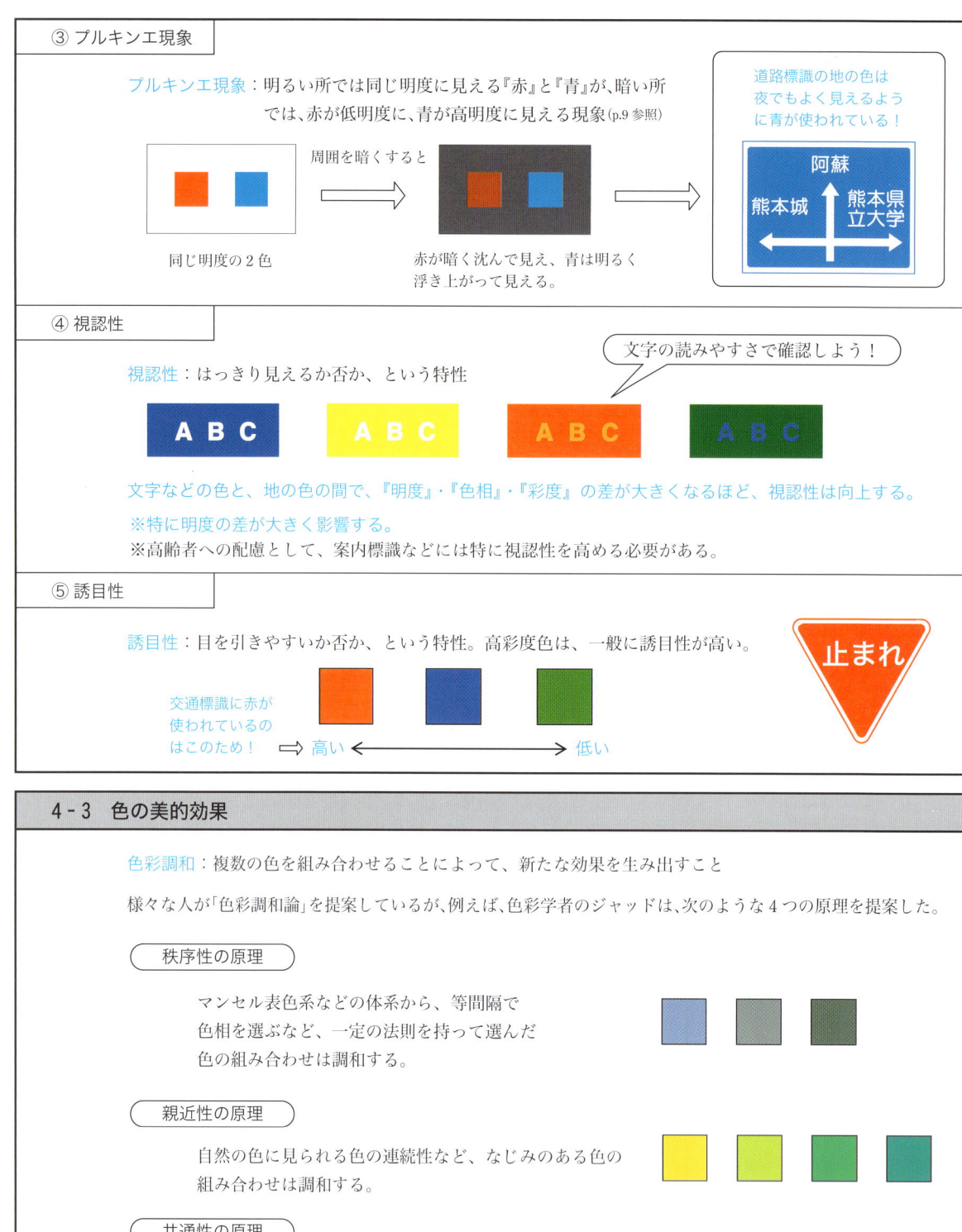

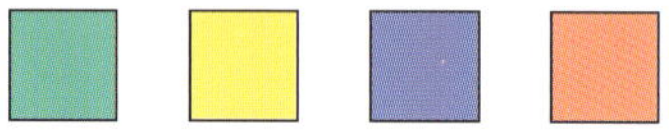

光環境（照明）

○ or ×

№	問題
①	明視の四条件は、距離、明るさ、大きさ、動き（時間）である。　ヒント！p.8『明視』
②	明るい場所から暗い場所に順応する場合は、暗い場所から明るい場所に順応する場合に比べて、長い時間を要する。　ヒント！p.8『順応』
③	照度とは、受照面における単位面積当たりに入射する光束である。　ヒント！p.10『照度』
④	輝度は、光を発散する面をある方向から見たときの明るさを示す測光量である。　ヒント！p.11『輝度』
⑤	二世帯住宅の計画で、親世帯の書斎における机上の照度は、JISにおける照度基準の2倍程度とした。　ヒント！p.11『照度基準』
⑥	点光源による直接照度は、点光源からの距離の2乗に比例する。　ヒント！p.13『水平面照度』
⑦	室内におけるある点の昼光率とは、全天空照度に対するその点の昼光による照度の割合をいう。　ヒント！p.14『昼光率』
⑧	室内のある点の昼光率は、窓からの距離に関係しない。　ヒント！p.15『昼光率に影響を与える要素』
⑨	色温度の低い光源を用いた場合は、一般に涼しい雰囲気となる。　ヒント！p.17『人工光源の種類と色温度』
⑩	演色とは、照明光が色の見え方に及ぼす影響のことをいう。　ヒント！p.17『人工光源の種類と色温度』
⑪	演色性は、光源の種類と関係がある。　ヒント！p.17『人工光源の種類と色温度』
⑫	蛍光ランプは、白熱灯に比べて、効率が高く寿命が短い。　ヒント！p.18〜19『主な光源の性質』
⑬	同一照度を得る場合は、一般に、蛍光ランプは白熱電球に比べて、熱放射が多い。　ヒント！p.18〜19『主な光源の性質』
⑭	発光ダイオード（LED）は、電流を流すと発光する半導体素子であり、消費電力が少なく、寿命が長いなどの特徴がある。　ヒント！p.18〜19『主な光源の性質』
⑮	局部照明と全般照明を併用する場合は、全般照明の照度は、局部照明による照度より低くするが、この場合、2つの差があまり大きくならないように注意する。　ヒント！p.20『全般照明と局部照明』
⑯	直接照明は、一般に、間接照明に比べて照明の効率は高い。　ヒント！p.20『直接照明と間接照明』
⑰	拡散パネルまたはルーバーなどを装着した照明器具は、グレアの防止に有効である。　ヒント！p.21『グレア』
⑱	照度均斉度とは、作業面の平均照度を作業面の最小照度で除した値をいう。　ヒント！p.21『均斉度』
⑲	側窓は、大きさ・形が同じであれば、低い位置にあるほど、室内の照度の均斉度を上げる。　ヒント！p.22『昼光照明時の均斉度を高める対策』
⑳	光束法による全般照明の照度設計においては、光源からの直接光のみを考慮して計算し、天井、壁などの反射光は考慮しなくてよい。　ヒント！p.24『光束法』

解答　①（○）明視は距離に関係しない。②（○）③（○）④（○）⑤（○）⑥（×）距離の2乗に反比例する。⑦（○）⑧（×）窓からの距離に関係する。⑨（×）暖かみのある雰囲気となる。⑩（○）⑪（○）⑫（×）寿命が長い。⑬（×）熱放射が少ない。⑭（○）⑮（○）⑯（○）⑰（○）⑱（×）最小照度を平均照度で除した値。⑲（×）高い位置にあるほうが均斉度は上がる。⑳（×）天井、壁、床の反射率も考慮する。

光環境（色彩）　　　　　　　　　　　　　　　　　　　　　　　　　　　　　　　　　　○ or ×

①	色の三属性は、色相、明度、彩度である。 ヒント！p.25『色の三属性』	
②	明度は、光に対する吸収率と関係がある。 ヒント！p.25『②明度』	
③	色の鮮やかさの度合いを彩度といい、無彩色を10とし、色が鮮やかになるに従って、段階的に数値が小さくなる。 ヒント！p.25『③彩度』	
④	色を表す体系を表色系といい、日本工業規格においては、マンセル表色系が採用されている。 ヒント！p.27『マンセル表色系』	
⑤	マンセル表色系は、色相、明度、彩度という三つの属性を用いて色を表示する体系である。 ヒント！p.27『マンセル表色系』	
⑥	マンセル表色系における明度は、完全な黒を10、完全な白を0として表示される。 ヒント！p.27『②マンセルバリュー』	
⑦	マンセル表色系における彩度は、色の鮮やかさの度合いであり、色が鮮やかになるほど、数値が小さくなる。 ヒント！p.27『③マンセルクロマ』	
⑧	マンセル表色系における彩度は、色の鮮やかさの度合いを示し、すべての色相において0から10までの数値で表される。 ヒント！p.27『③マンセルクロマ』	
⑨	白、黒および灰色は、無彩色である。 ヒント！p.28『有彩色と無彩色』	
⑩	無彩色は、色の三属性のうち、彩度だけを有する色である。 ヒント！p.28『有彩色と無彩色』	
⑪	ある色相の中で最も明度の高い色を、一般に、純色という。 ヒント！p.28『純色』	
⑫	純色の彩度は、色相によって異なる。 ヒント！p.28『純色』	
⑬	マンセル色相環において対角線上に位置する二つの色は、補色の関係にあり、混ぜると有彩色になる。 ヒント！p.28『補色』	
⑭	一般に、明度が低いものほど膨張して見える。 ヒント！p.29『②進出色と後退色』	
⑮	色の重い・軽いの感覚は、一般に、明度の低いものほど軽く感じられる。 ヒント！p.29『③色の重量感』	
⑯	同じ色の場合、一般に、面積の大きいものほど、明度と彩度が高くなったように見える。 ヒント！p.30『④色の面積効果』	
⑰	明度の異なる2色を並べると、単独の場合に比べて、一般に、明るい色は暗く、暗い色は明るく感じられる。 ヒント！p.31『明度対比』	
⑱	同一明度の色が隣接する場合、色相が近いと、境界がはっきりしない。 ヒント！p.31『明度対比』	
⑲	赤と青緑のような補色を並べると、互いに彩度が低くなったように見える。 ヒント！p.31『補色対比』	

2章　温熱環境

1 温度と熱移動

1 熱の移動

熱の移動の形態には、熱伝導、対流による熱伝達（対流）、放射による熱伝達（放射）などがある。

↓

『伝導』『対流』『放射』を『熱移動の三形態』または『熱移動の基本形態』などと呼ぶ。

2 熱が伝わるしくみ

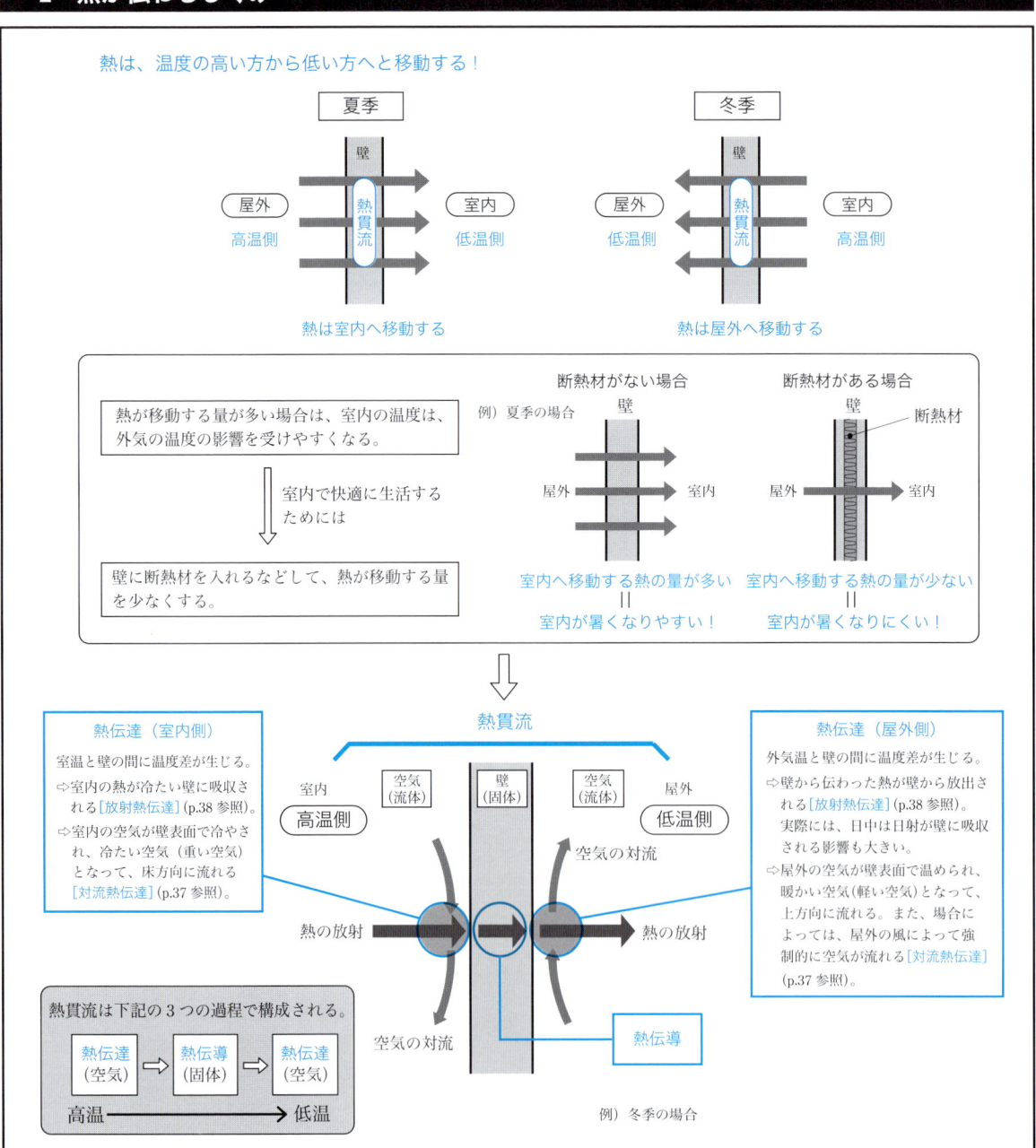

熱は、温度の高い方から低い方へと移動する！

夏季
屋外（高温側）→ 壁（熱貫流）→ 室内（低温側）
熱は室内へ移動する

冬季
屋外（低温側）← 壁（熱貫流）← 室内（高温側）
熱は屋外へ移動する

熱が移動する量が多い場合は、室内の温度は、外気の温度の影響を受けやすくなる。

↓ 室内で快適に生活するためには

壁に断熱材を入れるなどして、熱が移動する量を少なくする。

例）夏季の場合

断熱材がない場合
室内へ移動する熱の量が多い
＝
室内が暑くなりやすい！

断熱材がある場合
室内へ移動する熱の量が少ない
＝
室内が暑くなりにくい！

⇩

熱伝達（室内側）
室温と壁の間に温度差が生じる。
⇨ 室内の熱が冷たい壁に吸収される［放射熱伝達］（p.38 参照）。
⇨ 室内の空気が壁表面で冷やされ、冷たい空気（重い空気）となって、床方向に流れる［対流熱伝達］（p.37 参照）。

熱貫流
室内（高温側）空気（流体）｜壁（固体）｜空気（流体）屋外（低温側）
熱の放射 → 空気の対流 → 熱の放射
熱伝導

熱伝達（屋外側）
外気温と壁の間に温度差が生じる。
⇨ 壁から伝わった熱が壁から放出される［放射熱伝達］（p.38 参照）。実際には、日中は日射が壁に吸収される影響も大きい。
⇨ 屋外の空気が壁表面で温められ、暖かい空気（軽い空気）となって、上方向に流れる。また、場合によっては、屋外の風によって強制的に空気が流れる［対流熱伝達］（p.37 参照）。

熱貫流は下記の3つの過程で構成される。

熱伝達（空気）→ 熱伝導（固体）→ 熱伝達（空気）
高温 ──────────────→ 低温

例）冬季の場合

3 熱伝達

熱伝達は、『対流熱伝達』と『放射熱伝達』に分けられる。

熱伝達率は、材料の表面に接する空気や室内の熱が、空気の対流や放射によって材料に伝達される時の**伝達のしやすさを示す値**

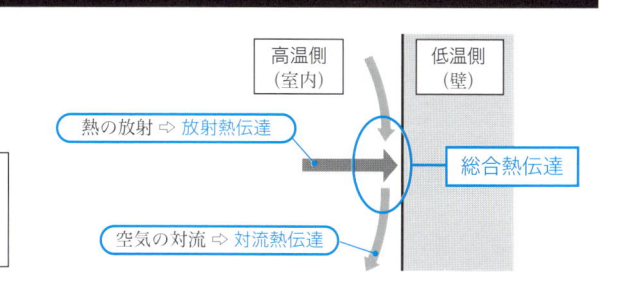

高温側（室内） 低温側（壁）
- 熱の放射 ⇒ 放射熱伝達
- 空気の対流 ⇒ 対流熱伝達
- 総合熱伝達

3-1 対流熱伝達

対流熱伝達：固体の表面とそれに触れる流体（気体や液体）の間に温度差がある時に、高温部分から低温部分へ熱が移動する現象

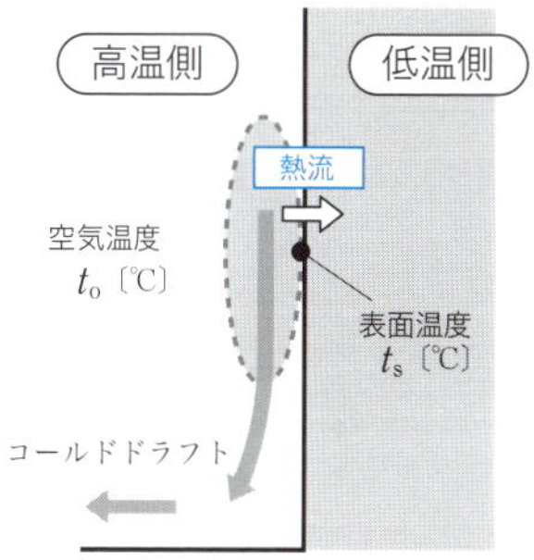

単位面積当たりの**対流による熱移動量** ＝ 対流熱伝達率 × 温度差

- 4 W/(m²·K)（自然対流の場合）
- 18 W/(m²·K)（強制対流の場合）

※設計段階でよく用いられる数値

単位の説明

◎ $W/(m^2 \cdot K)$
1 m² 当たり、かつ 1 K（ケルビン）当たり 何 W（ワット）？

◎ K（ケルビン）
※温度を表す単位
℃－℃＝K

0 K＝－273.15℃
0℃＝273.15 K

↑ 上記の関係にあるが温度差を考える時は、1℃＝1K

高温側 低温側
空気温度 t_o〔℃〕
表面温度 t_s〔℃〕
熱流
コールドドラフト

自然対流：自然の温度差による対流（右上図）
強制対流：外部の風や扇風機などによって強制的におこす対流

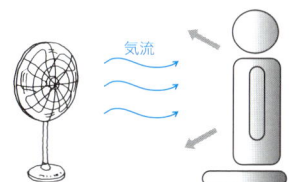

気流が体の表面にあたることで、熱が奪われ、涼しく感じる。

単位面積当たりの自然対流による熱移動量 ＝ 4 W/(m²·K) × ($t_o - t_s$)

室内の空気が対流するしくみ　※冬季の場合

空気は、冷やされると重くなって床面へ移動し、温められると軽くなって天井へ移動する。
↑
冬に足元が冷えるのはこのため

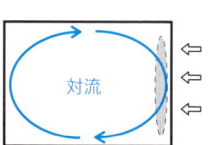

室内の空気が温度差によって動く。

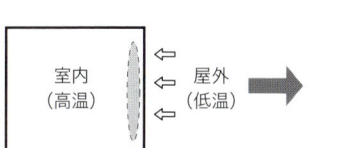

室内（高温） ⇔ 屋外（低温）
室内の壁の表面温度が下がると、表面部分の空気が冷やされる。
→ 冷やされた空気は、床面に下降する。
→ 暖かい空気／冷たい空気　下降した冷気は、室内で温められ上昇する。

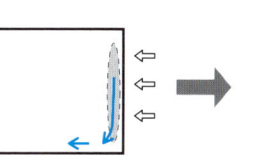

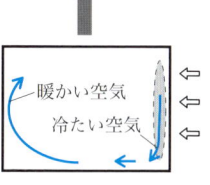

2章 温熱環境　1 温度と熱移動

3-2 放射熱伝達

放射熱伝達：高温の物体から低温の物体へと熱線（電磁波）の形で熱が移動する現象

単位面積当たりの放射による熱移動量 ＝ 放射熱伝達率 × 温度差

5 W/(m²·K)（室内・屋外とも同じ値）
※設計段階でよく用いられる数値

単位面積当たりの放射による熱移動量 ＝ 5 W/(m²·K) × ($t_{s1} - t_{s2}$)

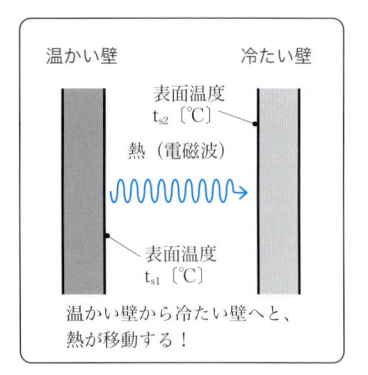

温かい壁　冷たい壁
表面温度 t_{s2}〔℃〕
熱（電磁波）
表面温度 t_{s1}〔℃〕

温かい壁から冷たい壁へと、熱が移動する！

電磁波のイメージ

◎放射による熱の移動

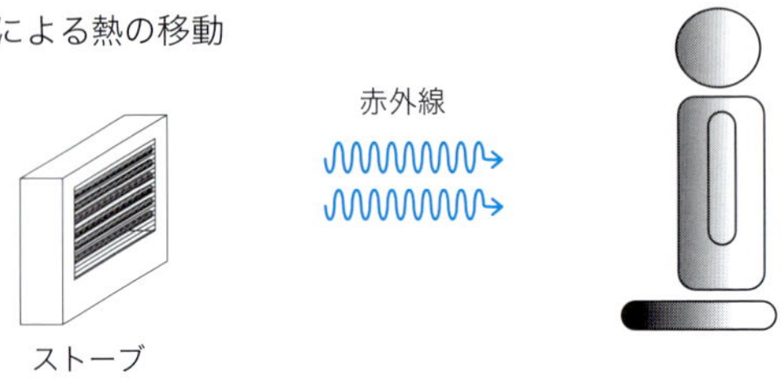

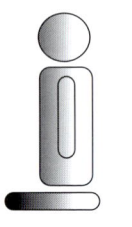

赤外線
ストーブ

風がなくても熱が伝わり体が暖まる。

放射による熱の移動には、空気は関係しない！
真空でも伝わる！

◎アルミ箔などがある場合

赤外線
ストーブ
アルミ箔など

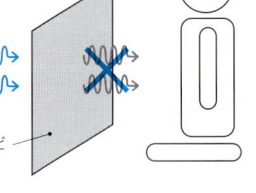

アルミ箔などのように放射率が低いものがあると、熱が遮断される。

3-3 総合熱伝達

総合熱伝達：対流と放射による熱の移動を合計したもの

総合熱伝達率 ＝ 対流熱伝達率 ＋ 放射熱伝達率

熱伝達率は、材料などにより異なるが、設計段階では、下表の数値を用いて計算することが多い。

	熱伝達率〔W/(m²·K)〕	
	屋外側	室内側
対流熱伝達率	18（強制対流の値）	4（自然対流の値）
放射熱伝達率	5	5
設計用総合熱伝達率	23	9

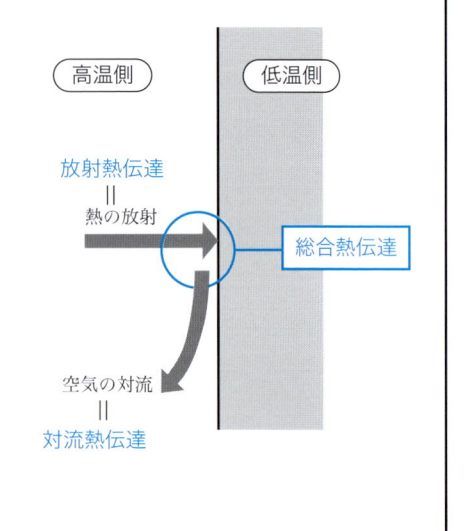

高温側　低温側

放射熱伝達
＝
熱の放射

総合熱伝達

空気の対流
＝
対流熱伝達

4 熱伝導

熱伝導：物質内部に温度差がある時に、高温部分から低温部分へ
（隣り合う分子を通じて）熱が移動する現象

熱伝導率は、材料内の熱の伝わりやすさを示す値

※熱伝導率の値が大きいほど、熱を伝えやすい！
※材料によって値が異なる（次ページ参照）。

単位面積当たりの熱伝導による熱移動量 ＝ $\dfrac{熱伝導率}{材料の厚さ}$ × 温度差 $(t_0 - t_1)$

高温側　熱の移動　低温側
表面温度 (t_0)〔℃〕
表面温度 (t_1)〔℃〕
熱伝導率 (λ) 〔W/(m・K)〕
材料の厚さ〔m〕

したがって

◎温度差が大きいほど、熱を伝えやすい。

温度差を、高低差に例えると！

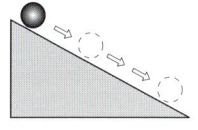

勾配が大きいと、ボールは勢いよく転がる

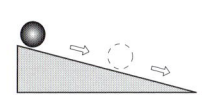

勾配が小さいと、ボールはゆっくり転がる

◎材料の厚さが大きいほど、熱は伝わりにくくなる。

材料の厚さを、管の長さに例えると！

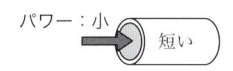

パワー：小　短い
小さなパワーでも熱が伝わる

パワー：大　長い
大きなパワーでないと熱が伝わらない
抵抗を多く受けるということ！

定常状態
温度などが時間によって変化せず、安定した状態

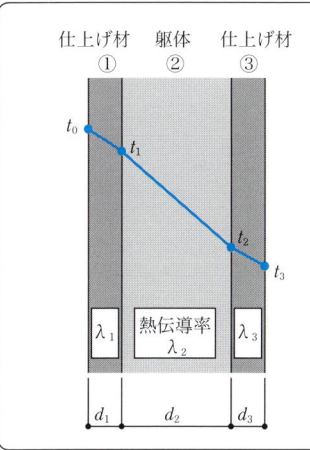

仕上げ材①　躯体②　仕上げ材③

一般的に壁は、躯体・仕上げ材などで構成されているため、材料ごとに、熱移動量を求める。

①の熱移動量 $q_1 = \dfrac{\lambda_1}{d_1} \times (t_0 - t_1)$

②の熱移動量 $q_2 = \dfrac{\lambda_2}{d_2} \times (t_1 - t_2)$

③の熱移動量 $q_3 = \dfrac{\lambda_3}{d_3} \times (t_2 - t_3)$　となる。

この壁の熱移動量 ＝ $q_1 = q_2 = q_3$　⇐ 定常状態の場合

※材料ごとの、熱伝導率は、次ページの表を参考にする。

主な建築材料の密度と熱伝導率

	材料	密度〔kg/m³〕	熱伝導率〔W/(m・K)〕
構造材・外装材	鋼材	7,860	45
	アルミニウム	2,700	210
	板ガラス	2,540	0.70
	タイル	2,400	1.3
	コンクリート	2,300	1.4
	瓦・スレート	2,000	0.96
	石綿スレート	1,500	0.96
内装材	せっこうボード	710〜1,110	0.22
	断熱木毛セメント板（普通品）	430〜700	0.14
	パーティクルボード	400〜700	0.012
	木材（軽量材）	400	0.12
	壁・天井仕上げ用クロス	550	0.13
	軟質繊維板	200〜300	0.046
	たたみ	230	0.11
断熱材	硬質ウレタンフォーム	25〜50	0.024〜0.027
	グラスウール	10〜96	0.035〜0.051
	ポリスチレンフォーム	16〜30	0.037〜0.044
その他	水	997	0.59
	空気	1.2	0.021

※同じ材料でも、値は状況により異なる。

上の表のポイント！

◎主な材料の熱伝導率の高い順序

金属 ＞ コンクリート ＞ 木材 ＞ グラスウール

（グラスウール：熱を伝えにくいため一般的に断熱材として使用されている。）

大 ← 熱伝導率 → 小
熱を伝えやすい ← → 熱を伝えにくい

◎静止した空気は熱を伝えにくい！

例）複層ガラス
　中空層
　板ガラス

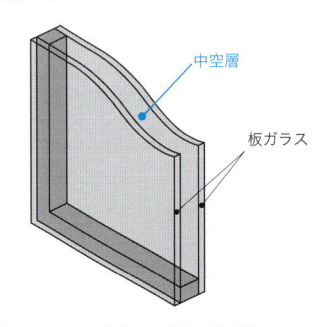

複層ガラスや二重窓は断熱に効果的！

密度：単位体積当たりの質量
比重：ある物質の密度と基準となる物質の密度との比
（固体と液体の場合は水、気体の場合は空気）

様々なガラス窓の熱貫流率 (p.42 ②参照)

※熱貫流率が小さいと、熱を伝えにくい。

◎単板ガラス　6.0 W/(m²・K)
◎合わせガラス（2枚重ね）　5.7 W/(m²・K)
◎単板ガラスの二重窓（間隔100 mm）　2.8 W/(m²・K)
◎複層ガラス（空気層6 mm）　3.4 W/(m²・K)
（空気層6 mm ＋ 赤外線を反射する透明金属板）透明金属板のコーティング　2.5 W/(m²・K)
（空気層6 mm ＋ 空気層6 mm）　2.3 W/(m²・K)

◎密度（比重）の大きい（＝重い）材料ほど、熱伝導率が大きく、熱を伝えやすい！

中空層の熱伝達

中空層の熱抵抗（次ページ①参照）の値は、中空層の密閉度・厚さ・熱流の方向などによって異なる。

⇩

◎同じ厚さの中空層の場合の熱抵抗

熱抵抗
半密閉中空層　＜　密閉中空層
熱を伝えやすい ⟷ 熱を伝えにくい

【発展】
中空層の片面にアルミ箔などの金属を貼ると、放射による熱流はほとんど『0』になる。

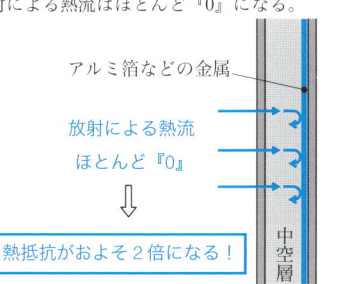

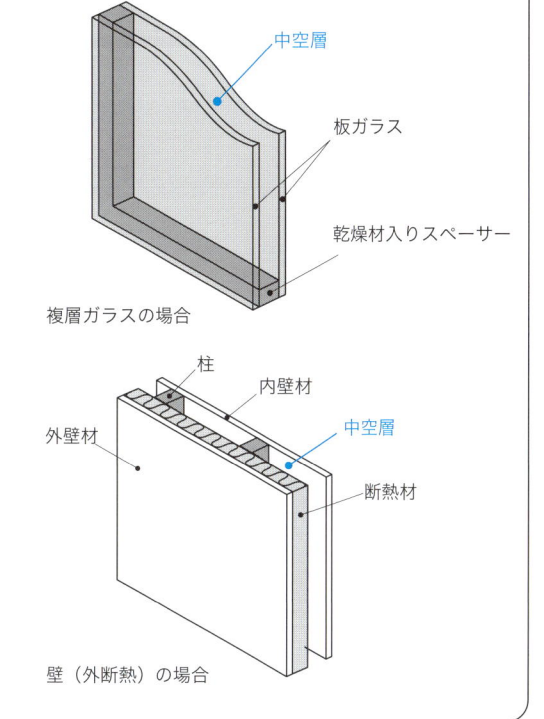

- アルミ箔などの金属
- 放射による熱流 ほとんど『0』
- 熱抵抗がおよそ2倍になる！

複層ガラスの場合
- 中空層
- 板ガラス
- 乾燥材入りスペーサー

壁（外断熱）の場合
- 柱
- 内壁材
- 外壁材
- 中空層
- 断熱材

断熱材（グラスウール）

グラスウールには内部に空隙があるため、一般的な比重（密度）ではなくかさ比重（かさ密度）で考える。

グラスウールは空気を含んでいる。

含まれる空気の量	
少ない ←	→ 多い
大（重い）← かさ比重	→ 小（軽い）
小 ← 熱伝導率	→ 大
熱を伝えにくい ←	→ 熱を伝えやすい

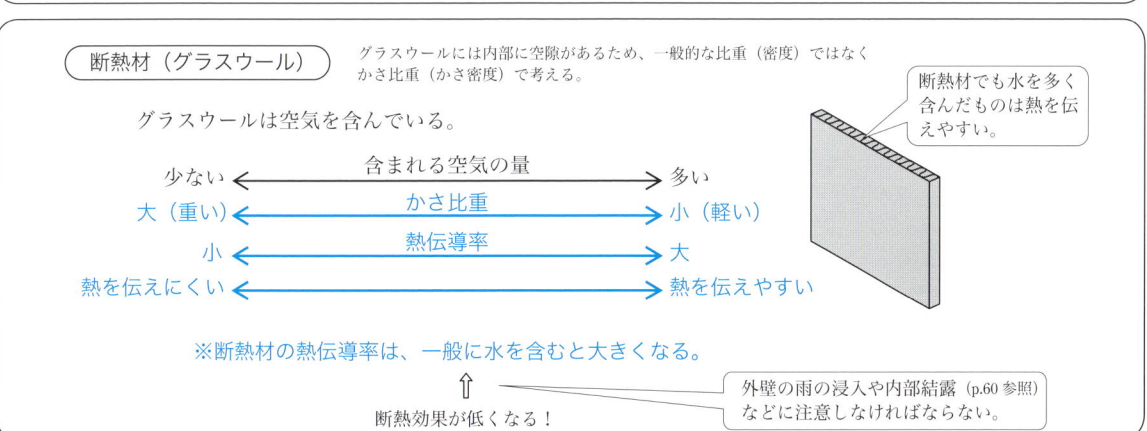

断熱材でも水を多く含んだものは熱を伝えやすい。

※断熱材の熱伝導率は、一般に水を含むと大きくなる。

⇧ 断熱効果が低くなる！

外壁の雨の浸入や内部結露（p.60参照）などに注意しなければならない。

温度分布

熱伝導率
コンクリート　＞　断熱材

熱伝導率が大きいほど、熱を伝えやすい。
⇩
材料を通過する前と後の温度差が小さい。
⇩
温度勾配（傾斜）が緩やかになる。
⇩
コンクリート：温度勾配は緩やか
断　熱　材　：温度勾配は急

コンクリートの壁の外断熱と内断熱
例）冬季の場合

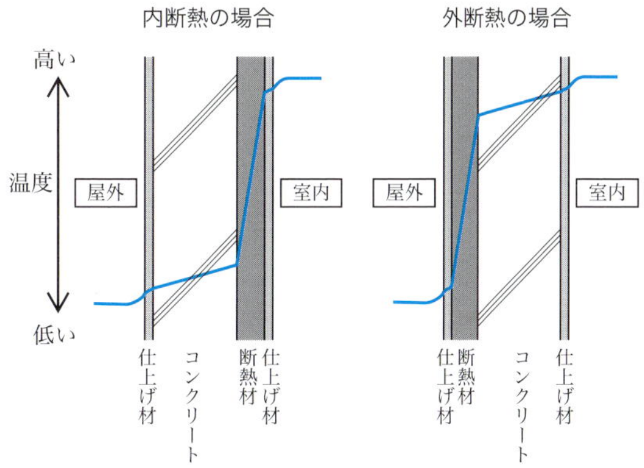

内断熱の場合 / 外断熱の場合
- 温度（高い / 低い）
- 屋外 / 室内
- 仕上げ材／コンクリート／断熱材／仕上げ材
- 仕上げ材／断熱材／コンクリート／仕上げ材

2章 温熱環境　1 温度と熱移動

5　熱貫流量

5-1　熱貫流率・熱貫流量の求め方

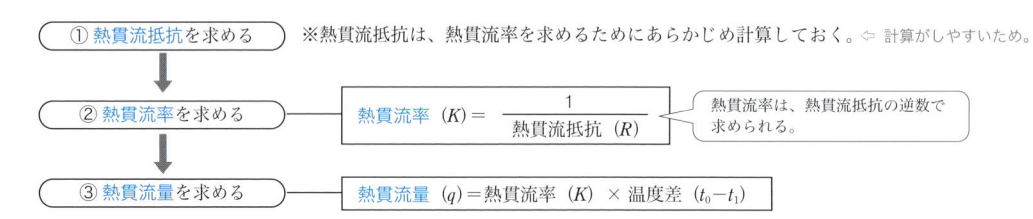

① 熱貫流抵抗を求める　※熱貫流抵抗は、熱貫流率を求めるためにあらかじめ計算しておく。⇐ 計算がしやすいため。

↓

② 熱貫流率を求める　　熱貫流率 $(K) = \dfrac{1}{熱貫流抵抗 (R)}$　　熱貫流率は、熱貫流抵抗の逆数で求められる。

↓

③ 熱貫流量を求める　　熱貫流量 (q) ＝ 熱貫流率 (K) × 温度差 $(t_0 - t_1)$

① 熱貫流抵抗

熱貫流抵抗：壁全体の熱の伝わりにくさを表す。

熱貫流抵抗の求め方

熱貫流抵抗＝『壁表面（室内・屋外）の熱伝達抵抗』＋『壁を構成している材料ごとの熱伝導抵抗』

壁表面（室内・屋外）の熱伝達抵抗 ＝ $\dfrac{1}{室内の総合熱伝達率} + \dfrac{1}{屋外の総合熱伝達率}$

総合熱伝達率（p.38 参照）

壁の材料の熱伝導抵抗 ＝ $\dfrac{材料の厚さ}{材料の熱伝導率}$（p.40 表参照）

※材料の厚さの単位は m（メートル）となる。

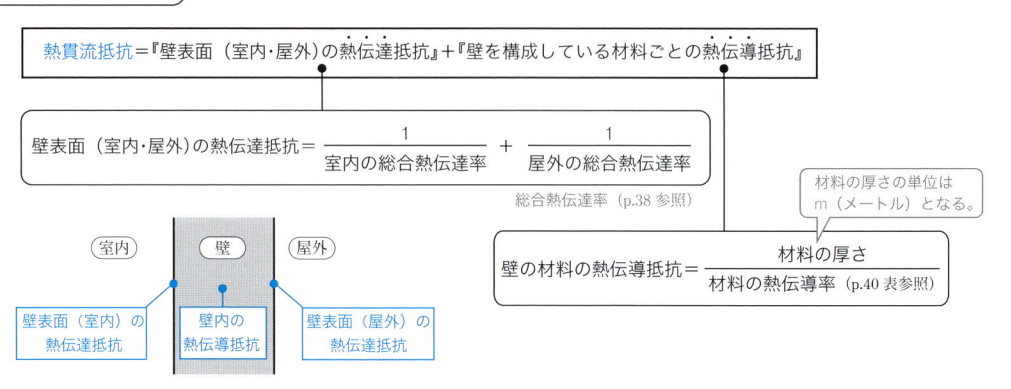

（室内）｜（壁）｜（屋外）
壁表面（室内）の熱伝達抵抗｜壁内の熱伝導抵抗｜壁表面（屋外）の熱伝達抵抗

例）右図の『熱貫流抵抗』を求めましょう。

壁表面（室内）の熱伝達抵抗 $(r_i) = \dfrac{1}{9}$

コンクリートの熱伝導抵抗 $(r_1) = \dfrac{0.15}{1.6}$

壁表面（屋外）の熱伝達抵抗 $(r_o) = \dfrac{1}{23}$

熱貫流抵抗＝ $r_i + r_1 + r_o ≒ 0.25$ (m²·K)/W

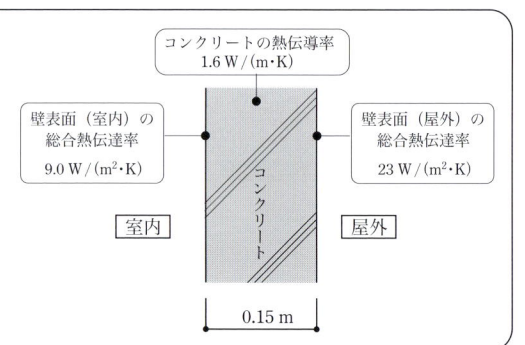

コンクリートの熱伝導率 1.6 W/(m·K)
壁表面（室内）の総合熱伝達率 9.0 W/(m²·K)
壁表面（屋外）の総合熱伝達率 23 W/(m²·K)
室内｜コンクリート｜屋外
0.15 m

② 熱貫流率

熱貫流率：壁全体の熱の伝わりやすさを表す。

①で求めた熱貫流抵抗の数値を下記の式に入れると（逆数をとると）、熱貫流率が求められる。

$$熱貫流率 (K) = \dfrac{1}{熱貫流抵抗 (R)}$$

※熱貫流率の値が大きい壁体は、断熱性に劣る！

別の表現をすれば

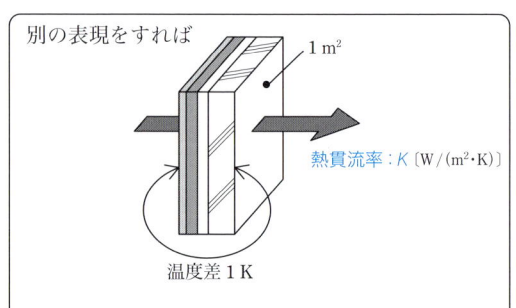

熱貫流率：K〔W/(m²·K)〕

熱貫流率：1 m²の壁面の両側の温度差が 1 K の場合に壁を流れる熱流

温度差 1 K

③ 熱貫流量

壁の熱貫流量は、熱貫流率と、室内と屋外の温度差によって求められる。

熱貫流量 (q) ＝熱貫流率 (K) × 温度差 $(t_0 - t_1)$

⇩

◎熱貫流率が大きいほど、熱を伝えやすい。
◎温度差が大きいほど、熱を伝えやすい。

※熱貫流量は貫流熱量と呼ぶこともある。

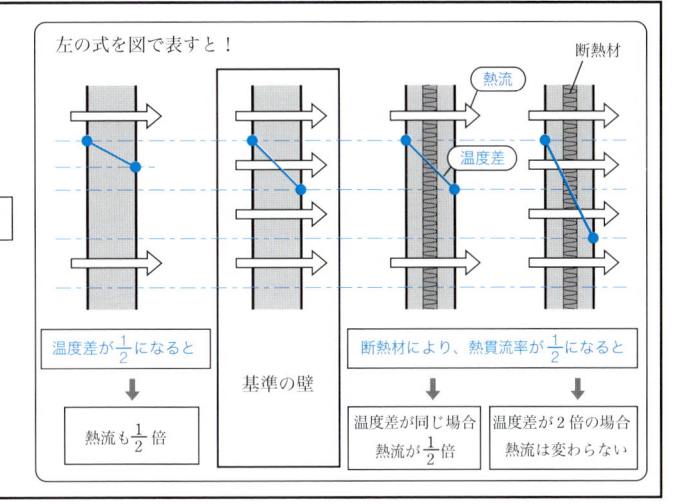

左の式を図で表すと！

- 温度差が $\frac{1}{2}$ になると → 熱流も $\frac{1}{2}$ 倍
- 基準の壁
- 断熱材により、熱貫流率が $\frac{1}{2}$ になると
  - 温度差が同じ場合 熱流が $\frac{1}{2}$ 倍
  - 温度差が2倍の場合 熱流は変わらない

例）右図の『熱貫流率』と『熱貫流量』を求めましょう。

① それぞれの熱抵抗を求める。

- 壁表面（室内） $r_i = \dfrac{1}{\alpha_i} = \dfrac{1}{9}$
- せっこうボード $r_1 = \dfrac{d_1}{\lambda_1} = \dfrac{0.01}{0.22}$
- グラスウール $r_2 = \dfrac{d_2}{\lambda_2} = \dfrac{0.04}{0.04}$
- コンクリート $r_3 = \dfrac{d_3}{\lambda_3} = \dfrac{0.15}{1.6}$
- 壁表面（屋外） $r_o = \dfrac{1}{\alpha_o} = \dfrac{1}{23}$

② 熱貫流抵抗 (R) を求める

$R = r_i + r_1 + r_2 + r_3 + r_o ≒ 1.294$

したがって 1.29 $(m^2 \cdot K)/W$

③ 熱貫流率 (K) を求める。

$K = \dfrac{1}{1.29} ≒ 0.775$

したがって $\boxed{0.78\ W/(m^2 \cdot K)}$

熱貫流率 $(K) = \dfrac{1}{熱貫流抵抗\ (R)}$

④ 熱貫流量 (q) を求める。

$q = 0.78 × (25-5) = 15.6$

したがって $\boxed{15.6\ W/m^2}$

熱貫流量 (q) ＝熱貫流率 (K) × 温度差 $(t_0 - t_1)$

（図中）
- グラスウールの熱伝導率 (λ_2) 0.04 W/(m・K)
- せっこうボードの熱伝導率 (λ_1) 0.22 W/(m・K)
- コンクリートの熱伝導率 (λ_3) 1.6 W/(m・K)
- 壁表面（室内）の総合熱伝達率 (α_i) 9.0 W/(m²・K)
- 壁表面（屋外）の総合熱伝達率 (α_o) 23 W/(m²・K)
- 室温 25℃
- 外気温度 5℃
- 0.01 m (d_1)、0.04 m (d_2)、0.15 m (d_3)
- 材料の厚さの単位は m（メートル）となる。

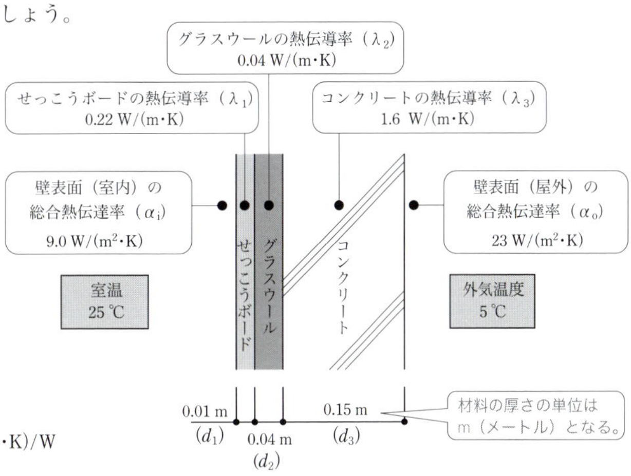

上の例では、計算がしやすいように熱貫流抵抗を先に求めたが、熱貫流率を直接求めることもできる！

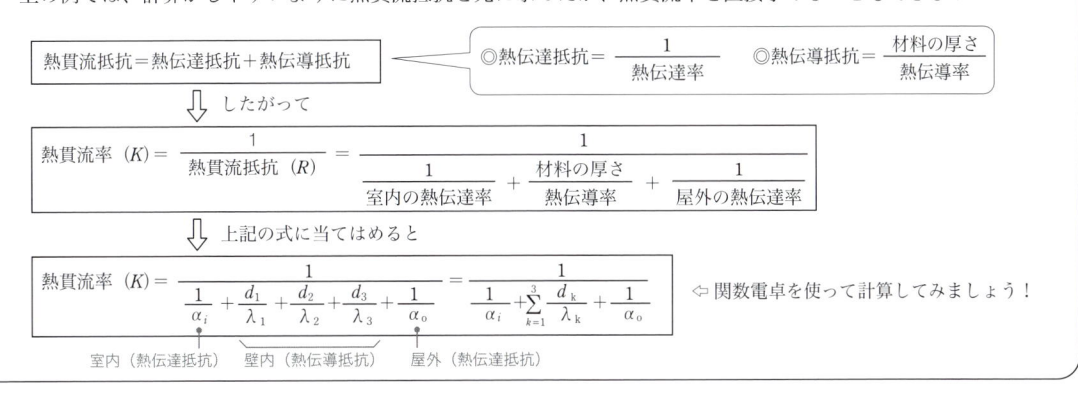

熱貫流抵抗＝熱伝達抵抗＋熱伝導抵抗

◎熱伝達抵抗＝ $\dfrac{1}{熱伝達率}$ ◎熱伝導抵抗＝ $\dfrac{材料の厚さ}{熱伝導率}$

⇩ したがって

$$熱貫流率\ (K) = \dfrac{1}{熱貫流抵抗\ (R)} = \dfrac{1}{\dfrac{1}{室内の熱伝達率} + \dfrac{材料の厚さ}{熱伝導率} + \dfrac{1}{屋外の熱伝達率}}$$

⇩ 上記の式に当てはめると

$$熱貫流率\ (K) = \dfrac{1}{\dfrac{1}{\alpha_i} + \dfrac{d_1}{\lambda_1} + \dfrac{d_2}{\lambda_2} + \dfrac{d_3}{\lambda_3} + \dfrac{1}{\alpha_o}} = \dfrac{1}{\dfrac{1}{\alpha_i} + \sum_{k=1}^{3}\dfrac{d_k}{\lambda_k} + \dfrac{1}{\alpha_o}}$$

⇦ 関数電卓を使って計算してみましょう！

室内（熱伝達抵抗）　壁内（熱伝導抵抗）　屋外（熱伝達抵抗）

2章 温熱環境　1 温度と熱移動

2 室温と熱負荷

1 室温の変動

室内の温度は、日射の影響や電化製品（テレビ・照明など）などから放出される熱の影響を受けている。

熱取得：室内が、太陽からの熱や、室内で発生する熱などを受けて温まる。

熱損失：室内が温められ、屋外と温度差ができると、室内の熱は屋外へと放出される。

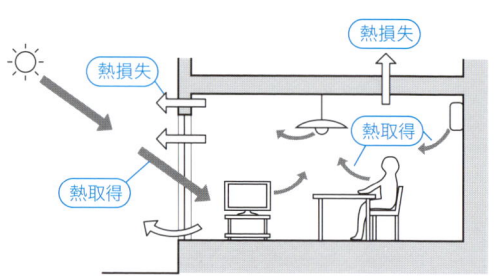

室内の状態

定常状態　：温度などが時間によって変化しない状態　← 暖房や冷房を使用し、十分に時間が経った後、室温が一定に保たれている状態

非定常状態：温度などが時間によって変化する状態

2 室内外への熱の出入り

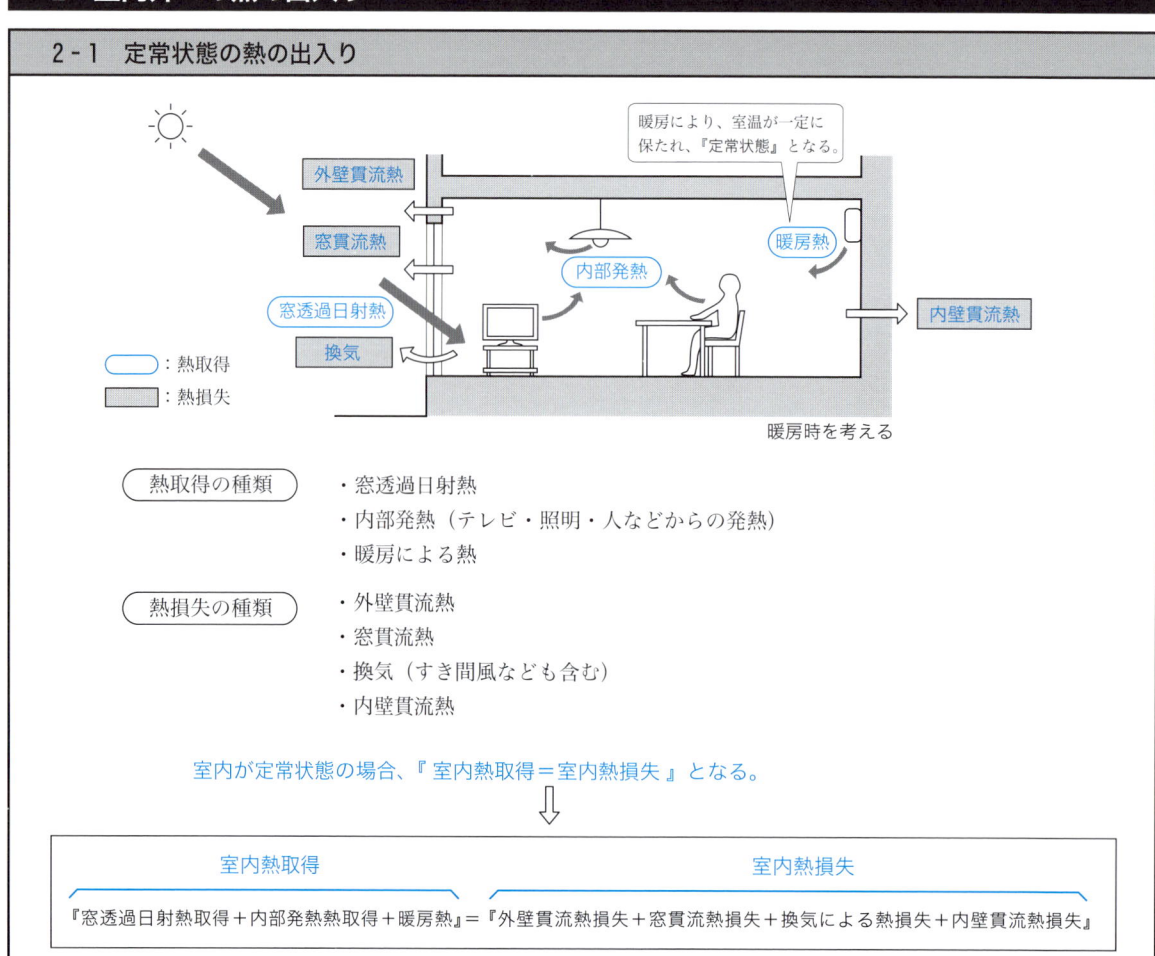

2-1 定常状態の熱の出入り

暖房により、室温が一定に保たれ、『定常状態』となる。

□：熱取得
▨：熱損失

暖房時を考える

熱取得の種類
- 窓透過日射熱
- 内部発熱（テレビ・照明・人などからの発熱）
- 暖房による熱

熱損失の種類
- 外壁貫流熱
- 窓貫流熱
- 換気（すき間風なども含む）
- 内壁貫流熱

室内が定常状態の場合、『室内熱取得＝室内熱損失』となる。

| 室内熱取得 | 室内熱損失 |

『窓透過日射熱取得＋内部発熱熱取得＋暖房熱』＝『外壁貫流熱損失＋窓貫流熱損失＋換気による熱損失＋内壁貫流熱損失』

2-2 熱取得

① 窓透過日射熱取得

窓透過日射熱取得
　＝ガラス窓日射透過率 × 窓面積 × 屋外面の全日射量

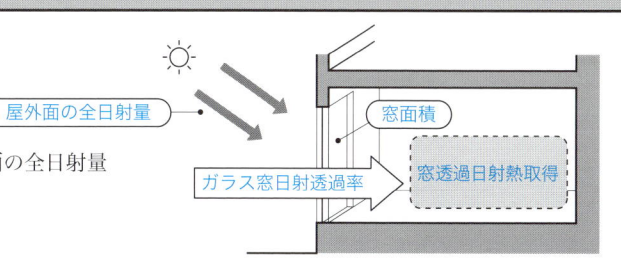

② 内部発熱熱取得

内部発熱：テレビ・照明・人などからの発熱

人体からの発熱量（1人当たり）
・静座時　：　90～100 W
・軽作業時：105～120 W 程度

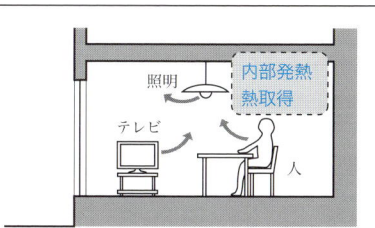

③ 暖房熱

暖房熱が供給されることにより、定常状態が保たれる。

暖房がない状態で、熱取得と熱損失が行われている場合、『自然室温』という（冷房時も同様）。

2-3 熱損失

① 外壁貫流熱損失と窓貫流熱損失

外壁貫流熱損失
　＝外壁熱貫流率 ×（室温－外気温）× 外壁面積

窓貫流熱損失
　＝窓熱貫流率 ×（室温－外気温）× 窓面積

外気温には日射の強さに応じて仮想的に温度が上昇すると考えた『相当外気温』を用いることもある。

② 換気による熱損失

換気による熱損失
　＝空気の比熱 × 空気の密度 × 換気量 ×（室温－外気温）

1 g の空気の温度を 1 K 上げるのに必要な熱量

空気 1 m³ の質量

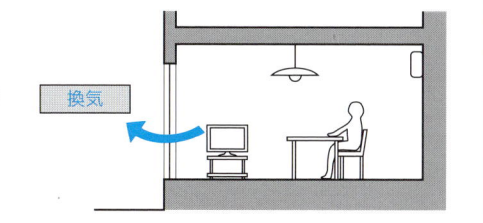

③ 内壁貫流熱損失

内壁貫流熱損失
　＝内壁熱貫流率 × 隣室温度差係数 ×（室温－外気温）× 内壁面積

冬季：0.25 程度
夏季：0.4 程度

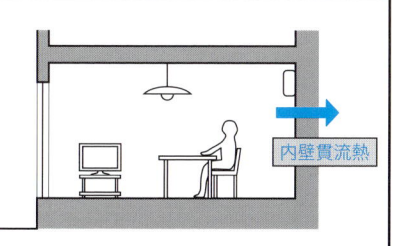

2-4 熱損失係数

熱損失係数（Q値）：室内と屋外の温度差を1Kとした時に、建物全体の熱が室内から屋外に移動する割合。Q値とも言われる（単位：W/(m²·K)）。

※建物の断熱性や保温性を評価するのに用いられる。

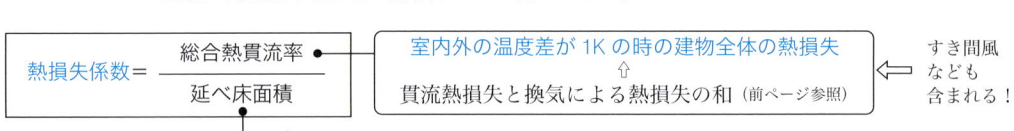

熱損失係数 = 総合熱貫流率 / 延べ床面積

総合熱貫流率 ← 室内外の温度差が1Kの時の建物全体の熱損失
　　　　　　　↕
　　　　　　貫流熱損失と換気による熱損失の和（前ページ参照）

← すき間風なども含まれる！

壁などの条件が同じ建物でも、規模が大きくなると、総合熱貫流率（建物全体の熱損失）は、大きくなってしまうため、床面積1m²当たりの熱損失で比較できるように延べ床面積で割る。

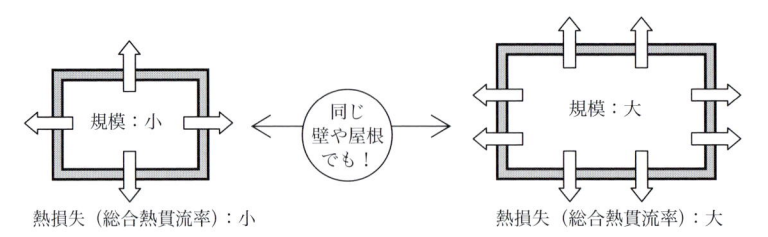

規模：小 ← 同じ壁や屋根でも！ → 規模：大

熱損失（総合熱貫流率）：小　　熱損失（総合熱貫流率）：大

外壁貫流熱損失 = 外壁熱貫流率 ×（室温 − 外気温）× 外壁面積
※窓も同様（前ページ参照）

室温・外気温の条件が同じで、壁などの熱貫流率も同じ場合は、面積の大きい方が、熱損失が多くなる。

熱損失係数が小さい場合

熱損失が小さいと、室温を維持しやすいため、空調使用時の消費エネルギーが少ない。

気密性を高めると、熱損失係数の値は小さくなる！

熱損失係数：小

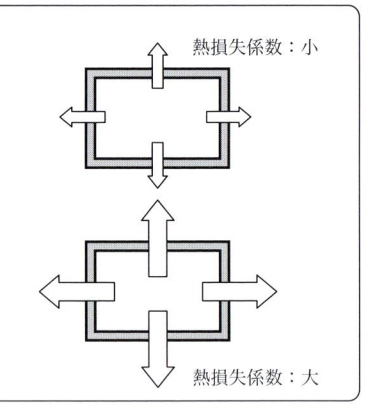

熱損失係数が大きい場合

熱損失が大きいと、室温が外気温に近くなり、空調使用時の消費エネルギーが多くなる。

暖房をかけても、熱がすぐに逃げてしまい、空調を常に運転することになる。

熱損失係数：大

熱損失係数の値を小さくするためには、壁に断熱材を入れ、建物全体の断熱性能を高めることが効果的となる！
それに加えて、気密性を高めることも重要！

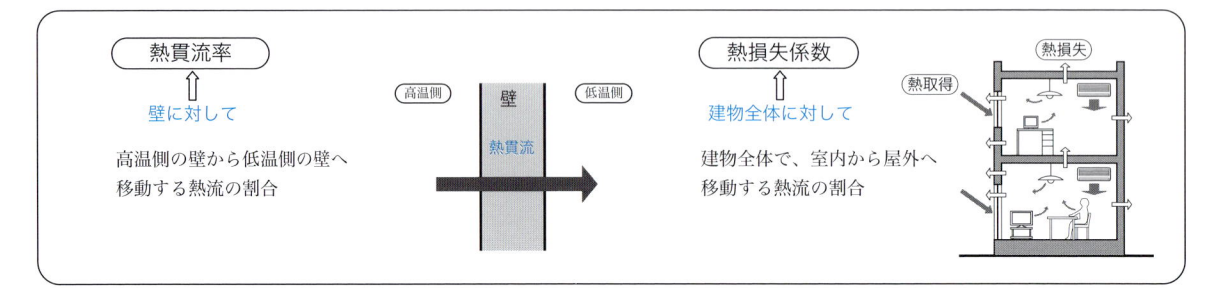

熱貫流率
壁に対して
高温側の壁から低温側の壁へ移動する熱流の割合

高温側　壁　低温側
熱貫流

熱損失係数
建物全体に対して
建物全体で、室内から屋外へ移動する熱流の割合

熱損失
熱取得

(問題1) 『外壁・窓貫流熱損失』(p.45『2-3①』参照)

> 定常状態
> 熱の出入りや温度差などが一定な状態

下記の条件の、窓のある外壁の熱損失量を求めましょう。
ただし、定常状態とする。

- 外壁(窓をのぞく)の面積：30 m²
- 窓の面積：10 m²
- 室温：20℃
- 外気温：0℃
- 外壁(窓を除く)の熱貫流率：1.0 W/(m²・K)
- 窓の熱貫流率：3.0 W/(m²・K)

熱損失量＝（外壁の熱貫流率×外壁の面積＋窓の熱貫流率×窓の面積）× 気温差

$$= \{1.0 \text{ W/(m}^2\cdot\text{K)} \times 30 \text{ m}^2 + 3.0 \text{ W/(m}^2\cdot\text{K)} \times 10 \text{ m}^2\} \times (20℃ - 0℃)$$
$$= 1,200 \text{ W}$$

したがって、**熱損失量：1,200 W**

(問題2) 『換気による熱損失』(p.45『2-3②』参照)

床面積100 m²の事務室において、機械換気による熱損失量を求めましょう。
ただし、熱交換器の使用はないものとし、室温は室内一様とする。
なお、1.0 W・h は、3.6 kJ とする。

- 天井の高さ：3.0 m
- 換気回数：2.0 回/h ← p.89 参照
- 室内の温度：20℃
- 外気の温度：5℃
- 空気の比熱：1.0 kJ/(kg・K)
- 空気の密度：1.2 kg/m³

熱損失量＝空気の比熱 × 空気の密度 × 換気量 × 気温差

◎1 時間当たりの換気量

　事務室の容積＝床面積 × 天井の高さ＝100 m²×3 m＝300 m³
　換気回数は、1 時間に 2 回なので、300 m³×2 回/h＝600 m³/h

◎空気の比熱

　空気の比熱を単位換算して、3.6 kJ＝1.0 W・h
　したがって、$1.0 \text{ kJ/(kg・K)} = \frac{1.0}{3.6} \text{ W・h/(kg・K)} = 0.28 \text{ W・h/(kg・K)}$

> K(ケルビン)は温度差を表す単位
> 20℃－5℃＝15 K(ケルビン)

◎上記の式に代入すると

$$= 0.28 \text{ W・h/(kg・K)} \times 1.2 \text{ kg/m}^3 \times 600 \text{ m}^3/\text{h} \times (20℃ - 5℃)$$
$$= 3,024 \text{ W}$$

したがって、**熱損失量：3,024 W**

外皮平均熱貫流率（UA 値）

建物内外の温度差が1K の場合の部位ごとの熱損失量の合計を、外皮などの面積の合計で除した値
（換気による熱損失は含まず）

$$\text{外皮平均熱貫流率(UA 値)} = \frac{\text{建物が損失する熱量の合計}}{\text{外皮等面積}}$$

※平成25年以降の住宅の省エネ基準としては、Q値ではなく、UA値が用いられる。

気密性

気密性：その建物自体にどれだけすき間が少ないかを表す。
気密性が高いほど、すき間から熱が逃げにくく、室内の温度を一定に保ちやすくなる。

⇩　　　　　⇩
熱損失係数が小さい！　　冷暖房負荷が小さい！　⇐ 省エネ!!

3　断熱性能

断熱性能を高める目的

室内での快適性を高めるためには、夏季は冷房、冬季は暖房を用いて、一定の範囲の温度に保つことが望ましい。

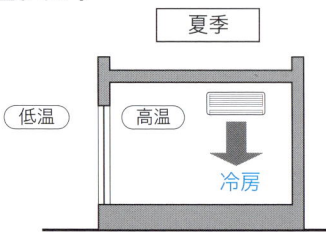

夏季
(低温) (高温) ↓ 冷房
冷房に必要な熱量：冷房負荷

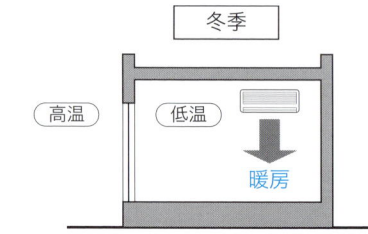

冬季
(高温) (低温) ↓ 暖房
暖房に必要な熱量：暖房負荷

冷暖房負荷を減らすためには、建物の断熱性を高めることが重要となる。

⇧ 熱損失係数（p.46参照）を小さくする！

暖房デグリーデー：
暖房に消費される
エネルギーをおおまかに
推定する方法。
室内基準温度と
日平均外気温の差を積算。
冷房デグリーデーも
考え方は同じ。

3-1　外断熱と内断熱

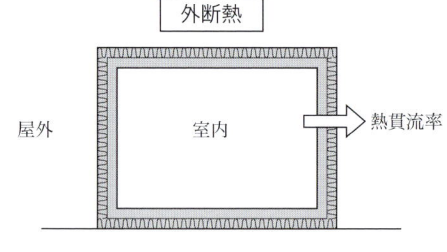

外断熱 — 屋外／室内／熱貫流率
外壁側に断熱材を入れたもの

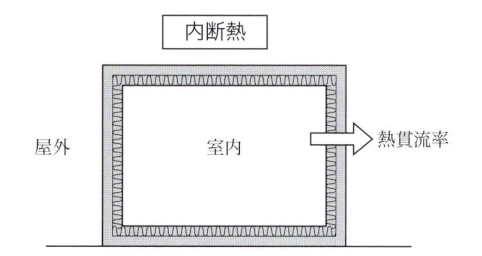

内断熱 — 屋外／室内／熱貫流率
内壁側に断熱材を入れたもの

壁の熱貫流率に対して

外断熱 ＝ 内断熱 ⇐ 壁の熱貫流率（p.42参照）そのものは、理論上は変わらない。

それぞれの特徴　※冬季の場合

◎外断熱
室温が上がるのに時間がかかる。
暖房による熱が、コンクリートの壁の温度を上げることに時間をかけるため。
└ 熱容量（次ページ参照）が大きい材料のため

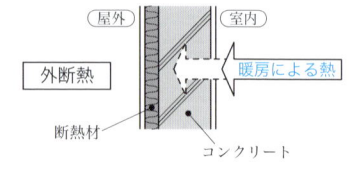

◎内断熱
室温が上がるのに時間がかからない。
暖房による熱が断熱材で遮られ、壁を温める時間を要せずに、室内の空気が温められるため。

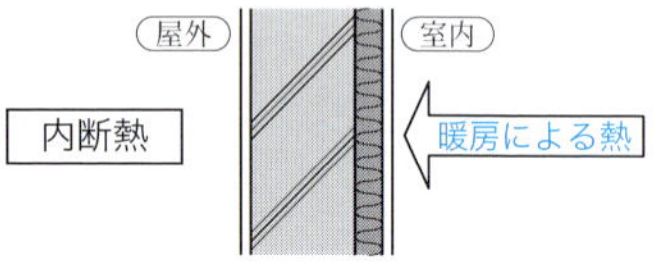

例）コンクリート壁の場合

外断熱：屋外／室内　暖房による熱　断熱材　コンクリート

内断熱：屋外／室内　暖房による熱

3-2 熱容量と断熱性

容積比熱：その材料の温度を1m³当たり1K上げるのに必要な熱量

容積比熱 ＝ 比熱 × 密度

比熱：物質1kgの温度を1K上昇させるのに必要な熱量

熱容量 ＝ 容積比熱 × 体積

⇒ 熱容量が大きい材料は、温まりにくく、冷めにくい！
⇒ 非定常状態を考える時には、熱容量が影響する。

コンクリートと木材の熱容量

材料を温めるのに要する時間で比較すると

コンクリート	木材
温まるのに時間がかかる	すぐに温まる
‖	‖
熱容量が大きい	熱容量が小さい
‖	
多くの熱量が必要	

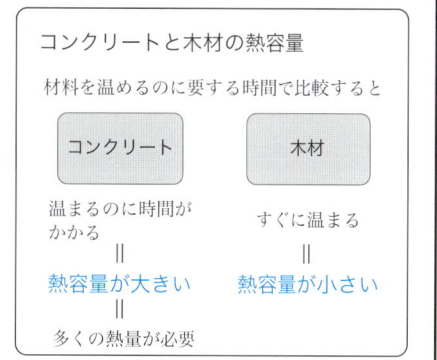

① 室内の暖房開始後・停止後の温度変化

熱容量と断熱性との関係で、冷暖房負荷が変わる。

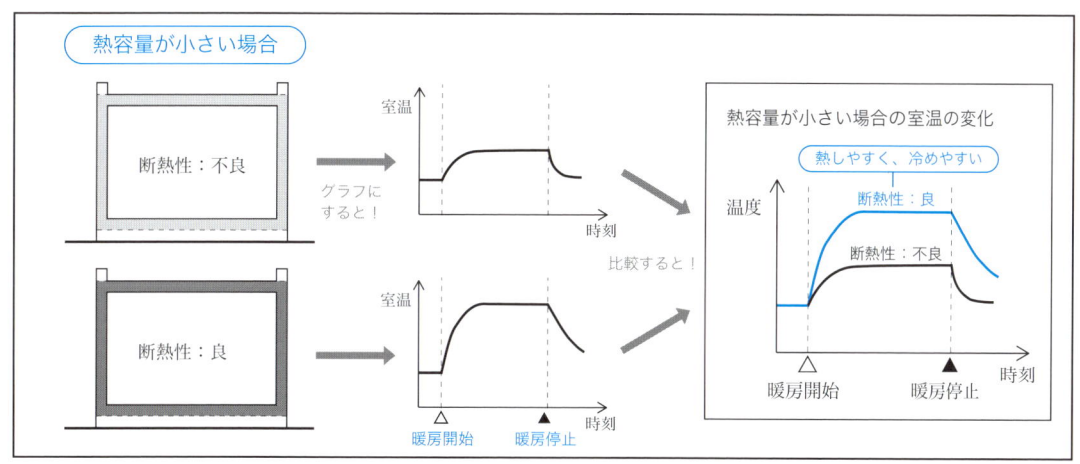

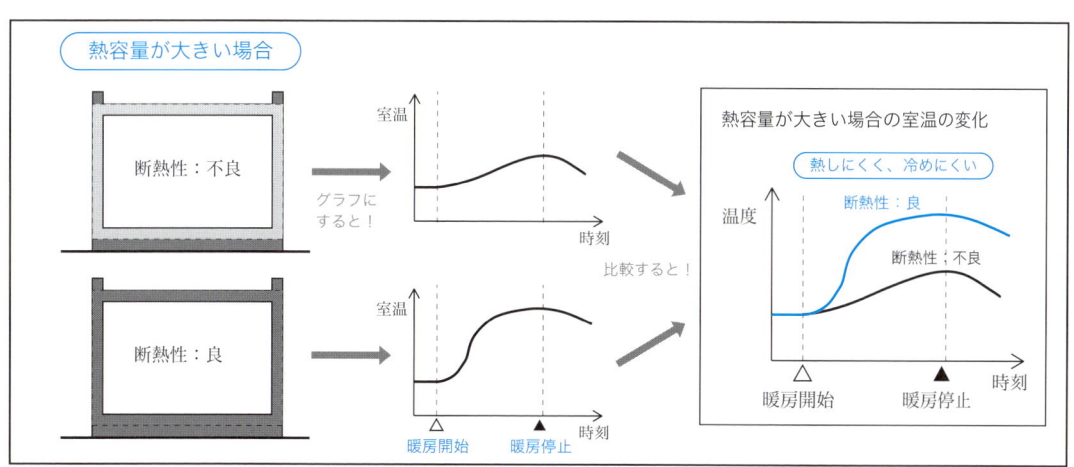

熱容量が小さい場合

断熱性：不良 → グラフにすると！ → 室温／時刻

断熱性：良 → グラフにすると！ → 室温／時刻

比較すると！ → 熱容量が小さい場合の室温の変化
熱しやすく、冷めやすい
断熱性：良／断熱性：不良
暖房開始／暖房停止

熱容量が大きい場合

断熱性：不良 → グラフにすると！ → 室温／時刻

断熱性：良 → グラフにすると！ → 室温／時刻

比較すると！ → 熱容量が大きい場合の室温の変化
熱しにくく、冷めにくい
断熱性：良／断熱性：不良
暖房開始／暖房停止

熱容量が同じ場合は、断熱性を向上させることが効果的！
- 短時間で設定室温に到達する。
- 熱損失係数が小さくなる。
- 暖房停止後の室温低下が緩やか。⇔ 間欠運転でも、室温変化が小さい。

⇐ 冷暖房負荷が小さくなる！

2章 温熱環境　2 室温と熱負荷

② 高断熱の居室の温度変化

熱容量が小さい居室

外気の温度変化にあわせて、室内の温度も変化する。

熱容量：小 ＋ 断熱性：良

断熱性が良い場合は、室内の温度の変動が小さい。

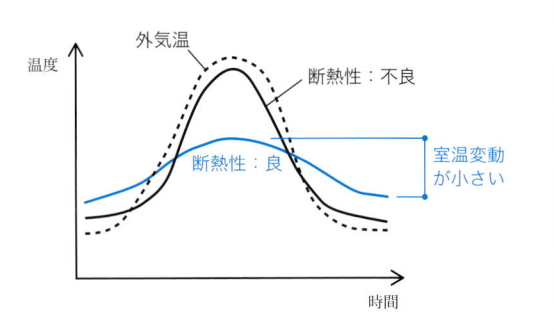

熱容量が大きい居室

外気の温度変化に対して、少し遅れて室内の温度が変化する。

⇧ 外気温が最も高くなる昼の時間帯に、室内が暑くならない。

熱容量：大 ＋ 断熱性：良

断熱性が良い場合は、室内の温度の変動が小さい。

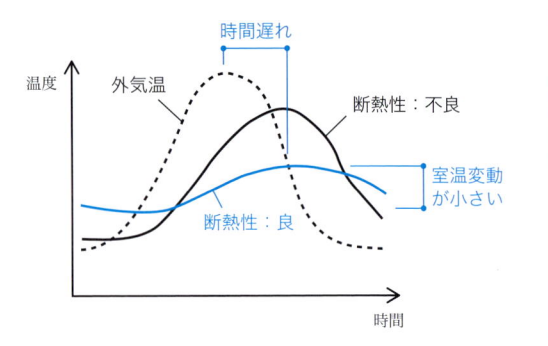

※高断熱の居室の場合、熱容量にかかわらず、室内の温度変化は小さい！

主な建築材料の比熱、密度、熱容量

材料分類	材料名	比 熱 C [kJ/(kg·K)]	密 度 ρ [kg/m³]	熱容量 Cp [J/k]
金属	アルミニウム	0.92	2,700	2,484
	鋼 材	0.50	7,860	3,930
セメント系	鉄筋コンクリート	0.88	2,300	2,024
	ALC	1.10	600	660
板ガラス レンガ	板ガラス	0.75	2,540	1,905
	レンガ	0.84	1,650	1,386
木質系	天然木材（軽量材）	1.30	400	520
	合 板	1.30	550	715
せっこう系	せっこうボード	1.13	800	904
	木毛セメント板（普通品）	1.67	500	835
繊維版	A級インシュレーションボード	1.30	250	325
	パーティクルボード	1.30	500	650
繊維系 断熱材	グラスウール	0.84	15 (20)	12.6 (16.8)
	セルローズファイバー	1.26	40	50.4
	ロックウール	0.84	40	33.6
発泡系 断熱材	硬質ウレタンフォーム	1.05	40	42.0
	押し出し発泡ポリスチレン	1.05	28	29.4
	ポリスチレンフォーム	1.05	30	31.5
その他	水	4.2	997	4,187
	空気	1.00	1.2	1.2

※同じ材料でも値にはばらつきがある

3-3 高気密化による効果

高気密：下記の性能を持つもの

◎すき間風の流入を防止できる。

＋

◎居住者が必要と判断した時に、窓などを開放して積極的に外気を取り入れることができる。

または

◎機械換気設備を備える。（居室では24時間換気が法律で義務付けられている(p.94参照)。）

（開口部を閉鎖している時などの室内空気汚染防止のため）

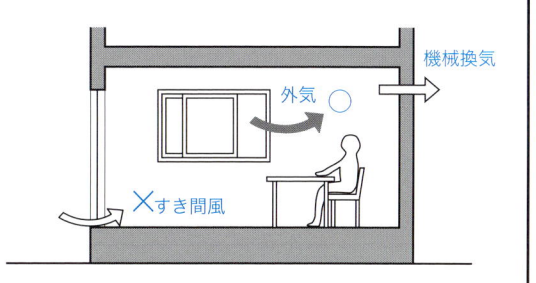

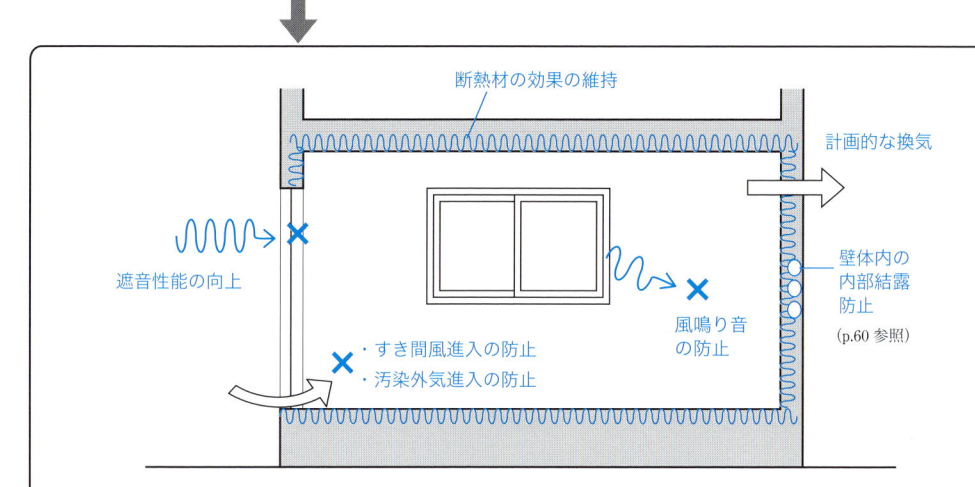

- 断熱材の効果の維持
- 計画的な換気
- 遮音性能の向上
- すき間風進入の防止
- 汚染外気進入の防止
- 風鳴り音の防止
- 壁体内の内部結露防止（p.60参照）

【高気密化による効果】

・すき間風を感じない、快適な室内温熱環境の形成
・断熱材の効果の維持
・壁体などにおける内部結露の防止
・計画的な換気
　必要な量の新鮮な空気を導入し、不要な汚染空気を排出して健康への影響を小さくする。
　適切な換気経路を確保する。
　夏季・冬季などは『機械換気』（p.102〜103参照）を行うが、中間期（春や秋）には
　『自然換気』（p.97〜99参照）も行えるようにする。　　　　　　　　など
・汚染外気の進入防止
・遮音性能の向上
・窓回り風鳴り音の防止

高気密化は、すき間風の流入を防ぐということだが、季節の良い時期などは窓を開け、自然の空気を取り込むことも気持ちがよい。

機械換気を計画的に行うためには、室内（住宅全体）を密閉した方が効果的であるという考え方もある。

2章 温熱環境　2 室温と熱負荷

3 湿度と結露

温度が高くなると水は水蒸気（気体）となって空気中で存在する！⇔『湿度』（次項〜p.56参照）
水蒸気は冷やすと水（水滴）になる！⇔『結露』（p.57〜60参照）

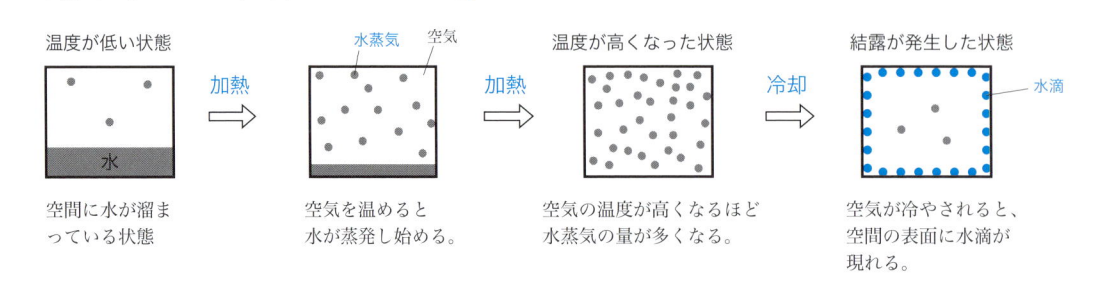

| 温度が低い状態 | → 加熱 → | | → 加熱 → | 温度が高くなった状態 | → 冷却 → | 結露が発生した状態 |

- 空間に水が溜まっている状態
- 空気を温めると水が蒸発し始める。
- 空気の温度が高くなるほど水蒸気の量が多くなる。
- 空気が冷やされると、空間の表面に水滴が現れる。

1 湿度

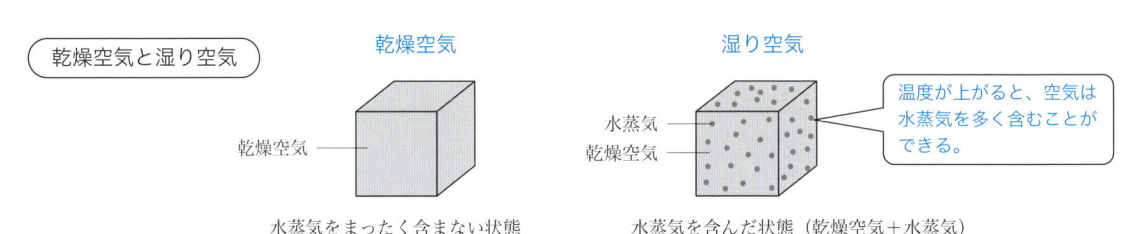

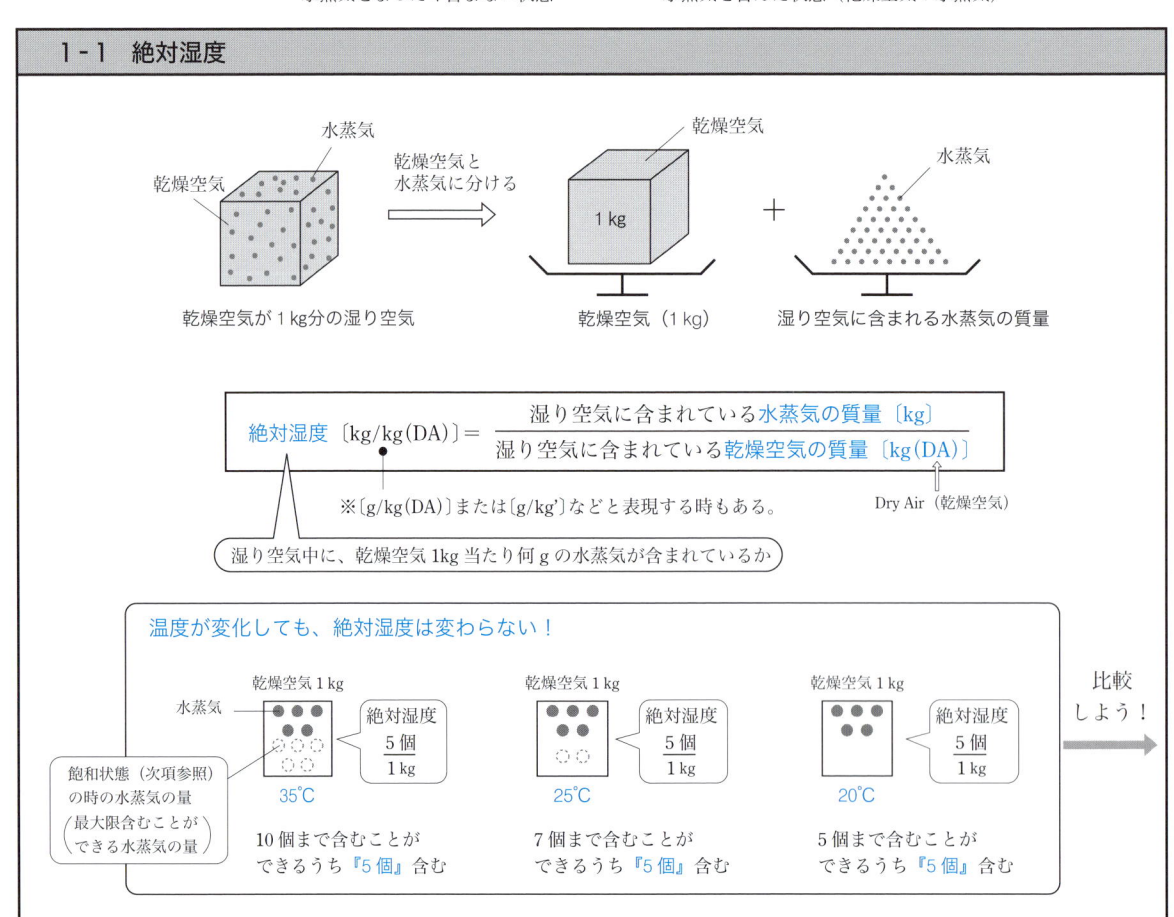

乾燥空気と湿り空気

- 乾燥空気：水蒸気をまったく含まない状態
- 湿り空気：水蒸気を含んだ状態（乾燥空気＋水蒸気）

温度が上がると、空気は水蒸気を多く含むことができる。

1-1 絶対湿度

乾燥空気が1kg分の湿り空気 → 乾燥空気（1kg） ＋ 湿り空気に含まれる水蒸気の質量

$$絶対湿度 [kg/kg(DA)] = \frac{湿り空気に含まれている水蒸気の質量 [kg]}{湿り空気に含まれている乾燥空気の質量 [kg(DA)]}$$

※ [g/kg(DA)] または [g/kg] などと表現する時もある。

Dry Air（乾燥空気）

湿り空気中に、乾燥空気1kg当たり何gの水蒸気が含まれているか

温度が変化しても、絶対湿度は変わらない！

35℃	25℃	20℃
乾燥空気 1kg、絶対湿度 5個/1kg	乾燥空気 1kg、絶対湿度 5個/1kg	乾燥空気 1kg、絶対湿度 5個/1kg
10個まで含むことができるうち『5個』含む	7個まで含むことができるうち『5個』含む	5個まで含むことができるうち『5個』含む

飽和状態（次項参照）の時の水蒸気の量＝最大限含むことができる水蒸気の量

比較しよう！

1-2 飽和状態

飽和状態：ある温度の時、最大限の水蒸気を含んでいる空気の状態

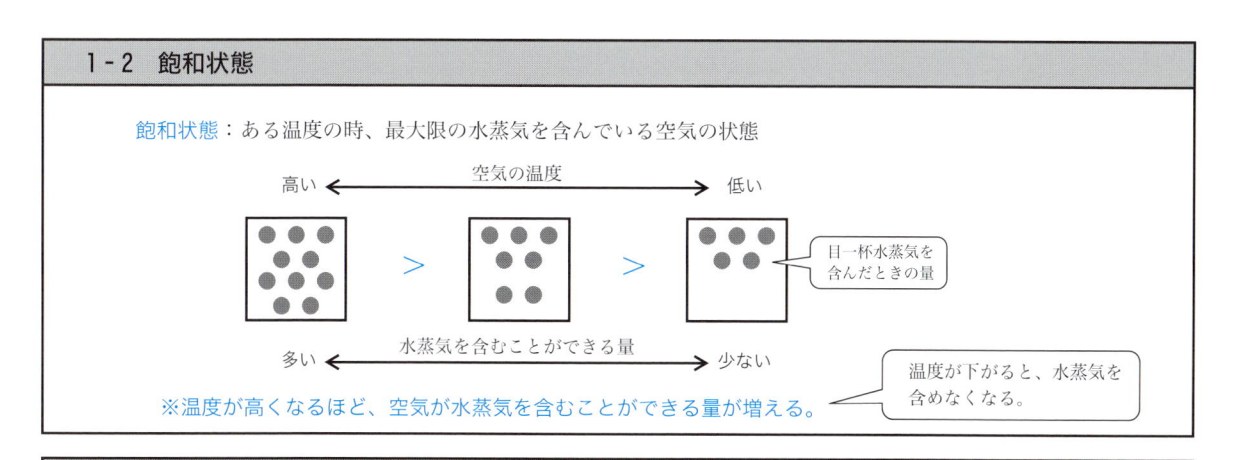

高い ←――― 空気の温度 ―――→ 低い

多い ←――― 水蒸気を含むことができる量 ―――→ 少ない

目一杯水蒸気を含んだときの量

温度が下がると、水蒸気を含めなくなる。

※温度が高くなるほど、空気が水蒸気を含むことができる量が増える。

1-3 相対湿度

相対湿度：湿り空気に含まれる水蒸気と、その空気が飽和状態になった時の水蒸気との比
　※一般的に湿度と呼ばれているものは、この相対湿度のこと。

『水蒸気分圧』と『飽和水蒸気分圧』

　分圧：ある体積の混合物に対して、その成分の体積が占める割合

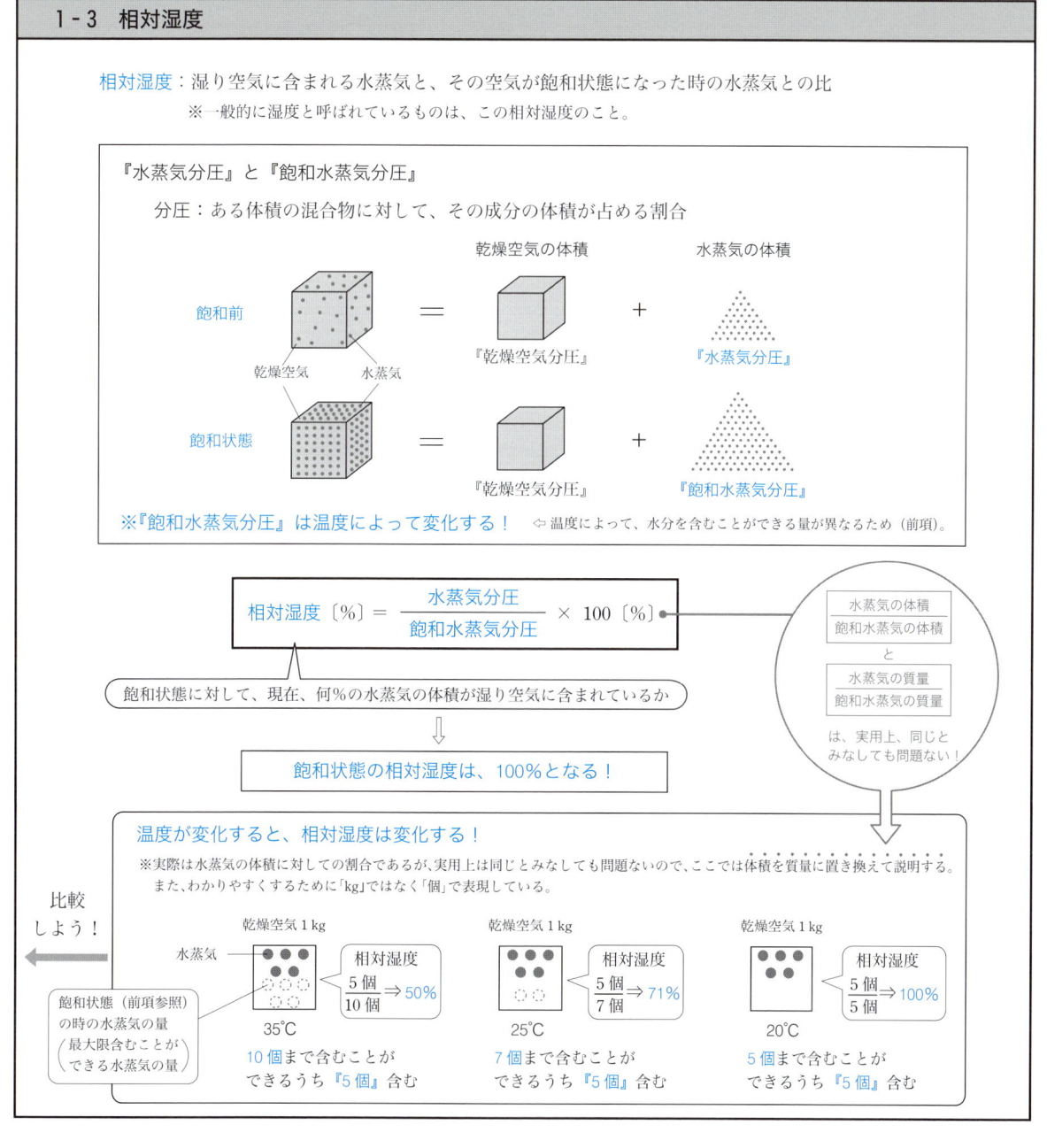

飽和前：乾燥空気 + 水蒸気 = 『乾燥空気分圧』 + 『水蒸気分圧』

飽和状態：= 『乾燥空気分圧』 + 『飽和水蒸気分圧』

※『飽和水蒸気分圧』は温度によって変化する！ ⇔ 温度によって、水分を含むことができる量が異なるため（前項）。

$$相対湿度〔\%〕= \frac{水蒸気分圧}{飽和水蒸気分圧} \times 100 〔\%〕$$

飽和状態に対して、現在、何％の水蒸気の体積が湿り空気に含まれているか

⇒ 飽和状態の相対湿度は、100％となる！

$\dfrac{水蒸気の体積}{飽和水蒸気の体積}$ と $\dfrac{水蒸気の質量}{飽和水蒸気の質量}$ は、実用上、同じとみなしても問題ない！

温度が変化すると、相対湿度は変化する！
※実際は水蒸気の体積に対しての割合であるが、実用上は同じとみなしても問題ないので、ここでは体積を質量に置き換えて説明する。また、わかりやすくするために「kg」ではなく「個」で表現している。

比較しよう！

乾燥空気1kg　35℃　相対湿度 5個/10個 ⇒ 50%
10個まで含むことができるうち『5個』含む

乾燥空気1kg　25℃　相対湿度 5個/7個 ⇒ 71%
7個まで含むことができるうち『5個』含む

乾燥空気1kg　20℃　相対湿度 5個/5個 ⇒ 100%
5個まで含むことができるうち『5個』含む

飽和状態（前項参照）の時の水蒸気の量（最大限含むことができる水蒸気の量）

2章 温熱環境　3 湿度と結露

2章 温熱環境　3 湿度と結露

絶対湿度と相対湿度をまとめると！

	乾燥空気 1 kg 『35℃』	乾燥空気 1 kg 『25℃』	乾燥空気 1 kg 『20℃』	乾燥空気 1 kg 『15℃』
絶対湿度 (水蒸気の質量 / 乾燥空気の質量)	$\frac{5個}{1 kg}$　『5個/kg(DA)』	$\frac{5個}{1 kg}$　『5個/kg(DA)』	$\frac{5個}{1 kg}$　『5個/kg(DA)』	$\frac{3個}{1 kg}$　『3個/kg(DA)』
相対湿度 (水蒸気の質量 / 飽和水蒸気の質量) ※前ページの右下グレー文字参照	$\frac{5個}{10個}$　『50%』 「10個」までOKなのに「5個」	$\frac{5個}{7個}$　『71%』 「7個」までOKなのに「5個」	$\frac{5個}{5個}$　『100%』 「5個」までOKで「5個」	『100%』 「3個」までしかOKでない ↓ 残り「2個」は水滴に！
	相対湿度 50%	相対湿度 71%	飽和状態 相対湿度 100%	水滴（露） 相対湿度 100%

水蒸気：1個
最大限水蒸気を含むことができる量：1個
水滴

結露の説明では、右図を使用するため、相対湿度の関係をしっかり把握しましょう。

水蒸気の量

→ この時の温度を『露点温度』という
→ この時の状態を『結露』という（p.57参照）

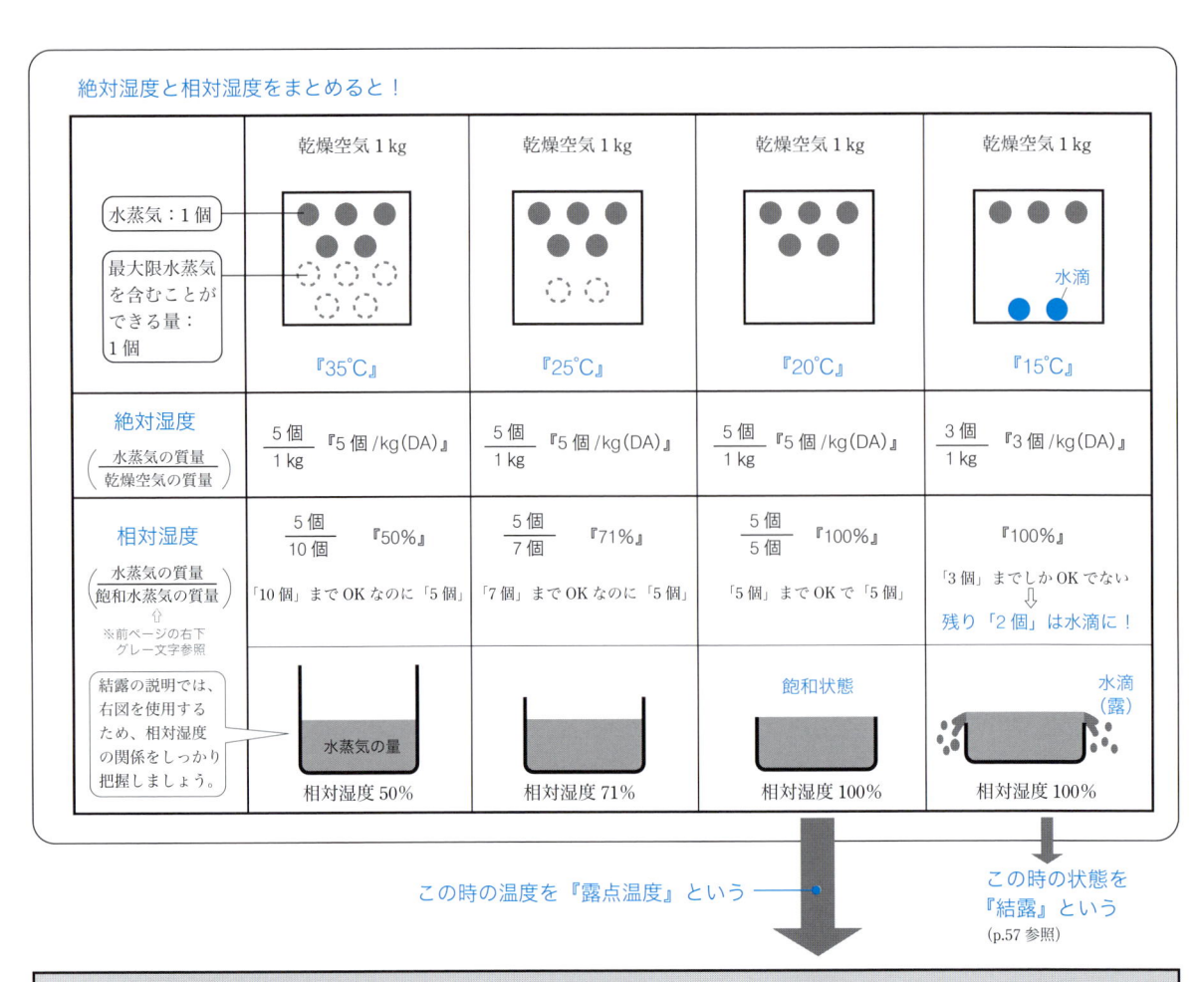

1-4 露点温度

露点温度：湿り空気の温度を下げていくと『飽和状態』となり、これ以上温度を下げると結露が発生する状態の時の温度 ⇨ 空気線図（次ページ参照）を使えば、簡単に求められる。

※空気中の水蒸気が多いほど、露点温度は高くなる。

水蒸気　⇨ 飽和状態：これ以上水蒸気を含めない状態

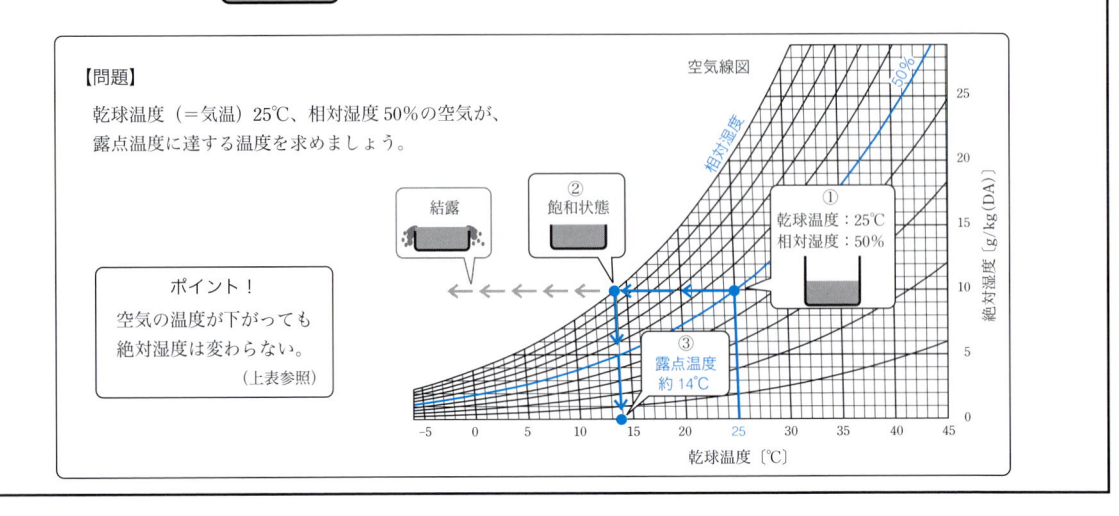

【問題】
乾球温度（=気温）25℃、相対湿度50%の空気が、露点温度に達する温度を求めましょう。

結露　飽和状態

① 乾球温度：25℃　相対湿度：50%
③ 露点温度　約14℃

ポイント！
空気の温度が下がっても絶対湿度は変わらない。
（上表参照）

空気線図
相対湿度 50%
絶対湿度 [g/kg(DA)]
乾球温度 [℃]

空気線図

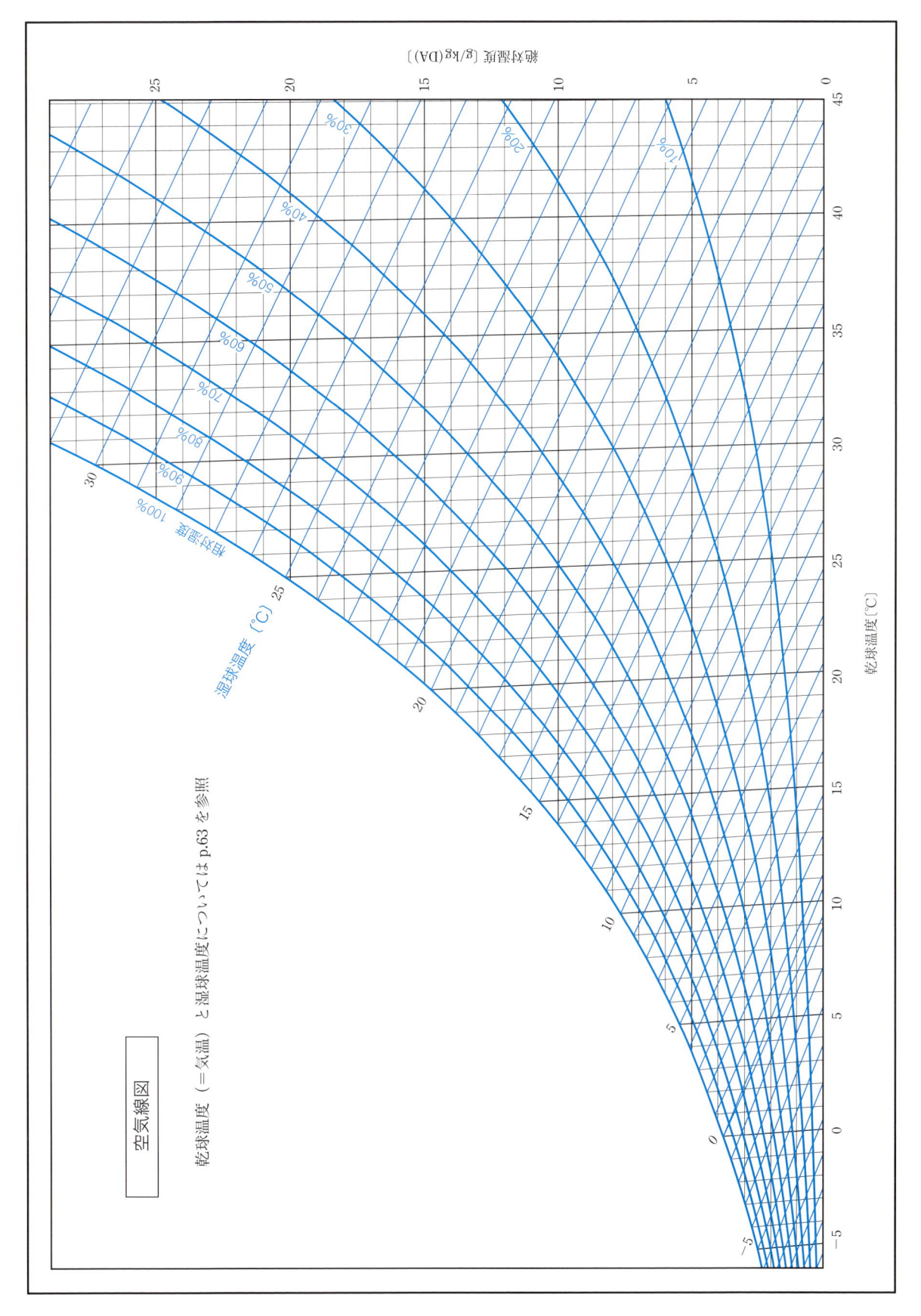

乾球温度（＝気温）と湿球温度については p.63 を参照

2章 温熱環境 ③ 湿度と結露

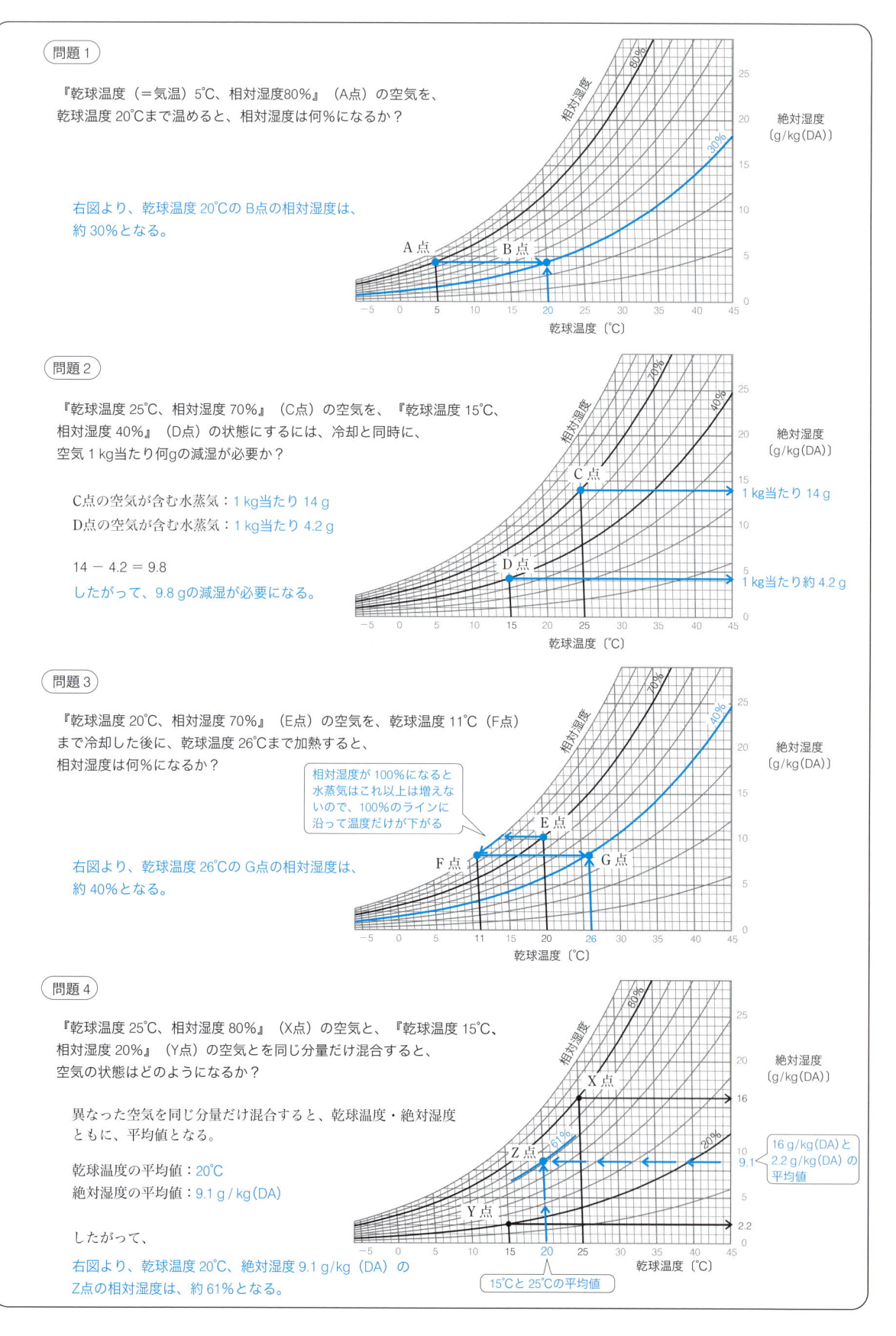

問題1

『乾球温度（＝気温）5℃、相対湿度80％』（A点）の空気を、乾球温度20℃まで温めると、相対湿度は何％になるか？

右図より、乾球温度20℃のB点の相対湿度は、約30％となる。

問題2

『乾球温度25℃、相対湿度70％』（C点）の空気を、『乾球温度15℃、相対湿度40％』（D点）の状態にするには、冷却と同時に、空気1kg当たり何gの減湿が必要か？

C点の空気が含む水蒸気：1kg当たり14g
D点の空気が含む水蒸気：1kg当たり4.2g

14 − 4.2 = 9.8
したがって、9.8gの減湿が必要になる。

問題3

『乾球温度20℃、相対湿度70％』（E点）の空気を、乾球温度11℃（F点）まで冷却した後に、乾球温度26℃まで加熱すると、相対湿度は何％になるか？

相対湿度が100％になると水蒸気はこれ以上は増えないので、100％のラインに沿って温度だけが下がる

右図より、乾球温度26℃のG点の相対湿度は、約40％となる。

問題4

『乾球温度25℃、相対湿度80％』（X点）の空気と、『乾球温度15℃、相対湿度20％』（Y点）の空気とを同じ分量だけ混合すると、空気の状態はどのようになるか？

異なった空気を同じ分量だけ混合すると、乾球温度・絶対湿度ともに、平均値となる。

乾球温度の平均値：20℃
絶対湿度の平均値：9.1g/kg(DA)

したがって、
右図より、乾球温度20℃、絶対湿度9.1g/kg(DA)のZ点の相対湿度は、約61％となる。

16g/kg(DA)と2.2g/kg(DA)の平均値

15℃と25℃の平均値

2 結露

空気が壁面や窓ガラスに触れて冷却されることが原因で、空気中の水蒸気が凝縮して露（水滴）となる現象

冬に、室内で鍋をすると、窓ガラスで結露することが多い！
水蒸気をたっぷり含んだ空気が、ガラスに触れて、急激に冷やされるため

よく冷えたジョッキほど、表面に付く水滴が多い!!
⇓
ジョッキの周囲の空気がどんどん冷やされるため。
⇨冬だけでなく、夏でも結露することがある！

家の窓で起こる結露も、ビール瓶やコップに付く水分も仕組みは同じ！

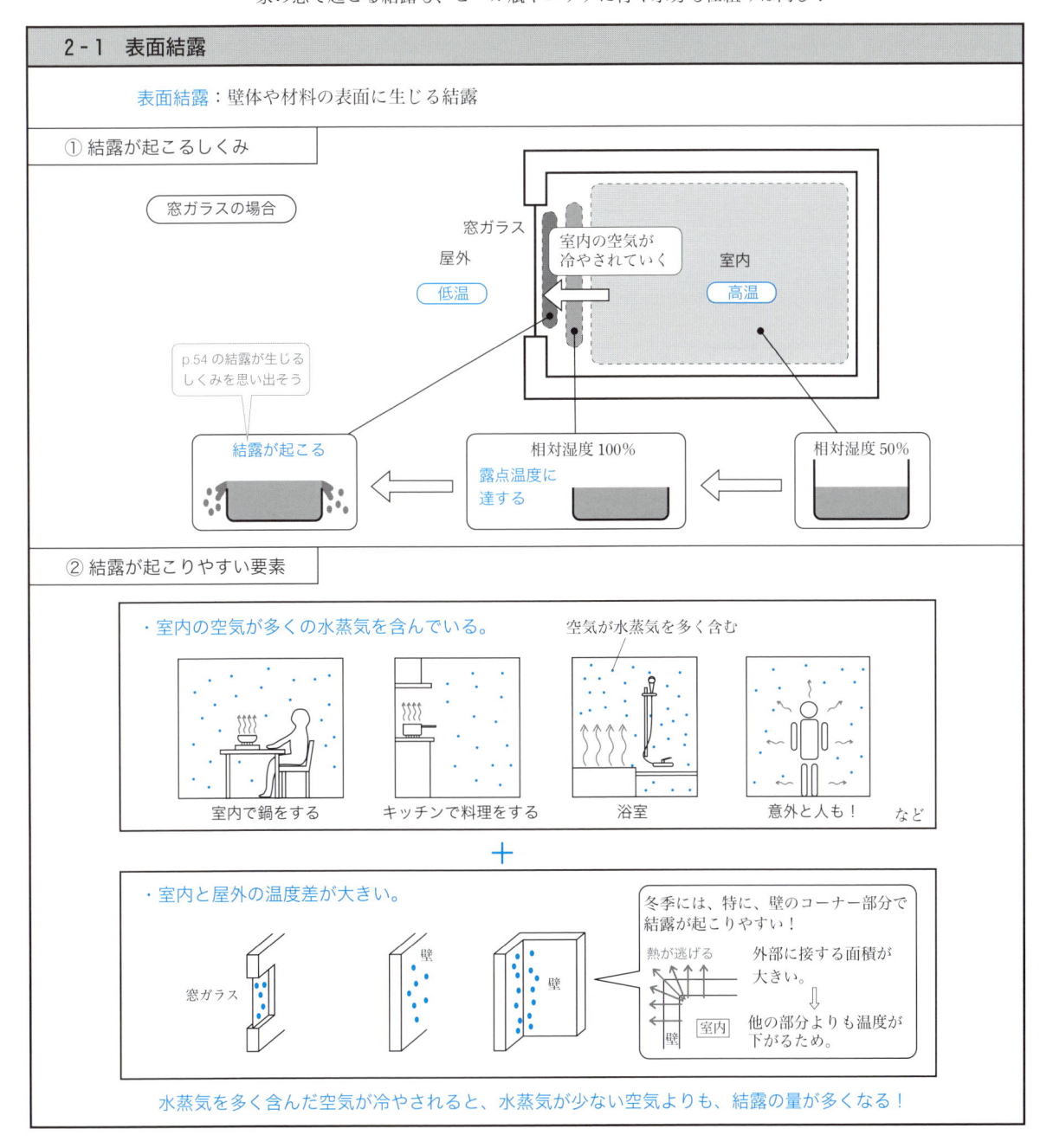

2-1 表面結露

表面結露：壁体や材料の表面に生じる結露

① 結露が起こるしくみ

窓ガラスの場合

屋外 低温 / 窓ガラス / 室内の空気が冷やされていく / 室内 高温

p.54の結露が生じるしくみを思い出そう

結露が起こる ← 相対湿度100% 露点温度に達する ← 相対湿度50%

② 結露が起こりやすい要素

・室内の空気が多くの水蒸気を含んでいる。

空気が水蒸気を多く含む

室内で鍋をする / キッチンで料理をする / 浴室 / 意外と人も！　など

＋

・室内と屋外の温度差が大きい。

窓ガラス / 壁 / 壁

冬季には、特に、壁のコーナー部分で結露が起こりやすい！

熱が逃げる　外部に接する面積が大きい。
⇓
他の部分よりも温度が下がるため。

水蒸気を多く含んだ空気が冷やされると、水蒸気が少ない空気よりも、結露の量が多くなる！

2章 温熱環境　3 湿度と結露

③ 表面結露の防止方法

※ここでは、冬季の場合を考えているが、夏季でも結露が生じることがある。

室内の水蒸気の量を抑制する

室内で発生する水蒸気の量を抑えたい。

しかし、日常の生活では、水蒸気の発生を抑えることはなかなか難しい。

⇩

換気により、水蒸気を多く含んだ空気を、屋外へ排出する。

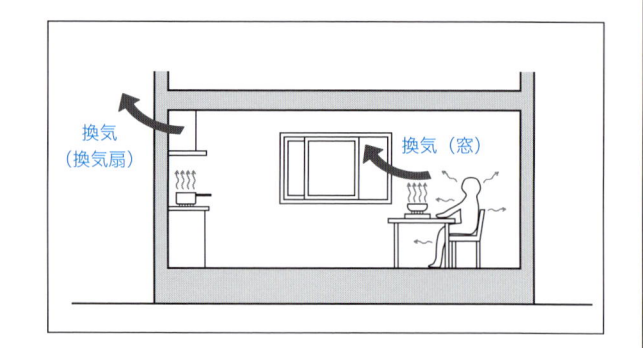

※特に浴室・洗面・トイレなどの水廻りの部屋は、換気を十分に行えるようにする。

室内の壁などの表面温度を上げる

壁などの表面温度が下がるのは、室内の熱が屋外へと逃げるため

熱は、高温部分から低音部分へ移動する！
⇨ 熱貫流率（p.42 参照）

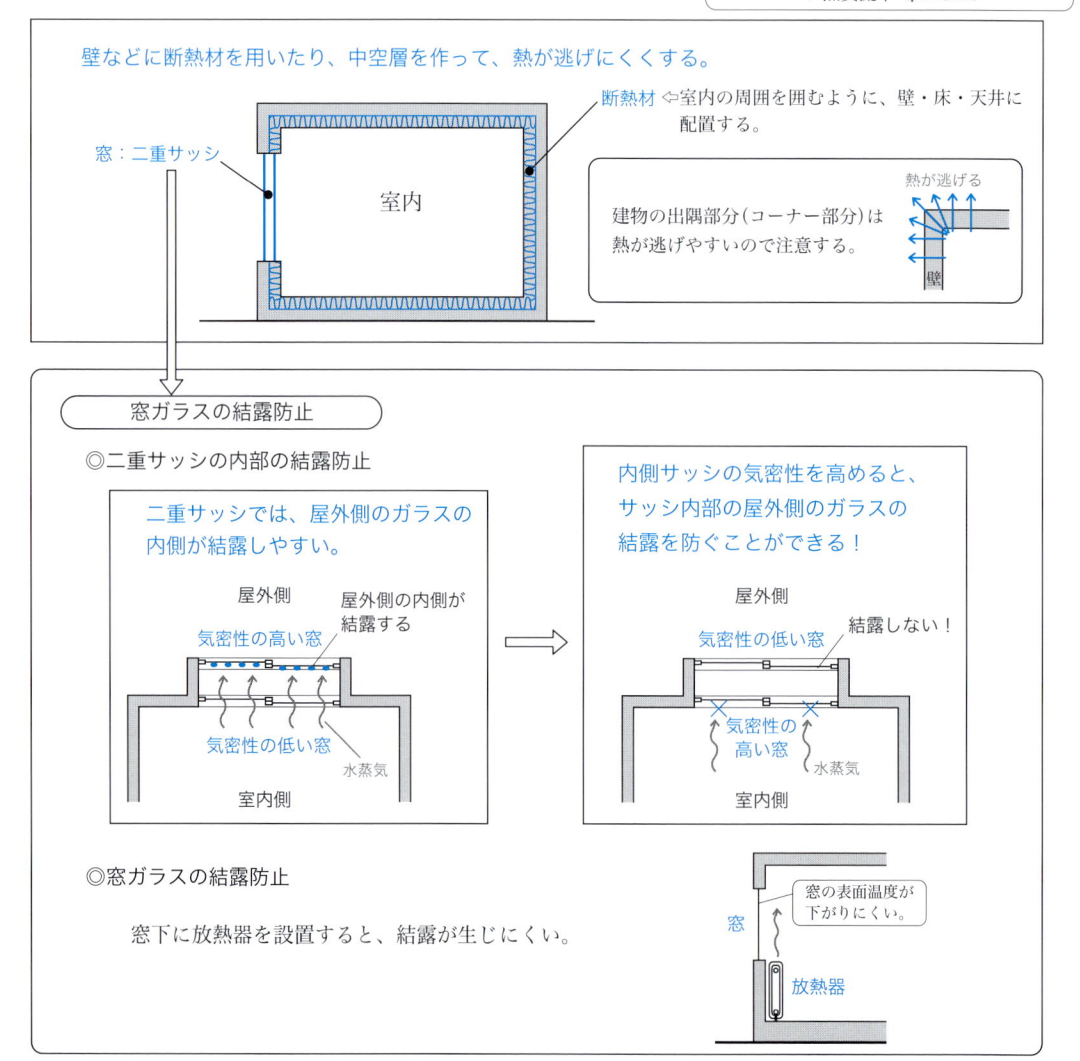

壁などに断熱材を用いたり、中空層を作って、熱が逃げにくくする。

断熱材 ⇨ 室内の周囲を囲むように、壁・床・天井に配置する。

建物の出隅部分（コーナー部分）は熱が逃げやすいので注意する。

窓ガラスの結露防止

◎二重サッシの内部の結露防止

二重サッシでは、屋外側のガラスの内側が結露しやすい。

内側サッシの気密性を高めると、サッシ内部の屋外側のガラスの結露を防ぐことができる！

◎窓ガラスの結露防止

窓下に放熱器を設置すると、結露が生じにくい。

窓の表面温度が下がりにくい。

その他の結露防止対策

◎隣室の結露防止

断熱性の高い建物であっても、暖房室と非暖房室では、非暖房室のほうが、結露が発生しやすい。

⇓

各部屋の温度差を小さくすると、結露は生じにくい！

◎家具やカーテン裏の結露対策

家具やカーテンなどがあると、室内を温めても窓（ガラス）や家具の裏の壁の表面温度が上がらないため、結露が起こりやすい。

家具 ⇒ 壁から5cm程度離し、室内の空気が廻り込むようにする。
カーテン ⇒ 窓が少し見える程度に開けておく。

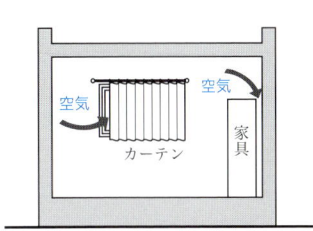

◎押入の結露対策

押入には、布団などを収納するので、水蒸気が溜まりやすい。

⇓

スノコなどを用いて、空気が抜けるように工夫をする。

※押入の気密性を高めると、通気ができず、かえって結露する場合もあるので注意する。

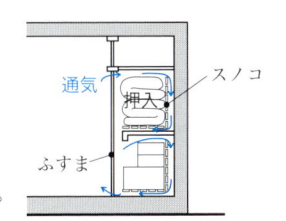

ヒートブリッジ

建物の外壁などで、部分的に熱が逃げやすい部分 ⇐ 表面結露が起こったり、冷暖房負荷がかかる！

◎鉄筋コンクリート造の場合

鉄筋コンクリート造の場合は、内断熱工法よりも外断熱工法の方が、結露が発生しにくい。

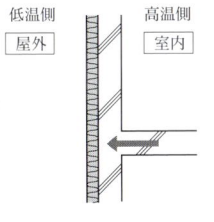

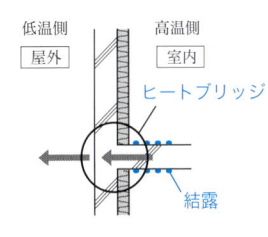

ただし

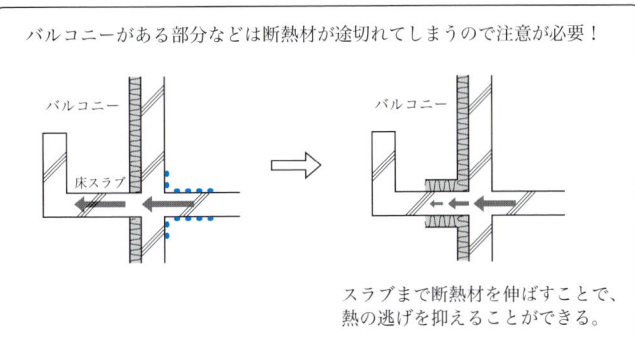

◎木造・鉄骨造の場合

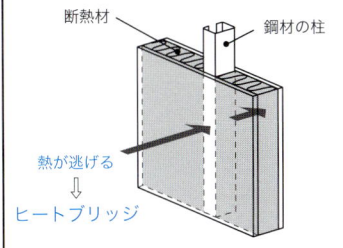

※木造の場合は、金物などから同じ現象が起こるので注意する。

バルコニーがある部分などは断熱材が途切れてしまうので注意が必要！

スラブまで断熱材を伸ばすことで、熱の逃げを抑えることができる。

2章 温熱環境 ❸湿度と結露

2-2 内部結露

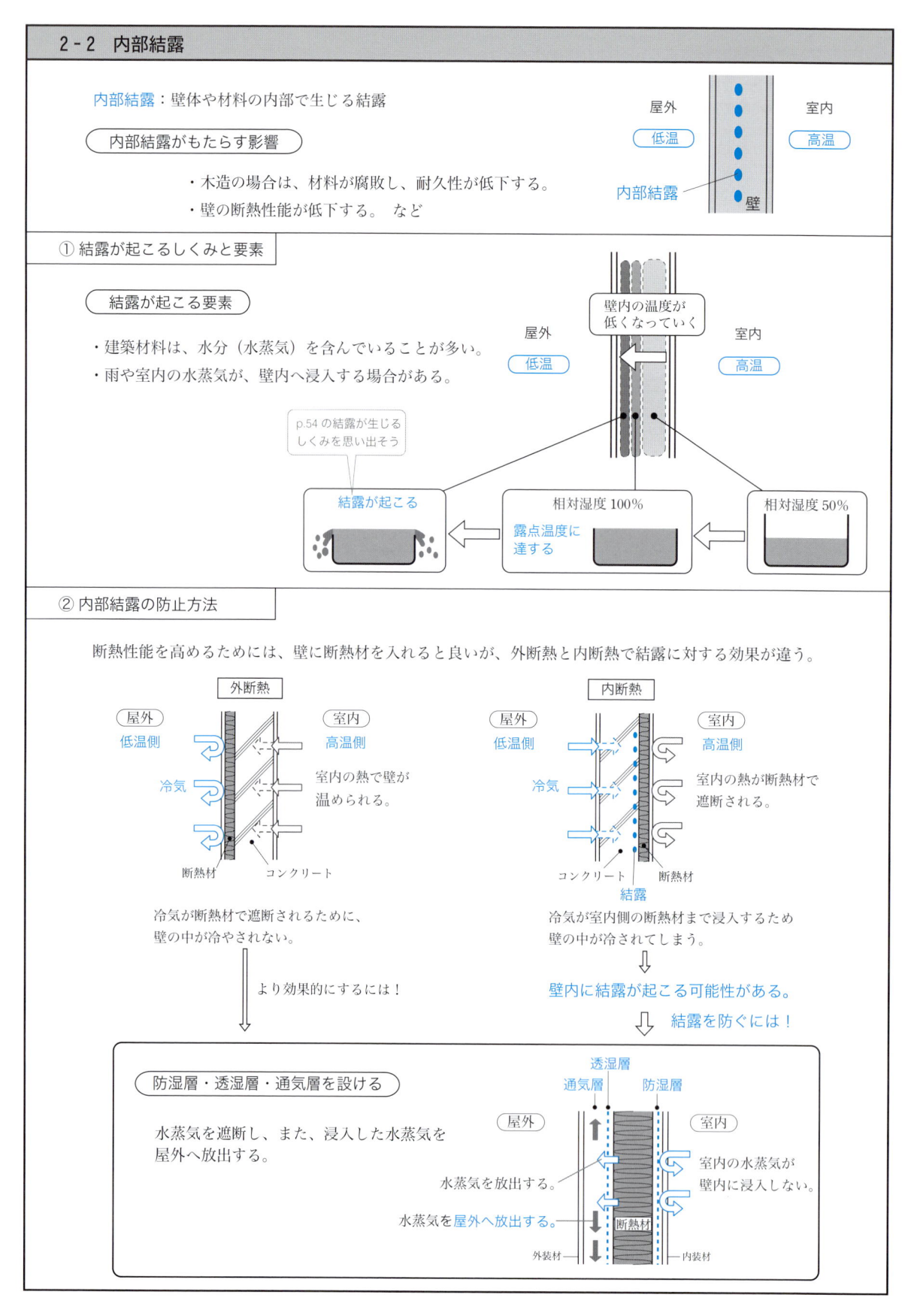

内部結露：壁体や材料の内部で生じる結露

内部結露がもたらす影響

- 木造の場合は、材料が腐敗し、耐久性が低下する。
- 壁の断熱性能が低下する。　など

屋外　低温　内部結露　室内　高温　壁

① 結露が起こるしくみと要素

結露が起こる要素

- 建築材料は、水分（水蒸気）を含んでいることが多い。
- 雨や室内の水蒸気が、壁内へ浸入する場合がある。

壁内の温度が低くなっていく　屋外 低温　室内 高温

p.54 の結露が生じるしくみを思い出そう

結露が起こる ← 相対湿度100% 露点温度に達する ← 相対湿度50%

② 内部結露の防止方法

断熱性能を高めるためには、壁に断熱材を入れると良いが、外断熱と内断熱で結露に対する効果が違う。

外断熱

屋外　低温側　冷気　断熱材　コンクリート
室内　高温側　室内の熱で壁が温められる。

冷気が断熱材で遮断されるために、壁の中が冷やされない。

より効果的にするには！

内断熱

屋外　低温側　冷気　コンクリート　断熱材　結露
室内　高温側　室内の熱が断熱材で遮断される。

冷気が室内側の断熱材まで浸入するため壁の中が冷やされてしまう。

壁内に結露が起こる可能性がある。

結露を防ぐには！

防湿層・透湿層・通気層を設ける

水蒸気を遮断し、また、浸入した水蒸気を屋外へ放出する。

透湿層　通気層　防湿層　屋外　室内　外装材　断熱材　内装材
水蒸気を放出する。
水蒸気を屋外へ放出する。
室内の水蒸気が壁内に浸入しない。

4 体感温度

1 環境と人体の熱平衡

1-1 人間の暑さ・寒さの感覚（温冷感）に影響する要因

人間が感じる暑さ・寒さの感覚（温冷感）は、温度だけではなく下記の要素に影響を受ける。

温度 ・ 湿度 ・ 気流（対流） ・ 放射 ＋ 活動量 ・ 着衣量
　　　　　　温熱要素　　　　　　　　　　　　　人体要素

⇒ それぞれの要素を例を挙げて説明すると！

【湿度】 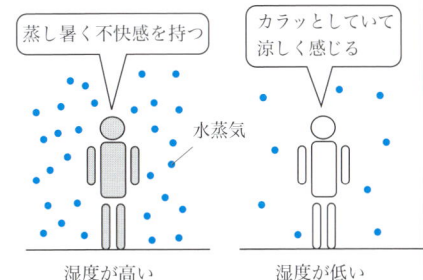
- 蒸し暑く不快感を持つ（湿度が高い）
- カラッとしていて涼しく感じる（湿度が低い）
- 水蒸気

温度が同じでも、湿度が違うと感じる暑さが異なる。
⇒汗をかいても蒸発しない（次ページ参照）。

【気流（対流）】 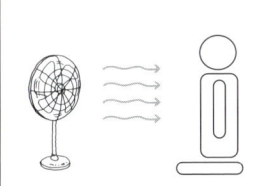
風で体温が奪われ涼しく感じる。
⇒対流の効果（p.37参照）

室内の温度は変わらないが、風が当たると涼しく感じる。

【放射】
ストーブ　赤外線

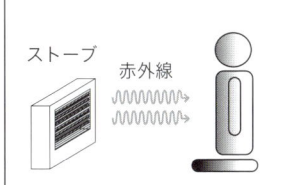

風がなくても、暖まる。
⇒放射の効果（p.38参照）

室内の温度は変わらないが、熱の放射によって暖かく感じる。

【活動量】
※活動の程度によっても、下記の値は変わる。

椅座安静時の単位面積当たりの人間の活動量（代謝量）
＝ $58.2\ \text{W/m}^2$

この値を『1〔met〕』として、それぞれの活動量を表す。

例）寝ている状態の活動量
$58.2 \times 0.8\ \text{［met］} = 46.56\ \text{W/m}^2$

歩行には、3 met の活動量が必要

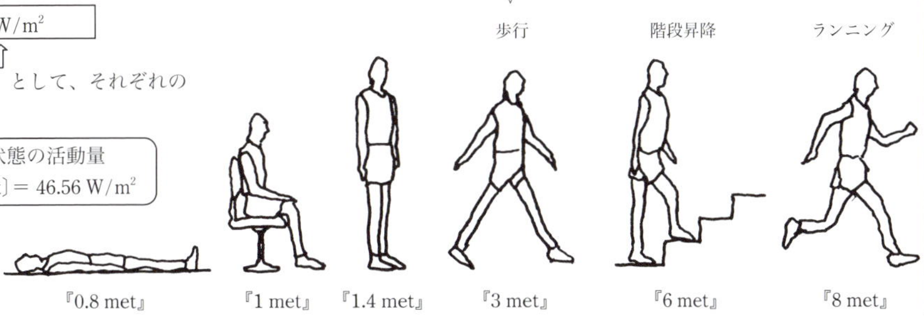

『0.8 met』　『1 met』　『1.4 met』　『3 met』（歩行）　『6 met』（階段昇降）　『8 met』（ランニング）

【着衣量】
※衣服の状態によっても、下記の値は変わる。

着衣の熱抵抗を示す単位で、クロ値〔clo〕で表す。
＝ $1\ \text{clo} = 0.155\ (\text{m}^2 \cdot \text{K})/\text{W}$

衣服を着ることで、空気層ができることや衣服への熱伝導が起こるため、体表面の熱が外部へとスムーズに移動できない。

ネクタイと上着がないと体感温度が2℃下がる。
⇩
夏季のエアコンの設定温度を上げることができる
⇩
省エネ!!

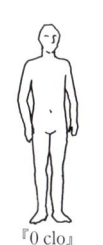

『0 clo』　『0.3 clo』（Tシャツ＋ショートパンツ）　『0.5 clo』（シャツ＋ズボン）　『0.7 clo』（薄カーディガン＋ズボン）　『1.0 clo』（ジャケット＋ズボン）　『2 clo』（コート＋スーツ）　『4 clo』（極寒用防寒着）

1-2 人体と環境との間の熱平衡

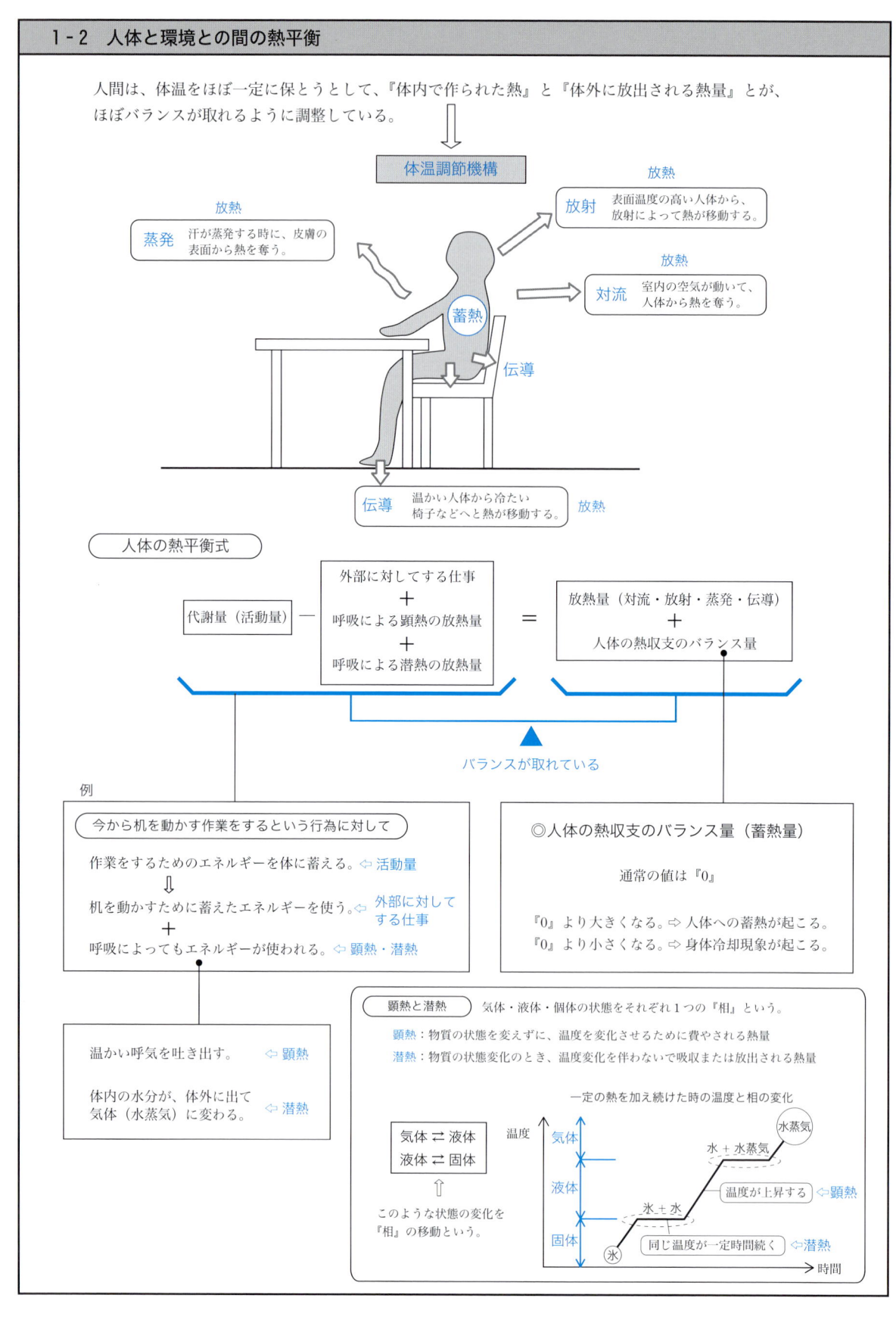

人間は、体温をほぼ一定に保とうとして、『体内で作られた熱』と『体外に放出される熱量』とが、ほぼバランスが取れるように調整している。

⇓

体温調節機構

放熱
- **蒸発**：汗が蒸発する時に、皮膚の表面から熱を奪う。
- **放射**：表面温度の高い人体から、放射によって熱が移動する。
- **対流**：室内の空気が動いて、人体から熱を奪う。
- **伝導**：温かい人体から冷たい椅子などへと熱が移動する。

（蓄熱）

人体の熱平衡式

代謝量（活動量） − (外部に対してする仕事 + 呼吸による顕熱の放熱量 + 呼吸による潜熱の放熱量) = 放熱量（対流・放射・蒸発・伝導） + 人体の熱収支のバランス量

▲ バランスが取れている

例

今から机を動かす作業をするという行為に対して

作業をするためのエネルギーを体に蓄える。⇔ 活動量
⇓
机を動かすために蓄えたエネルギーを使う。⇔ 外部に対してする仕事
＋
呼吸によってもエネルギーが使われる。⇔ 顕熱・潜熱

温かい呼気を吐き出す。⇔ 顕熱
体内の水分が、体外に出て気体（水蒸気）に変わる。⇔ 潜熱

◎人体の熱収支のバランス量（蓄熱量）

通常の値は『0』

『0』より大きくなる。⇒ 人体への蓄熱が起こる。
『0』より小さくなる。⇒ 身体冷却現象が起こる。

顕熱と潜熱

気体・液体・個体の状態をそれぞれ1つの『相』という。

顕熱：物質の状態を変えずに、温度を変化させるために費やされる熱量
潜熱：物質の状態変化のとき、温度変化を伴わないで吸収または放出される熱量

気体 ⇌ 液体
液体 ⇌ 固体
⇑
このような状態の変化を『相』の移動という。

一定の熱を加え続けた時の温度と相の変化

- 氷 → 氷+水（同じ温度が一定時間続く）⇔ 潜熱
- 水+水蒸気（温度が上昇する）⇔ 顕熱

1-3 温熱環境の測定

温熱環境（温度・湿度・風速（気流）・放射など）は、それぞれに適した機器を用いて測定される。

① 温度

温度は、下記の機器などを用いて測定される。

　　『アスマン通風乾湿温度計』、自記式温度計、白金測温抵抗体、サーミスター測温体、熱電対（ねつでんつい）　など
　　（最も基本的な測定機器）

② 湿度

湿度は、下記の機器などを用いて測定される。

　　『アスマン通風乾湿温度計』、電気式湿度計　など

　　⇩

　　乾球温度（＝気温）と湿球温度から、
　　『相対湿度』（p.53 参照）を計算できる。
　　（一般にいう『湿度』）

　　相対湿度が高い状態 ⇨ 湿球温度と乾球温度の差：小
　　相対湿度が低い状態 ⇨ 湿球温度と乾球温度の差：大

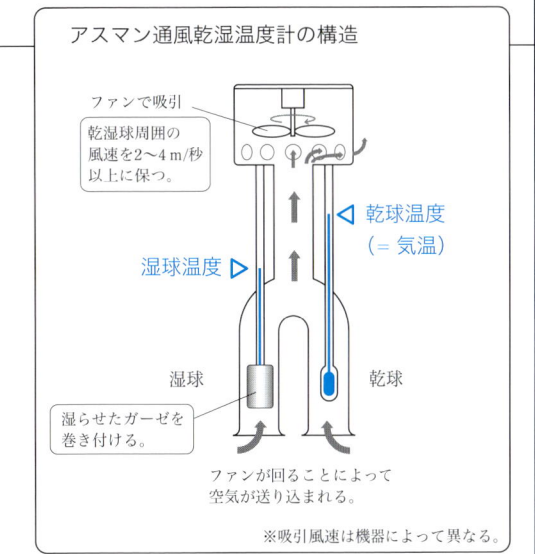

アスマン通風乾湿温度計の構造
- ファンで吸引
- 乾湿球周囲の風速を2～4 m/秒以上に保つ。
- 乾球温度（＝気温）
- 湿球温度
- 湿球／乾球
- 湿らせたガーゼを巻き付ける。
- ファンが回ることによって空気が送り込まれる。
- ※吸引風速は機器によって異なる。

③ 風速

風速は、下記の機器などを用いて測定される。

　　三杯式風速計、熱式風速計（熱線式風速計とも呼ばれる）、
　　超音波風速計　など

④ 放射

放射を測定する最も代表的な機器として、『グローブ温度計』が用いられる。

　　⇩

無発熱の中空銅球の『放射』と『対流』による『平衡温度』を測定する。

　　⇩

気温と風速を測定しておけば、『平均放射温度』が計算できる。

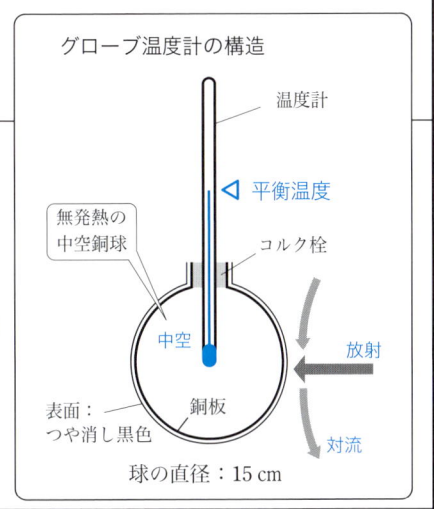

グローブ温度計の構造
- 温度計
- 平衡温度
- 無発熱の中空銅球
- コルク栓
- 中空
- 放射
- 表面：つや消し黒色
- 銅板
- 対流
- 球の直径：15 cm

⑤ 各種温感計器

グローブ温度計、カタ寒暖計、WBGT 計、コンフォートメーター、ET* 測定器、
2球・2筒式環境測定装置、体感制御センサー、立方体正味放射計などがある。

⑥ ビル管理法における基準

ビル管理法（建築物における衛生的環境の確保に関する法律）(p.89参照)
　通称　　　　　　　　　　正式名称

ビル管理法では、下記の基準などが設けられている。

```
温　　度　：17〜28℃
　　　　　　※居室における温度を外気の温度より低くする場合は、その差を著しくしない。
相対湿度　：40〜70%
気　　流　：0.5 m/s 以下
```

2 温熱環境指標

2-1 作用温度

① 平均放射温度（MRT）　　(Mean Radiant Temperature)

平均放射温度（MRT）：周りの壁の表面温度を平均化して1つの温度で代表させた時の温度

人や物体は、天井・壁・床などに囲まれて、それぞれ異なる表面温度による放射で熱量をやり取りしているが、それらの平均値をとったもの。

※作用温度（次項参照）を求める時などに使用する。

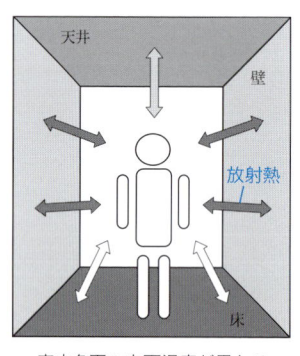

人体が、どの面とも同じ熱量をやり取りしていると考えた時の表面の平均の温度

室内各面の表面温度が異なる
⇩
放射によってやり取りする熱量が異なる。

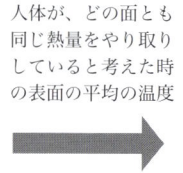

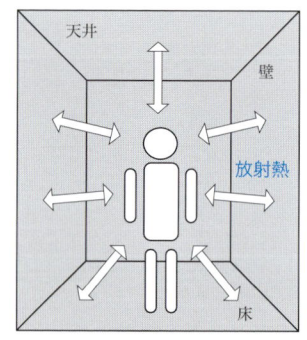

室内各面の表面温度の平均値
＝
平均放射温度 MRT

※見かけ上の面積による効果を考えて平均化することが多い。

② 作用温度

作用温度：居住者にとって、対流と放射の影響を考慮した環境温度（≒体感温度）

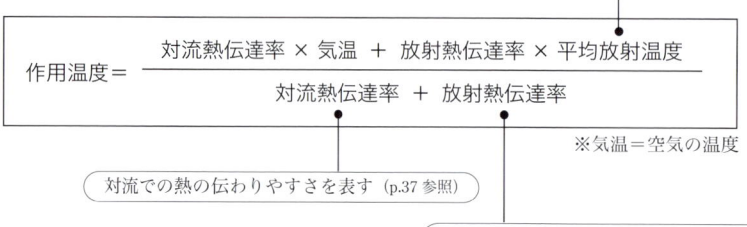

$$作用温度 = \frac{対流熱伝達率 \times 気温 + 放射熱伝達率 \times 平均放射温度}{対流熱伝達率 + 放射熱伝達率}$$

※気温＝空気の温度

対流での熱の伝わりやすさを表す (p.37参照)

放射での熱の伝わりやすさを表す (p.38参照)

2-2 新有効温度（ET*）

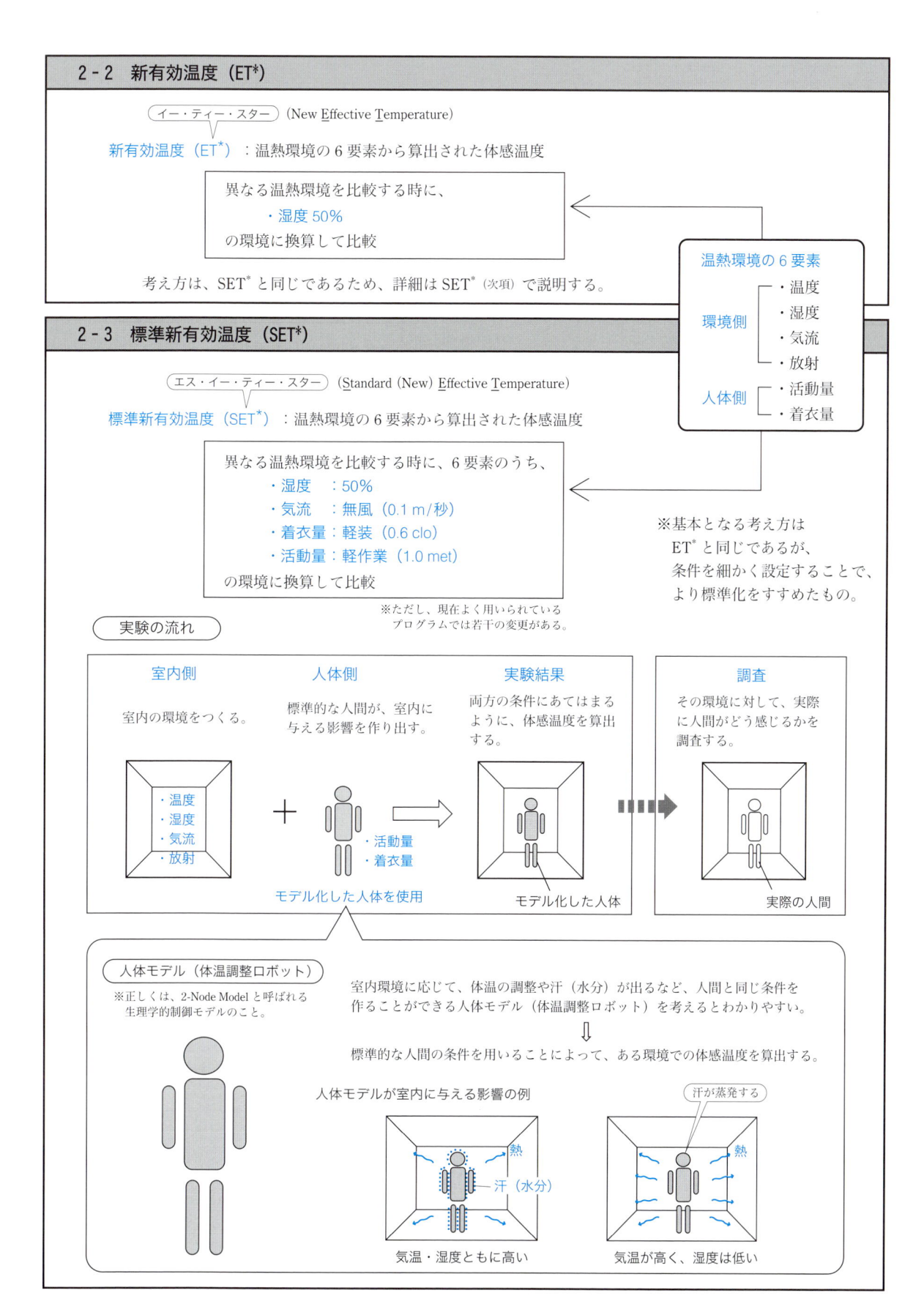

（イー・ティー・スター）(New Effective Temperature)

新有効温度（ET*）：温熱環境の6要素から算出された体感温度

> 異なる温熱環境を比較する時に、
> ・湿度 50%
> の環境に換算して比較

考え方は、SET* と同じであるため、詳細は SET*（次項）で説明する。

温熱環境の6要素
- 環境側
  - ・温度
  - ・湿度
  - ・気流
  - ・放射
- 人体側
  - ・活動量
  - ・着衣量

2-3 標準新有効温度（SET*）

（エス・イー・ティー・スター）(Standard (New) Effective Temperature)

標準新有効温度（SET*）：温熱環境の6要素から算出された体感温度

> 異なる温熱環境を比較する時に、6要素のうち、
> ・湿度　　：50%
> ・気流　　：無風（0.1 m/秒）
> ・着衣量：軽装（0.6 clo）
> ・活動量：軽作業（1.0 met）
> の環境に換算して比較

※ただし、現在よく用いられているプログラムでは若干の変更がある。

※基本となる考え方は ET* と同じであるが、条件を細かく設定することで、より標準化をすすめたもの。

実験の流れ

室内側：室内の環境をつくる。
・温度
・湿度
・気流
・放射

人体側：標準的な人間が、室内に与える影響を作り出す。
・活動量
・着衣量
モデル化した人体を使用

実験結果：両方の条件にあてはまるように、体感温度を算出する。
モデル化した人体

調査：その環境に対して、実際に人間がどう感じるかを調査する。
実際の人間

人体モデル（体温調整ロボット）

※正しくは、2-Node Model と呼ばれる生理学的制御モデルのこと。

室内環境に応じて、体温の調整や汗（水分）が出るなど、人間と同じ条件を作ることができる人体モデル（体温調整ロボット）を考えるとわかりやすい。

⇩

標準的な人間の条件を用いることによって、ある環境での体感温度を算出する。

人体モデルが室内に与える影響の例

気温・湿度ともに高い（熱・汗（水分））

気温が高く、湿度は低い（汗が蒸発する・熱）

2章 温熱環境 ❹ 体感温度

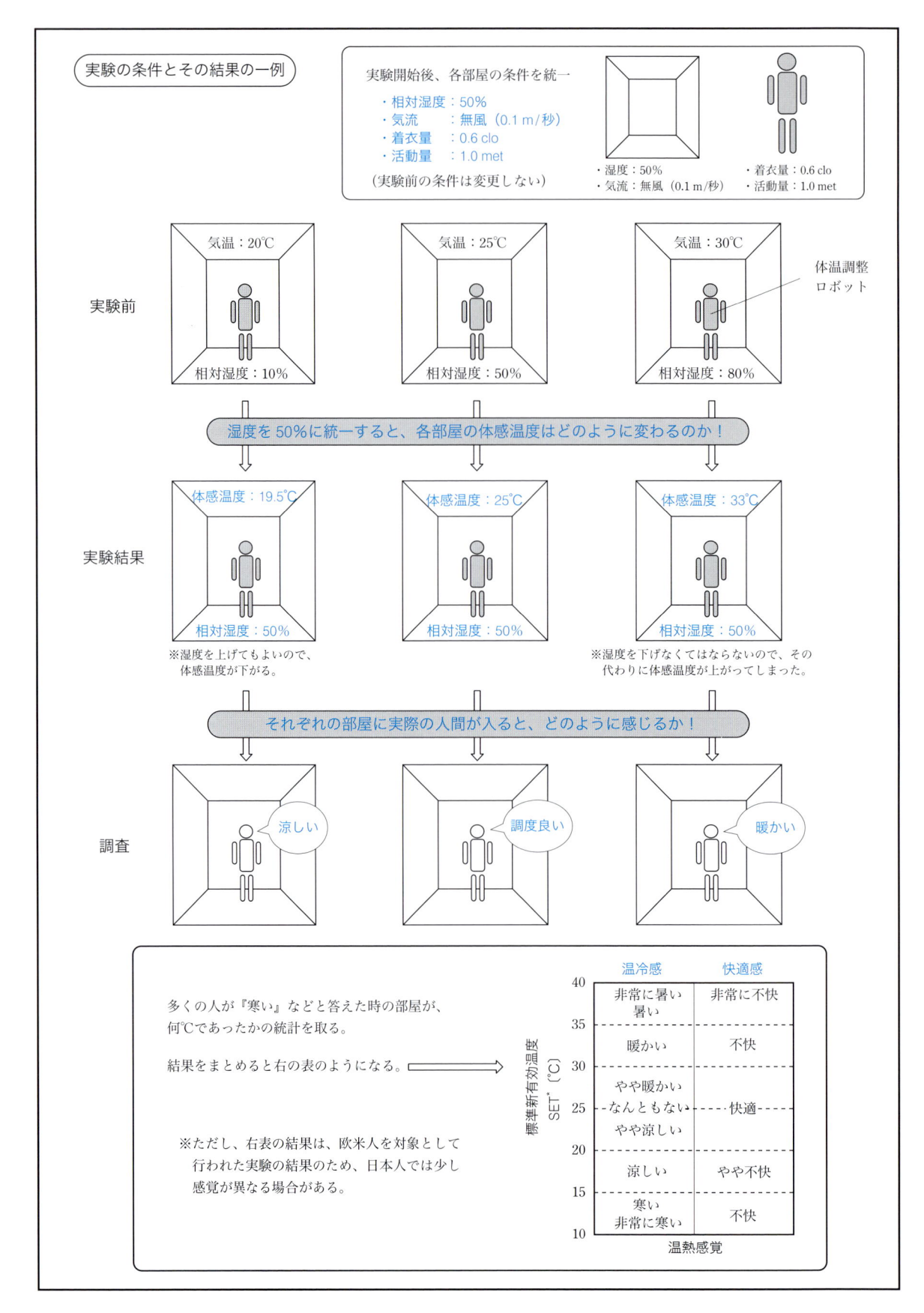

実験の条件とその結果の一例

実験開始後、各部屋の条件を統一
- 相対湿度：50%
- 気流　　：無風（0.1 m/秒）
- 着衣量　：0.6 clo
- 活動量　：1.0 met

（実験前の条件は変更しない）

- 湿度：50%
- 気流：無風（0.1 m/秒）
- 着衣量：0.6 clo
- 活動量：1.0 met

実験前

気温：20℃	気温：25℃	気温：30℃
相対湿度：10%	相対湿度：50%	相対湿度：80%

→ 体温調整ロボット

湿度を50%に統一すると、各部屋の体感温度はどのように変わるのか！

実験結果

体感温度：19.5℃	体感温度：25℃	体感温度：33℃
相対湿度：50%	相対湿度：50%	相対湿度：50%

※湿度を上げてもよいので、体感温度が下がる。

※湿度を下げなくてはならないので、その代わりに体感温度が上がってしまった。

それぞれの部屋に実際の人間が入ると、どのように感じるか！

調査

涼しい　／　調度良い　／　暖かい

多くの人が『寒い』などと答えた時の部屋が、何℃であったかの統計を取る。

結果をまとめると右の表のようになる。→

※ただし、右表の結果は、欧米人を対象として行われた実験の結果のため、日本人では少し感覚が異なる場合がある。

標準新有効温度 SET* (℃)	温冷感	快適感
40	非常に暑い／暑い	非常に不快
35	暖かい	不快
30	やや暖かい	
25	なんともない／やや涼しい	快適
20	涼しい	やや不快
15	寒い／非常に寒い	不快
10		

温熱感覚

2-4 PMV

PMV：予測平均温冷感申告（<u>P</u>redicted <u>M</u>ean <u>V</u>ote）

温熱環境の6要素（温度・湿度・気流・放射・活動量・着衣量）から計算を行い、『+3』〜『-3』までの7段階の数値で、温冷感を表現する。

⇒（体感）温度で表示されるSET*と違って、温熱環境に対する評価も含めて数値で表示される。

PMVの計算式に6要素を入力 ⇒

数値	
+3	暑い
+2	暖かい
+1	やや暖かい
0	どちらでもない
−1	やや涼しい
−2	涼しい
−3	寒い

ISOの快適域
$-0.5 < PMV < +0.5$

PPD：不満足に感じると予想される人の割合（予想不満足率）

※PPDは、PMVの関数によって求めることができる。

PMV = 0 のとき、PPD：最小の5%
PMV = +3 または PMV = −3 のとき、PPD：90%

PMV=0であっても、すべての人が満足する訳ではなく、5%の人は不満を感じる。

ISO（国際規格）では、下記の数値を推奨範囲としている。
$-0.5 < PMV < +0.5$ ⇔ 快適域
PPD < 10%

(ISO 7730：1994 より)

不満：大 ← PPD：予想不満足率 → 不満：大

『暑い』	『暖かい』	『やや暖かい』	『どちらでもない』	『やや涼しい』	『涼しい』	『寒い』
90%	75%	25%	5%	25%	75%	90%

夏と冬では快適範囲が異なる！

・季節によって服装が変わる。
・人はある程度、季節の変化に体を順応させることができる。

ET* 23〜26℃
ET* 20〜23.5℃

絶対湿度〔g/kg(DA)〕
相対湿度〔%〕
冬 / 夏
夏の許容範囲
冬の許容範囲
室温（作用温度）〔℃〕

(ASHRAE Standard 55-1992 より)

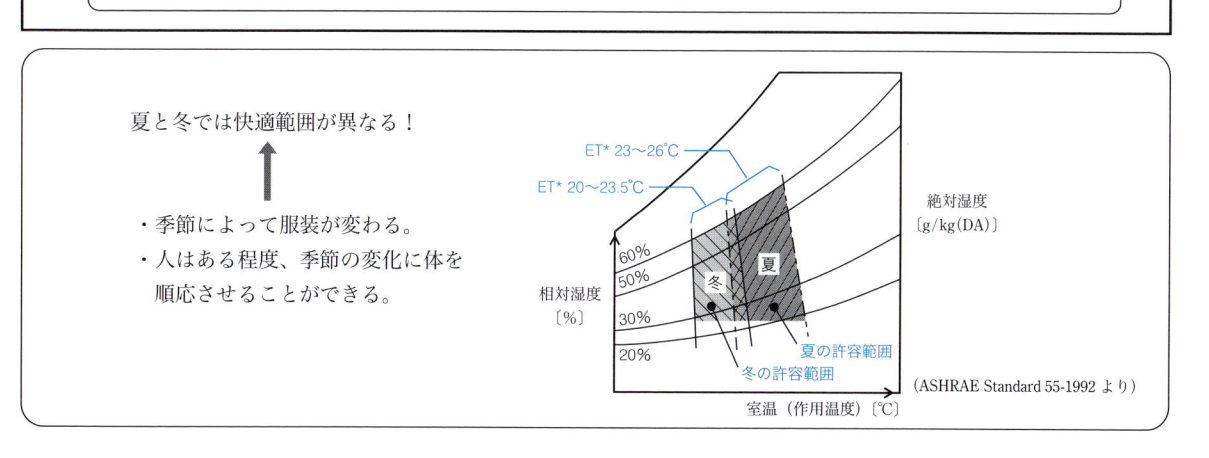

2-5 局所不快感

全身の温冷感が、快適な状態であっても、局所的な温度や放射の違いなどによって、不快感を感じる場合がある。

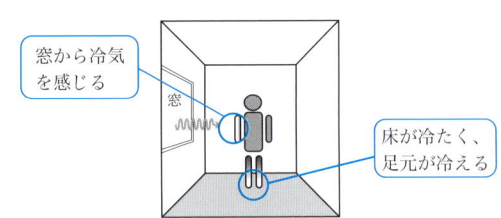

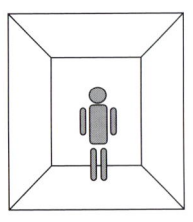

快適

同じ温熱環境でも不快感を感じる。

窓から冷気を感じる
床が冷たく、足元が冷える

現実的には均一的な放射とすることは難しい！

不均一放射の基準（ISO 7730）

◎天井

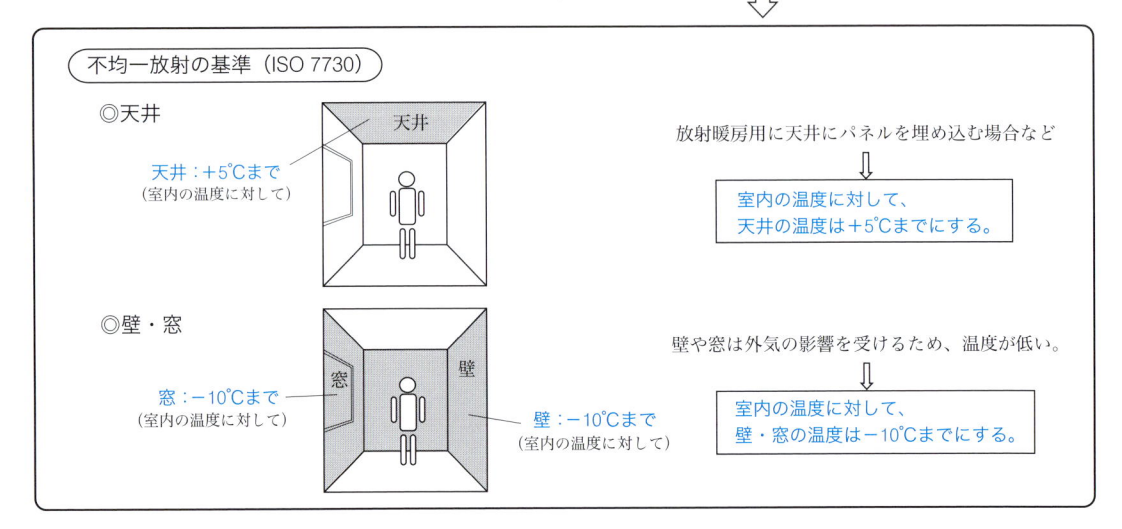

天井：＋5℃まで
（室内の温度に対して）

放射暖房用に天井にパネルを埋め込む場合など
⇒ 室内の温度に対して、天井の温度は＋5℃までにする。

◎壁・窓

窓：－10℃まで
（室内の温度に対して）

壁：－10℃まで
（室内の温度に対して）

壁や窓は外気の影響を受けるため、温度が低い。
⇒ 室内の温度に対して、壁・窓の温度は－10℃までにする。

その他の基準

◎室内の上下温度分布

暖房時には、上下の温度差ができやすい。
床がフローリングなどの場合、特に足元が冷える。

床上 0.1m（くるぶし）の温度に対して、
床上 1.1m（頭）の温度は＋3℃以内にする。

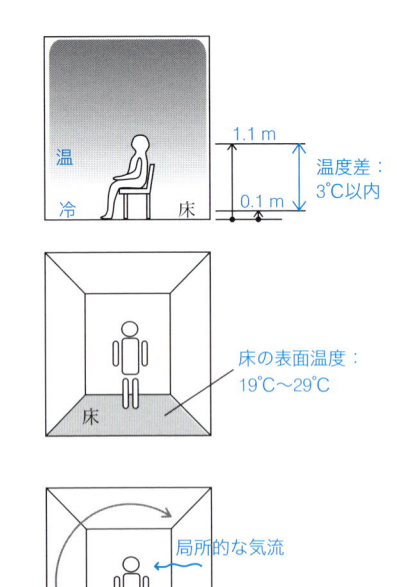

温度差：3℃以内

◎床の温度

床の表面温度：19℃～29℃
（靴を履いて、椅子に座った状態の時）

日本の場合は床に座るため、床の表面温度が体温よりも高いと、低温やけどを起こす危険性があるので注意する。

床の表面温度：19℃～29℃

その他の不快感

◎ドラフト

局所的な気流によって、不快感を感じる。
※室内拡散性能係数を用いて評価する。

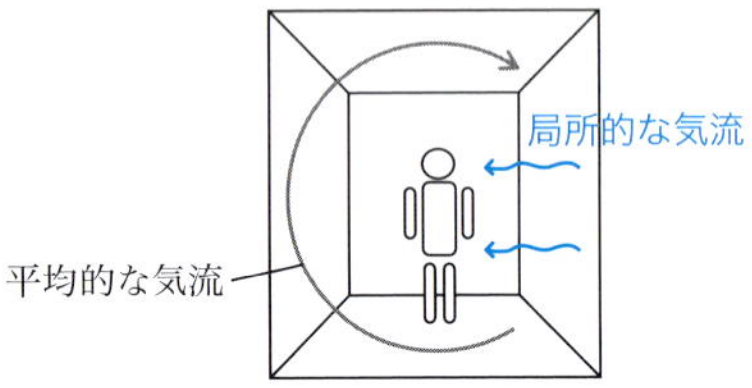

局所的な気流
平均的な気流

5 太陽と日射

1 日照の必要性

（日照のもたらす生活への影響）

・室内を明るくする。
・衣類や布団などを衛生的に乾燥させる。
・樹木などが二酸化炭素を吸収し、空気がきれいになる。　など

→ 生活面や精神面において良い影響をもたらす。

2 太陽位置

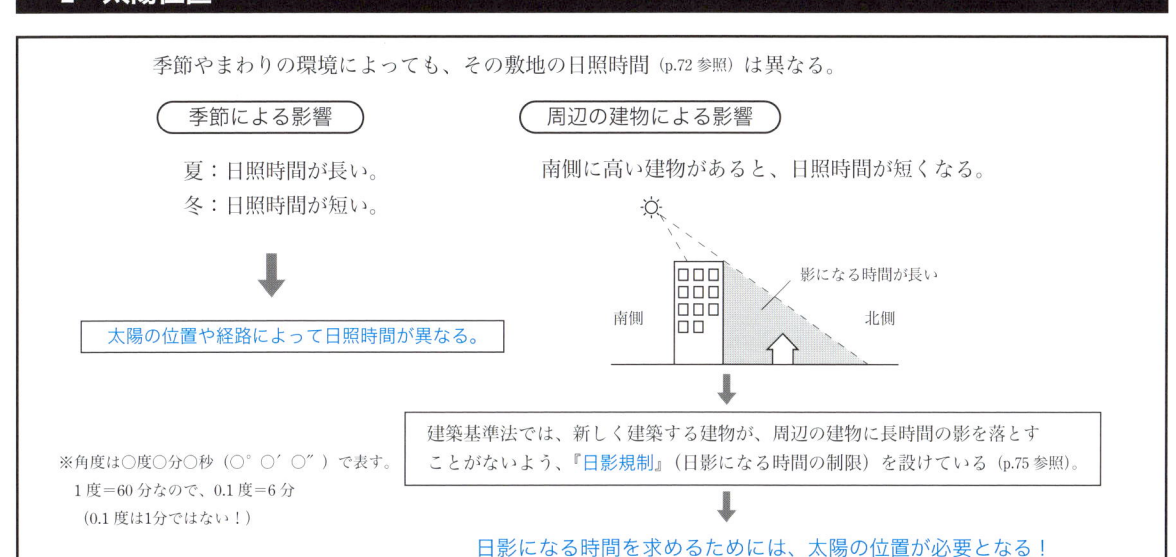

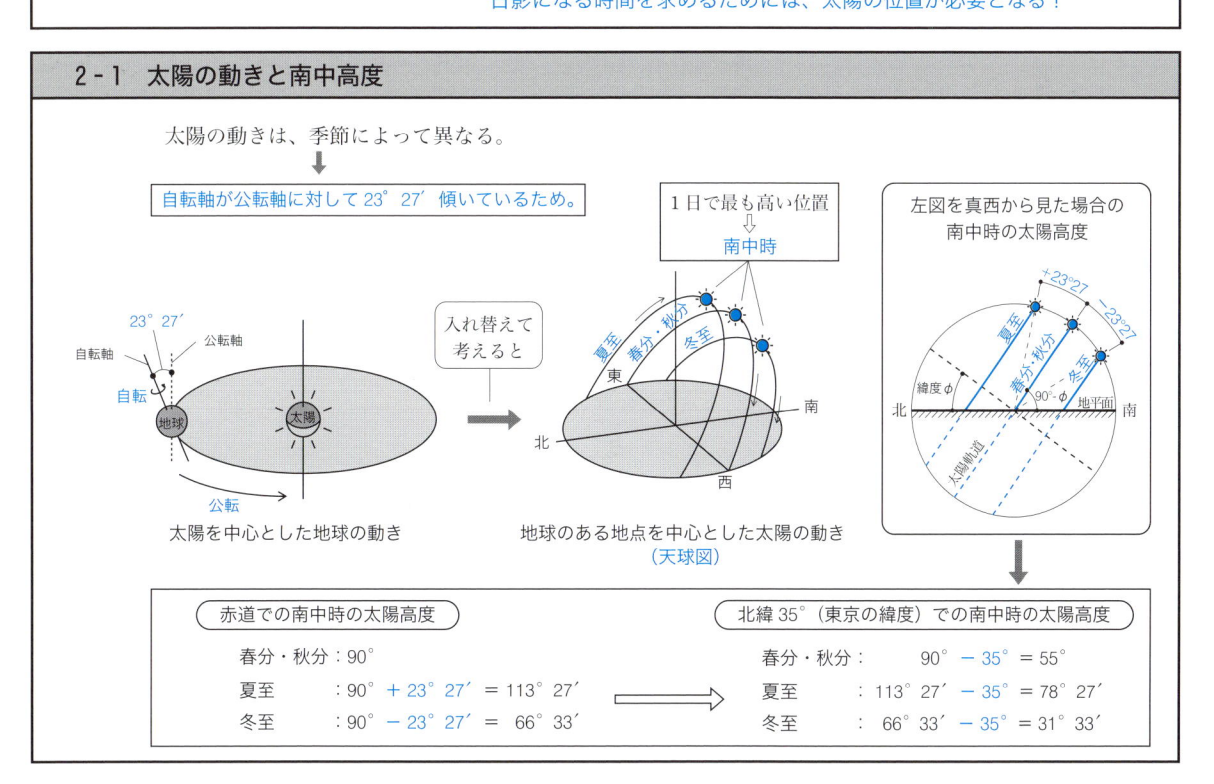

季節やまわりの環境によっても、その敷地の日照時間（p.72 参照）は異なる。

（季節による影響）
夏：日照時間が長い。
冬：日照時間が短い。

↓

太陽の位置や経路によって日照時間が異なる。

（周辺の建物による影響）
南側に高い建物があると、日照時間が短くなる。

建築基準法では、新しく建築する建物が、周辺の建物に長時間の影を落とすことがないよう、『日影規制』（日影になる時間の制限）を設けている（p.75 参照）。

↓

日影になる時間を求めるためには、太陽の位置が必要となる！

※角度は○度○分○秒（○°○′○″）で表す。
1度＝60分なので、0.1度＝6分
（0.1度は1分ではない！）

2-1 太陽の動きと南中高度

太陽の動きは、季節によって異なる。

自転軸が公転軸に対して 23°27′ 傾いているため。

太陽を中心とした地球の動き

入れ替えて考えると

地球のある地点を中心とした太陽の動き（天球図）

1日で最も高い位置
↓
南中時

左図を真西から見た場合の南中時の太陽高度

（赤道での南中時の太陽高度）
春分・秋分：90°
夏至　　　：90°＋23°27′＝113°27′
冬至　　　：90°−23°27′＝66°33′

→

（北緯35°（東京の緯度）での南中時の太陽高度）
春分・秋分：　90°−35°＝55°
夏至　　　：113°27′−35°＝78°27′
冬至　　　：　66°33′−35°＝31°33′

2-2 太陽位置

太陽位置は太陽方位角と太陽高度で表される。

太陽高度（h）：地平線と太陽のなす角度

太陽方位角（α）：真南から見た太陽の水平方向の角度
- 西側が正の値『＋』
- 東側が負の値『－』

太陽方位角

真南	西側	東側
太陽方位角：0°	太陽方位角（α）：正の値『＋』	太陽方位角（α）：負の値『－』

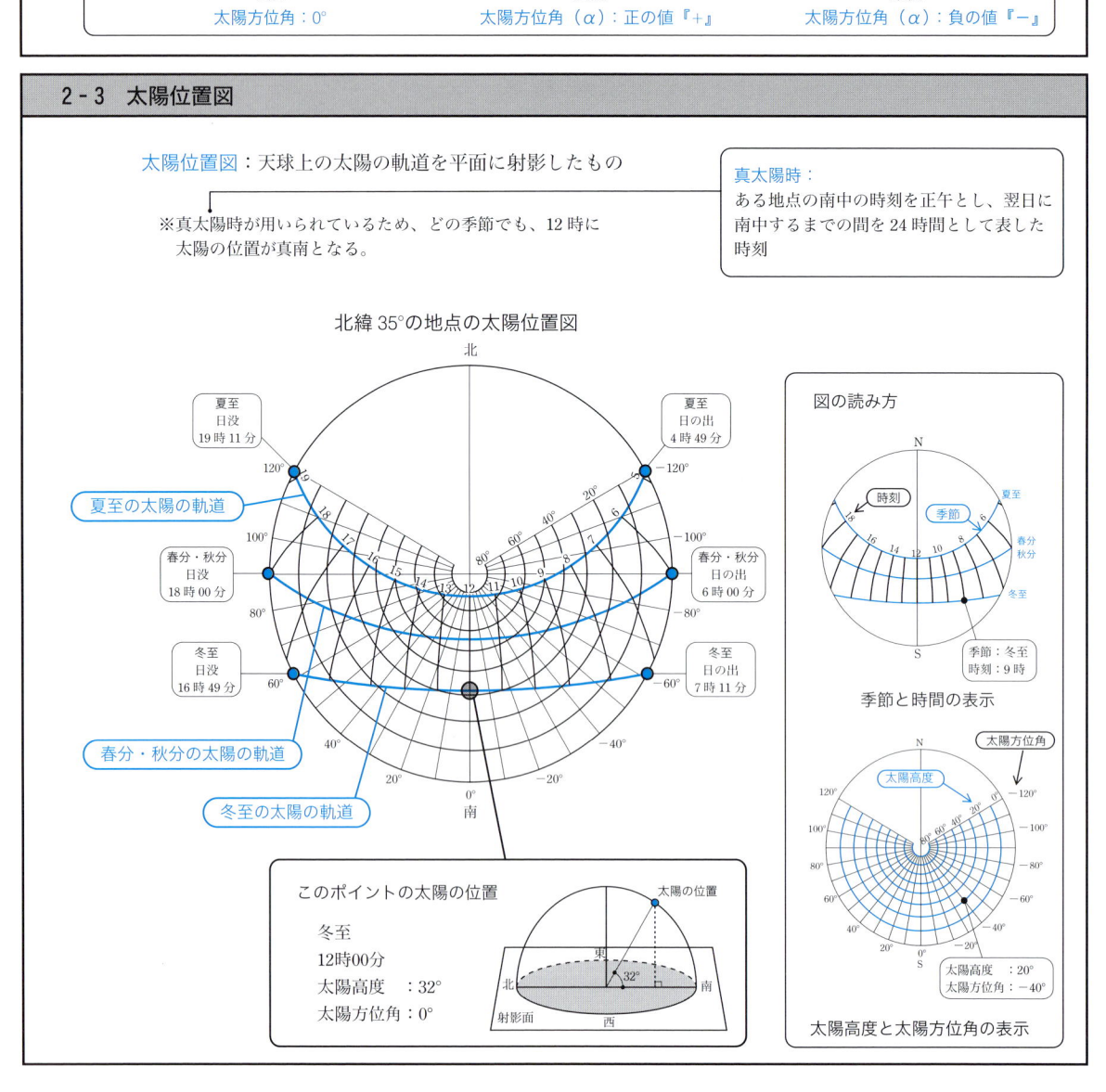

2-3 太陽位置図

太陽位置図：天球上の太陽の軌道を平面に射影したもの

真太陽時：ある地点の南中の時刻を正午とし、翌日に南中するまでの間を24時間として表した時刻

※真太陽時が用いられているため、どの季節でも、12時に太陽の位置が真南となる。

北緯35°の地点の太陽位置図

- 夏至 日没 19時11分
- 夏至 日の出 4時49分
- 春分・秋分 日没 18時00分
- 春分・秋分 日の出 6時00分
- 冬至 日没 16時49分
- 冬至 日の出 7時11分

夏至の太陽の軌道
春分・秋分の太陽の軌道
冬至の太陽の軌道

このポイントの太陽の位置
冬至
12時00分
太陽高度：32°
太陽方位角：0°

図の読み方

季節：冬至
時刻：9時

季節と時間の表示

太陽高度：20°
太陽方位角：−40°

太陽高度と太陽方位角の表示

2-4 太陽位置の求め方

太陽位置は、下記の①〜④を用いて、計算によっても求められる。　（計算は省略）

① 日赤緯

日赤緯：太陽の天球上の緯度

※日赤緯は1年を通じて、連続的に変化する。

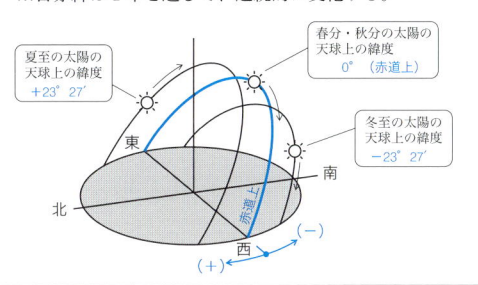

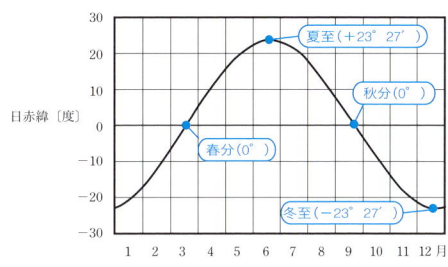

- 夏至の太陽の天球上の緯度 $+23°27'$
- 春分・秋分の太陽の天球上の緯度 $0°$（赤道上）
- 冬至の太陽の天球上の緯度 $-23°27'$

グラフ：
- 夏至（$+23°27'$）
- 秋分（$0°$）
- 春分（$0°$）
- 冬至（$-23°27'$）

② 時角

時角：1時間を15度として時刻を角度に換算したもの

※時角の計算には**真太陽時**を用いる。
⇑
中央標準時ではない！

$360（度）/ 24（時間）= 15（度/時間）$

※ ⇒ 24時間で1周する（360度）ので、1時間では15度！

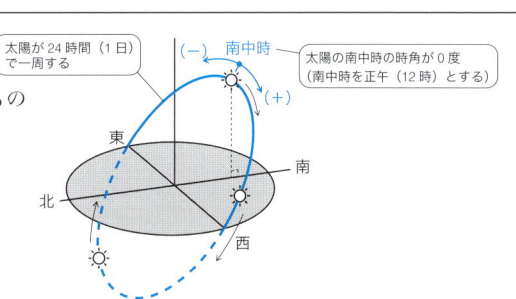

- 太陽が24時間（1日）で一周する
- 南中時：太陽の南中時の時角が0度（南中時を正午（12時）とする）

③ 平均太陽時

真太陽時（前ページ参照）の1日の長さは、季節によって異なる。

長さが異なる理由
- 地球の公転軌道が楕円である。
- 地球の自転軸が公転軌道に対して直角ではない。

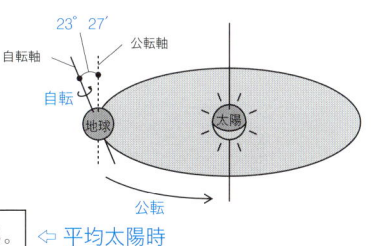

1年を通じて平均して、1日の長さを均等にし、その $\frac{1}{24}$ を1時間とする。 ⇐ **平均太陽時**

日本の平均太陽時：東経135度（明石市）によるもの。 ⇐ これを日本では**中央標準時**として用いている。
したがって、東経135度以外の地点の平均太陽時を求める場合は、補正が必要となる。

その地点の東経を L とすると

$$T_m = T + \frac{(L - 135)}{15}$$

（T_m：その地点の平均太陽時、T：中央標準時、L：その地点の経度）

建物に当たる日射などを考える際には、真太陽時で考えても問題はないので、実際にはこの式を用いることは少ない。

④ 均時差

均時差：真太陽時と平均太陽時の時差

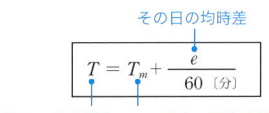

$$T = T_m + \frac{e}{60}〔分〕$$

（T：その地点の真太陽時、T_m：その地点の平均太陽時、e：その日の均時差）

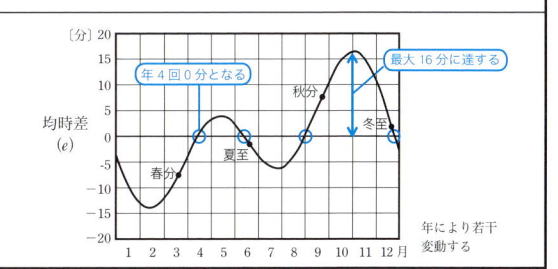

- 年4回0分となる
- 最大16分に達する
- 年により若干変動する

3　日照

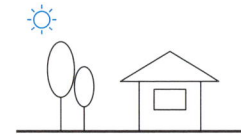

日照：太陽からの光を直接受けること

人が快適に、また健康的に生活をするためには、日照は欠かせない。
⇨ 太陽からの放射を、光の面で考える時は「日照」、熱の面で考える時は「日射」ということが多い。

3-1　可照時間と日照時間

可照時間：日の出から日没までの時間（理論値）─ その土地の緯度と季節によって異なる。

日照時間：周囲の建築物などで日照が遮られる（日影となる）時間を除いた時間

$$日照率 = \frac{日照時間}{可照時間} \times 100 \ [\%]$$

実際には、その日の天候などにも左右されるが、ここでいう日照時間には、天候は影響しないものとする。

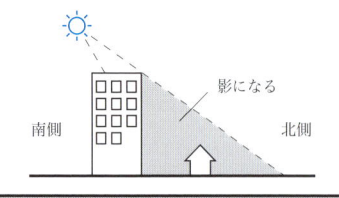

4　日影

建物を建てる場合に、北側にどのように影が落ちるかを調べ、周囲の生活への影響を一定の範囲の中におさめなければならない。

建物の日影の検討は、冬至が基準となる！ ─ 冬至は影が最も長いため

4-1　日影曲線

建物がどのような影を周囲に落とすかを調べるために、日影曲線が用いられる。

日影曲線：地上に棒（基準の長さの棒）を立て、時間ごとの影の角度や長さを表したもの

日影曲線を用いて、季節ごとの日影図（次ページ参照）を作成することができる。

現在では、日影図を描くCADソフトなどを用いて日影となる時間を求めることが多い。

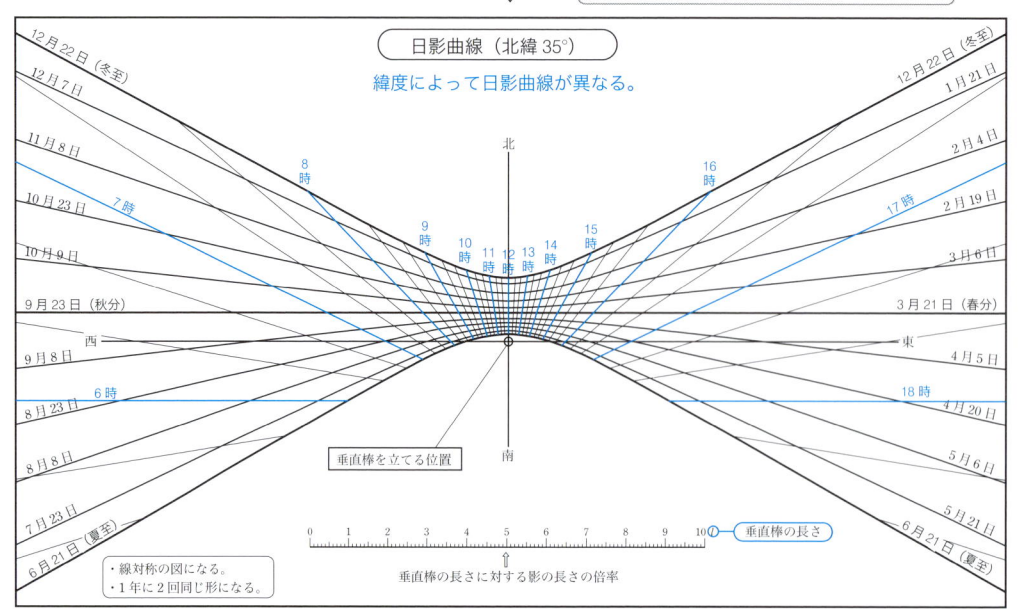

日影曲線（北緯35°）

緯度によって日影曲線が異なる。

・線対称の図になる。
・1年に2回同じ形になる。

垂直棒の長さに対する影の長さの倍率

4-2 日影図と等時間日影図

建物の北側を対象に、1時間間隔で日影図を作製し、どの範囲が何時間、日影となるかを確認する。

1時間間隔の日影図を描く。
↓
1時間間隔の日影図より等時間日影図を描く。
↓
日影となる時間帯と範囲が求められる。

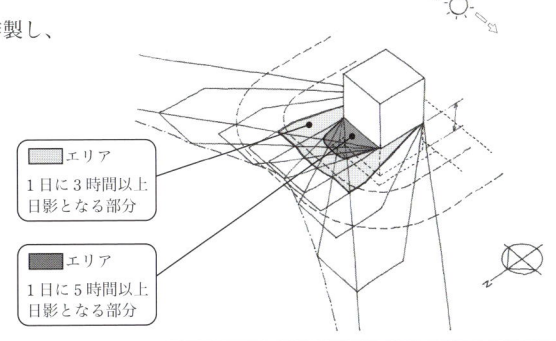

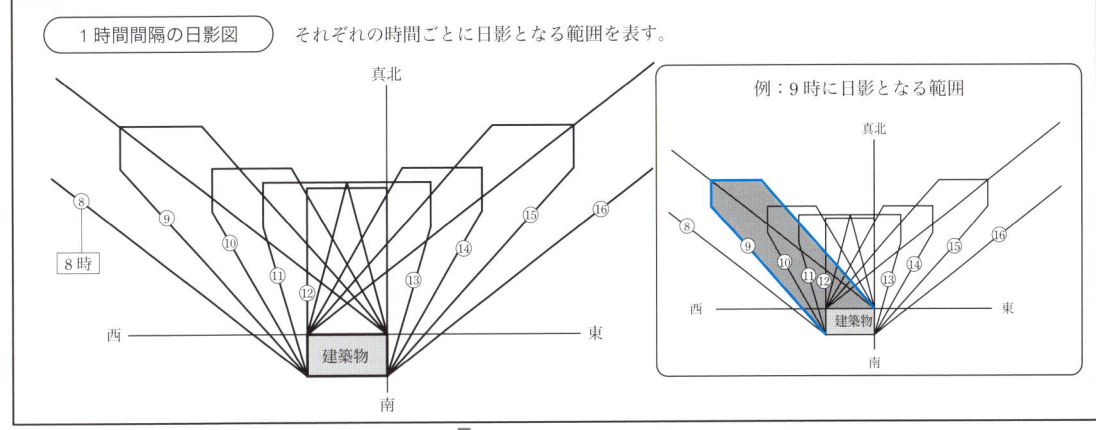

エリア　1日に3時間以上日影となる部分
エリア　1日に5時間以上日影となる部分

1時間間隔の日影図　それぞれの時間ごとに日影となる範囲を表す。

例：9時に日影となる範囲

交差部分をたどると、どの範囲が何時間、日影となるかがわかる！

等時間日影図（日影時間図）　建築物があることで、北側のどれだけの範囲が、どれだけの時間、日影となるかを求める。
⇒ p.75『建築基準法による日影規制』で用いる。　新しく建物を建設する場合に、影となる北側の建物の日照時間を確保するための基準

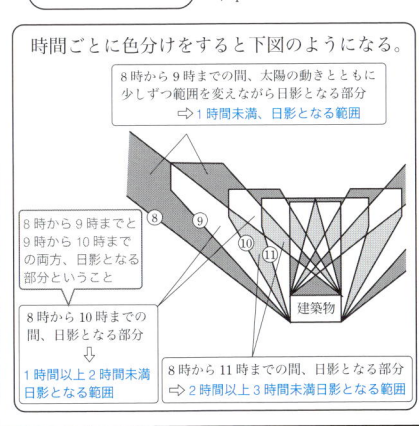

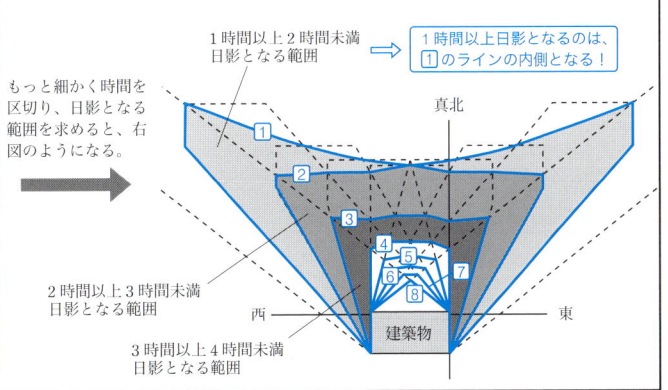

時間ごとに色分けをすると下図のようになる。

8時から9時までの間、太陽の動きとともに少しずつ範囲を変えながら日影となる部分
⇒ 1時間未満、日影となる範囲

8時から9時までと9時から10時までの両方、日影となる部分ということ

8時から10時までの間、日影となる部分
⇒ 1時間以上2時間未満日影となる範囲

8時から11時までの間、日影となる部分
⇒ 2時間以上3時間未満日影となる範囲

もっと細かく時間を区切り、日影となる範囲を求めると、右図のようになる。

1時間以上2時間未満日影となる範囲
2時間以上3時間未満日影となる範囲
3時間以上4時間未満日影となる範囲

1時間以上日影となるのは、①のラインの内側となる！

問題　太陽の位置が高度60度、方位角が30度の場合に、鉛直に立てた長さ1mの棒の影の長さを求めましょう。

$$\frac{棒の長さ（1m）}{影の長さ（L）} = \tan 60°　※\tan 60° = \sqrt{3}$$

$$L = 1 \times \frac{1}{\tan 60°} = \frac{1}{\sqrt{3}} ≒ \frac{1}{1.73} ≒ 0.58$$

したがって、影の長さ　0.58m

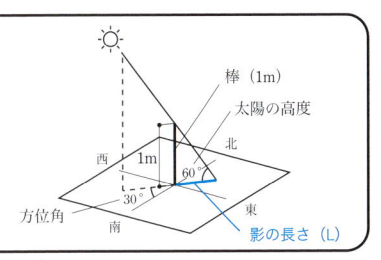

4-3 終日日影と永久日影

① 終日日影

終日日影：1日中、日影となる部分
※季節により異なる。

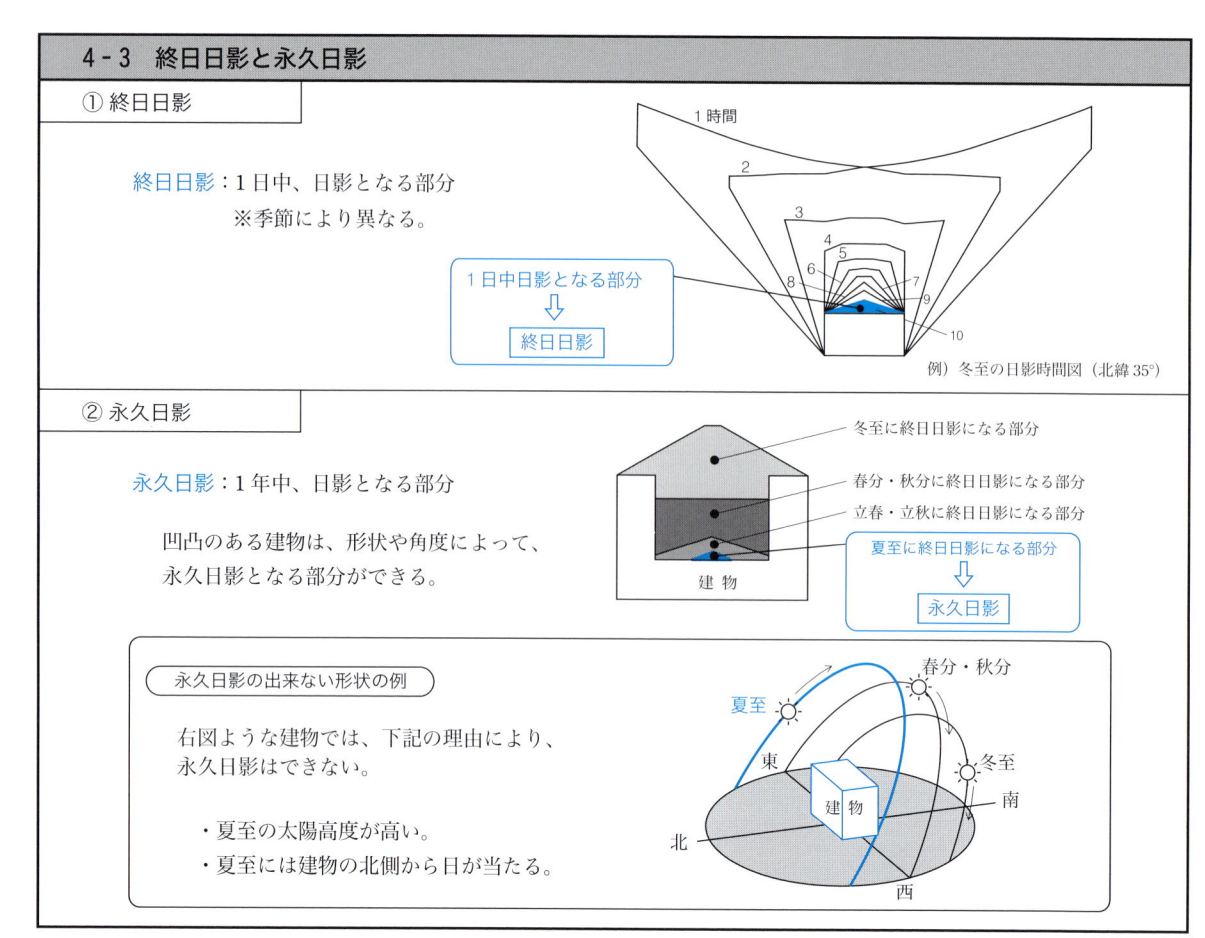

1日中日影となる部分 → 終日日影

例）冬至の日影時間図（北緯35°）

② 永久日影

永久日影：1年中、日影となる部分

凹凸のある建物は、形状や角度によって、永久日影となる部分ができる。

- 冬至に終日日影になる部分
- 春分・秋分に終日日影になる部分
- 立春・立秋に終日日影になる部分
- 夏至に終日日影になる部分 → 永久日影

永久日影の出来ない形状の例

右図ような建物では、下記の理由により、永久日影はできない。

- 夏至の太陽高度が高い。
- 夏至には建物の北側から日が当たる。

4-4 建物の配置による日影への影響

建物が隣接する場合は、双方の影が重なり、広範囲に影ができてしまうため、できるだけ隣接する建物との距離を離すことが効果的となる。

南北に建物が隣接する場合

この辺りは、日影になる時間が1～2時間程度なので、多少重なっても問題はないが、できるだけ離す方が望ましい。

⇓

緯度が高いほど、南北の間隔を大きくする必要がある！

東西に建物が隣接する場合

周りに比べて、日影となる時間の長い部分を**島日影**という。

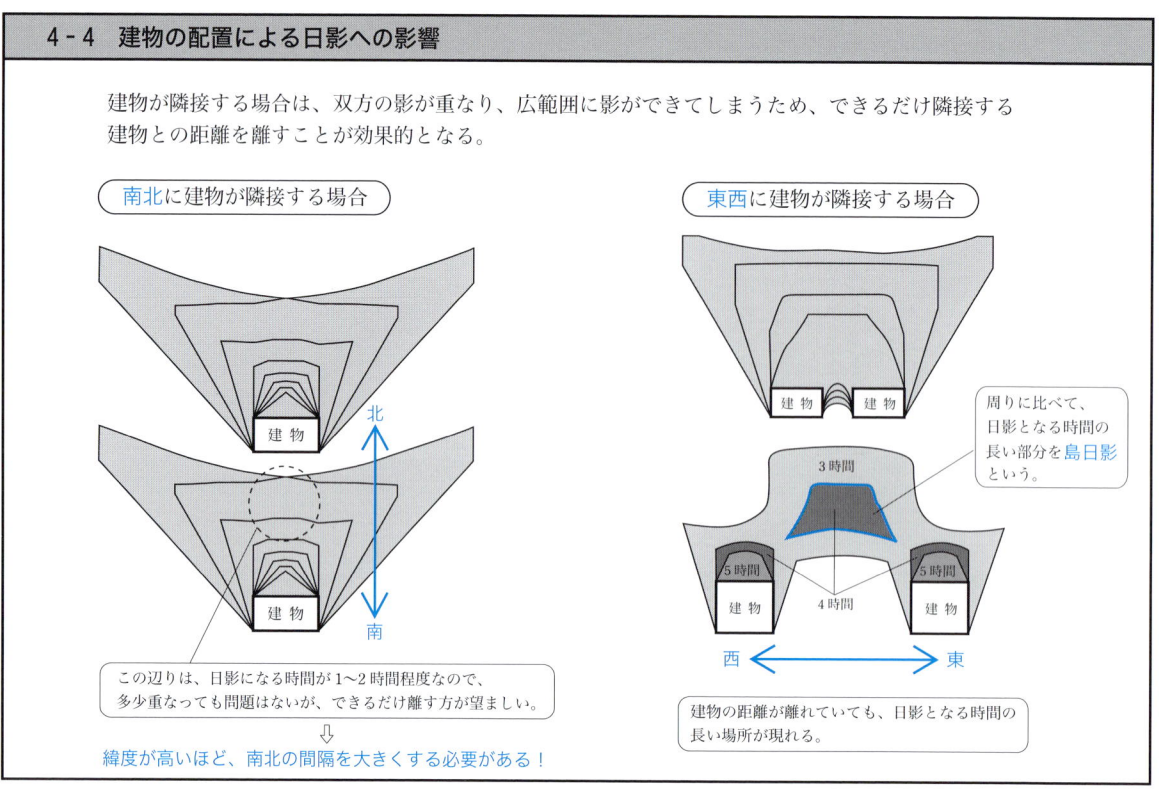

建物の距離が離れていても、日影となる時間の長い場所が現れる。

4-5 建築基準法による日影規制【法56条の2】

建築基準法では、用途地域ごとに一定規模以上の建物を建てる場合に、日影となってもよい部分の範囲と時間が決められている。

※・建築基準法での日影時間は、冬至日における真太陽時の午前8時から午後4時までの間に生ずる日影で求める。
（北海道は午前9時から午後3時まで）
・日影の範囲は、地盤面ではなく、用途地域によって、測定面が決められている。

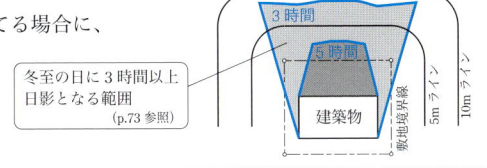

冬至の日に3時間以上日影となる範囲
(p.73参照)

日影となる時間と範囲が上図の場合で、この制限の場合
・敷地から 5m〜10mの範囲が 5 時間以上の日影になっていない → OK
・敷地から 10mを超える部分が 3 時間以上の日影になっていない → OK

地域または区域	制限を受ける建築物	平均地盤面からの高さ（測定面）		規制日影時間 敷地境界線からの水平距離（ℓ）	
				5 m < ℓ ≦ 10 m	10 m < ℓ
第一種・第二種 低層住居専用地域	軒高>7m または 階数≧3（地階を除く）	1.5 m	(1)	3 (2)	2 (1.5)
			(2)	4 (3)	2.5 (2)
			(3)	5 (4)	3 (2.5)
第一種・第二種 中高層住居専用地域	建築物の高さ>10m	4 m または 6.5 m	(1)	3 (2)	2 (1.5)
			(2)	4 (3)	2.5 (2)
			(3)	5 (4)	3 (2.5)
第一種・第二種住居地域、準住居地域、近隣商業地域、準工業地域	建築物の高さ>10m	4 m または 6.5 m	(1)	4 (3)	2.5 (2)
			(2)	5 (4)	3 (2.5)
用途地域の指定のない区域	軒高>7m または 階数≧3（地階を除く）	1.5 m	(1)	3 (2)	2 (1.5)
			(2)	4 (3)	2.5 (2)
			(3)	5 (4)	3 (2.5)
	建築物の高さ>10m	4 m	(1)	3 (2)	2 (1.5)
			(2)	4 (3)	2.5 (2)
			(3)	5 (4)	3 (2.5)

(単位〔時間〕)
（ ）は北海道での時間を示す

規制日影時間の範囲と測定面

a. 第一種・第二種低層住居専用地域の場合

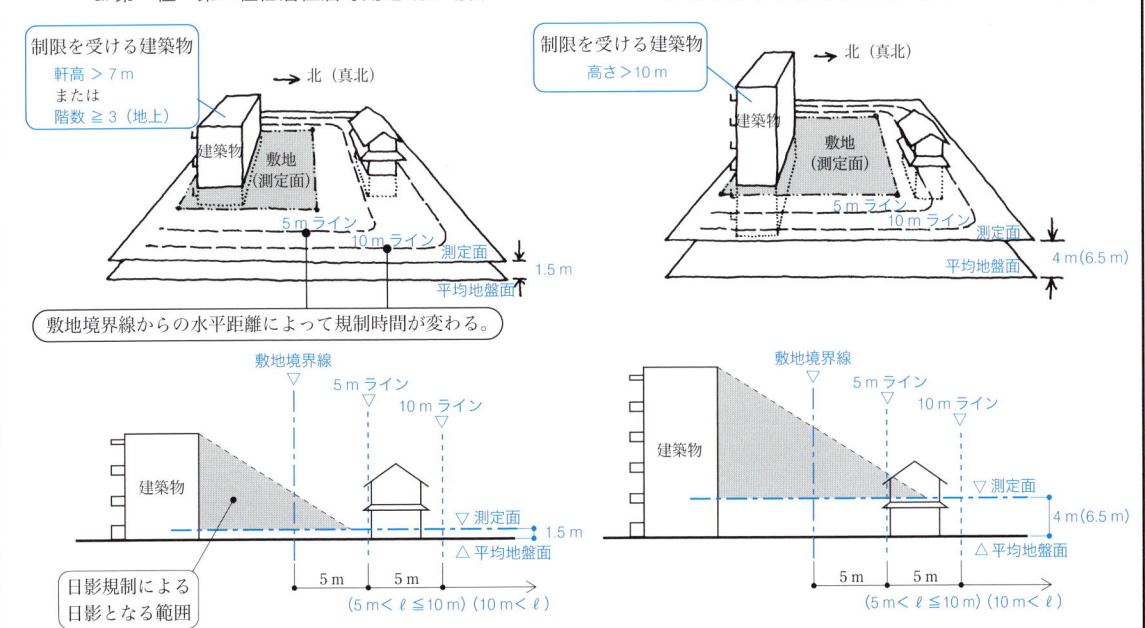

制限を受ける建築物
軒高＞7m または 階数≧3（地上）

敷地境界線からの水平距離によって規制時間が変わる。

日影規制による日影となる範囲

b. その他の地域（用途地域の指定のない区域を除く）

制限を受ける建築物
高さ＞10m

5 日射

5-1 太陽から放射される熱エネルギー

太陽から放射される熱エネルギー（日射）は、地表面を覆っている大気によって散乱・吸収されながら、地表へと届く。

① 太陽が放射する熱エネルギー

太陽定数（J_0）：大気圏外で太陽光線に直交する単位面積が受ける太陽から放射される熱エネルギー（日射）の強度

※大気圏内では、太陽放射エネルギーが散乱・吸収されるため、大気圏外で考える。

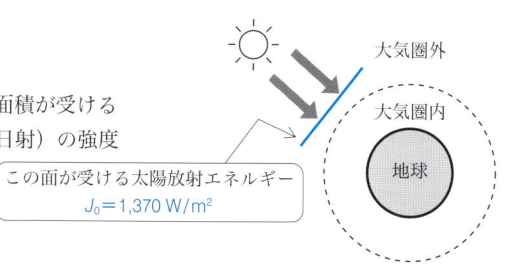

この面が受ける太陽放射エネルギー
$J_0 = 1,370 \text{ W/m}^2$

② 地表で観測される日射量

太陽から放射される熱エネルギーは、大気圏内（空気層）に入ると、大気中の水蒸気やちりなどに吸収されたり、散乱されるため、太陽定数よりも小さい値となって地表に届く。

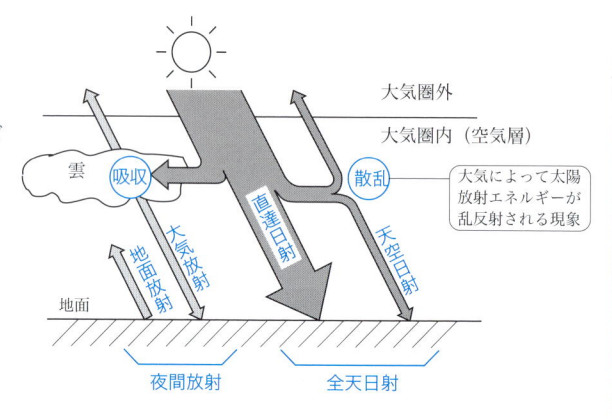

大気によって太陽放射エネルギーが乱反射される現象

全天日射量 ＝ 直達日射量 ＋ 天空日射量

- **直達日射**：太陽から放射される熱エネルギーのうち、散乱・吸収されたものを除いて、直接地表まで到達する熱エネルギー
- **天空日射**：太陽から放射される熱エネルギーのうち、大気中の空気分子・雲の粒子などによって散乱された後に地表まで到達する熱エネルギー

曇天時に地上に届く日射は天空日射

実効放射量（夜間放射量）＝ 地面放射量 － 大気放射量

- **大気放射**：大気中の水蒸気、二酸化炭素、ちり、雲などが放射する熱エネルギーが、大気放射（赤外線）となって地表に到達する。日中でも夜間でもある。
- **地面放射**：天空に対して、その温度に応じた熱エネルギーが、地面放射（赤外線）となって放出される。日中でも夜間でもある。

地上での直達日射量はブーゲの式による値が、天空日射量はベルラーゲの式による値がよく使われる。

③ 大気の透過率

大気の透過率：太陽放射エネルギーが透過する大気の透明度を示す割合

- 透過率が高くなると
  - 直達日射は強くなる。
  - 天空日射は弱くなる。

- 水蒸気を多く含むと透過率が低くなる。

透過率：夏季 ＜ 冬季
冬の方が空気が乾燥しているため

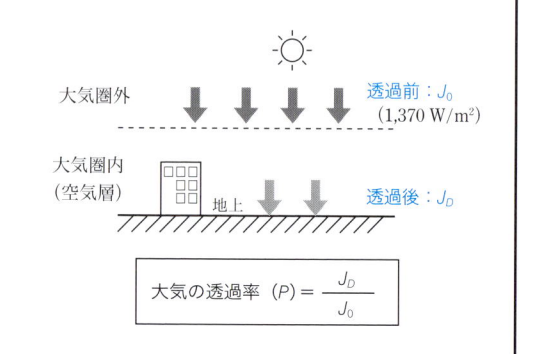

透過前：J_0 （1,370 W/m²）
透過後：J_D

大気の透過率 $(P) = \dfrac{J_D}{J_0}$

5-2 太陽から放射される熱エネルギーの受熱

① 異なる角度での日射の受熱量の比較

日射を受ける面に対して、直角に近い方向から日射を受ける方が単位面積当たりの受熱量が多くなる。

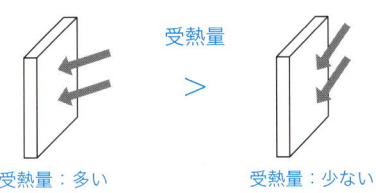

受熱量：多い
面に対して直角に近い方向から日射を受ける。

受熱量：少ない
面に対して鋭角の方向から日射を受ける。

② 方位による日射の受熱量の特性

建物や地面が受ける日射による単位面積当たりの受熱量は、方位や季節によって異なる。

夏至：南面の日射量は、東西面の約1/2程度

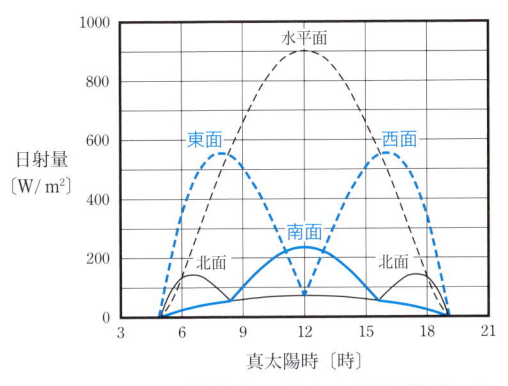

夏至の建物各面に入射する日射量（北緯35°）

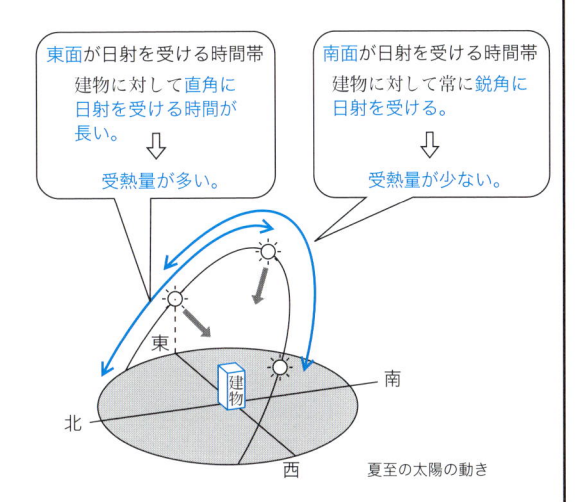

東面が日射を受ける時間帯
建物に対して直角に日射を受ける時間が長い。
⇩
受熱量が多い。

南面が日射を受ける時間帯
建物に対して常に鋭角に日射を受ける。
⇩
受熱量が少ない。

夏至の太陽の動き

東西面に窓があると、冷房負荷が大きくなる！
⇩
窓は東西面を避け、できるだけ南面に取付ける。

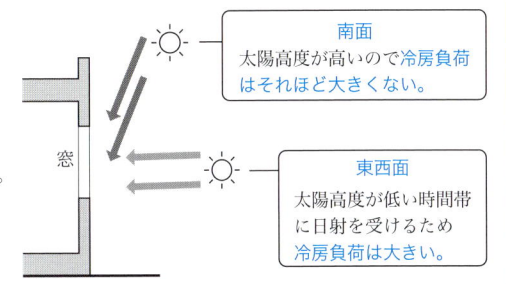

南面
太陽高度が高いので冷房負荷はそれほど大きくない。

東西面
太陽高度が低い時間帯に日射を受けるため冷房負荷は大きい。

冬至：南面の日射量は、水平面より大きい。

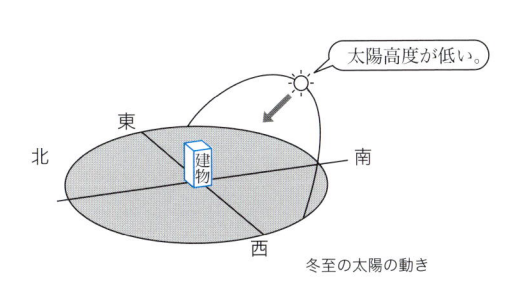

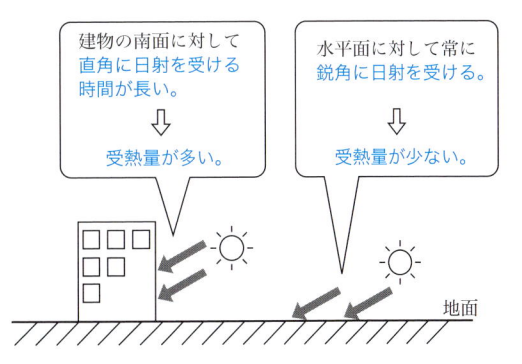

太陽高度が低い。

冬至の太陽の動き

建物の南面に対して直角に日射を受ける時間が長い。
⇩
受熱量が多い。

水平面に対して常に鋭角に日射を受ける。
⇩
受熱量が少ない。

2章 温熱環境　5 太陽と日射

③ 季節による日射の受熱量の特性

建物各面の終日日射量（北緯 35°）

◎南鉛直面が受ける冬季と夏季の日射量

冬季：日射量が多い。
夏季：日射量が少ない。

夏至：水平面の受ける日射量が多い。
冬至：南鉛直面の受ける日射量が多い。

日本の気候では、南面に窓を設ける方が良い！

5-3 日射の調節と利用

① 日射の調節

快適な生活を送るためには、建物への日射を、夏季には遮り、冬季には取り込む調整をすることが望まれる。

樹木での調節

建物の南側に落葉樹を植えることで、夏季は葉で日射を遮り、冬季は葉が落ちて、枝の間から日射が射し込む。

※夏季は太陽高度が高いため、樹木がなくても、窓上に小さな庇などがあれば日射を遮ることができる。

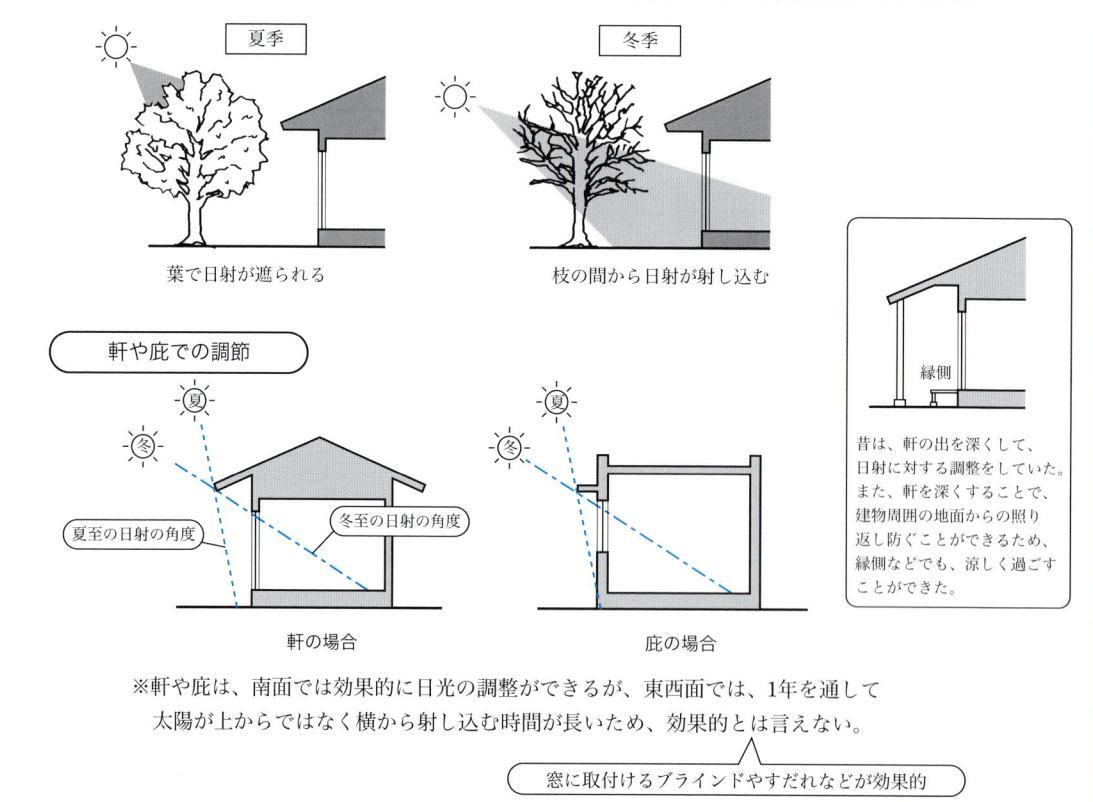

夏季：葉で日射が遮られる
冬季：枝の間から日射が射し込む

軒や庇での調節

軒の場合／庇の場合
夏至の日射の角度／冬至の日射の角度

昔は、軒の出を深くして、日射に対する調整をしていた。また、軒を深くすることで、建物周囲の地面からの照り返し防ぐことができるため、縁側などでも、涼しく過ごすことができた。

※軒や庇は、南面では効果的に日光の調整ができるが、東西面では、1年を通して太陽が上からではなく横から射し込む時間が長いため、効果的とは言えない。

窓に取付けるブラインドやすだれなどが効果的

2章 温熱環境　5 太陽と日射

外壁の色での調節

地域特性に合わせて、外壁の色を検討すると、冷暖房負荷などを小さくすることができる。

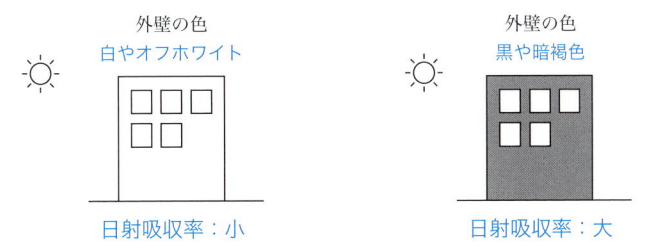

外壁の色
白やオフホワイト
日射吸収率：小

外壁の色
黒や暗褐色
日射吸収率：大

暖かい（暑い）地域：日射吸収率の低い色を選択
寒冷地　　　　　　：日射吸収率の高い色を選択

白色ペイント塗の壁の場合の放射エネルギーの吸収率
赤外線などの長波長域　＞　可視光線などの短波長域（日射）

赤外線・可視光線は p.9 参照

外壁での調節

日射によって外壁が熱を受けるため、その熱が室内まで伝わらないように工夫をする。

・中空層で換気ができるようにし、熱を排出する。
・断熱材を厚くし、断熱効果を高める。
・中空層の片側にアルミ箔を張り、熱を遮断する。

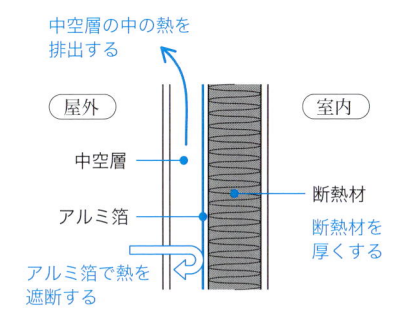

中空層の中の熱を排出する
屋外 / 室内
中空層
アルミ箔
断熱材
断熱材を厚くする
アルミ箔で熱を遮断する

外壁に日射があたった時、外気温が仮想的に上昇すると考えた温度を『相当外気温』という (p.45 参照)。

② 日射の利用

冬季には、日射を取り入れることが、室内環境や暖房負荷の面から有利になる。

ソーラーハウス

暖房の大部分を日射でまかなうように計画された住宅で、主に次の2種類に分けられる。

◎アクティブソーラーハウス

集熱・熱移動のために機械的な設備を使用する。

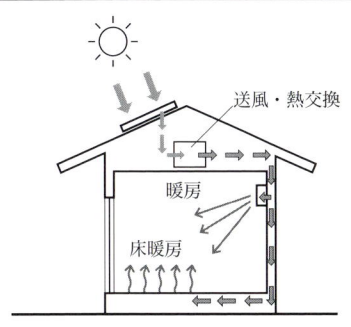

送風・熱交換
暖房
床暖房
アクティブソーラーハウス

◎パッシブソーラーハウス

主に、設計者の工夫によって機械を使わずに快適な室内環境を形成する。

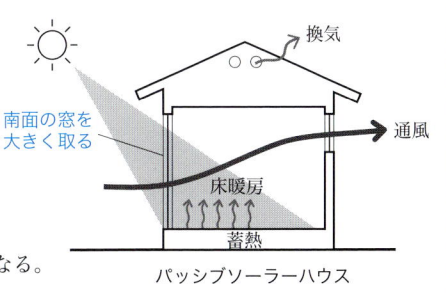

※いずれも、日射熱取得性、断熱・気密性、蓄熱性が重要となる。

換気
南面の窓を大きく取る
通風
床暖房
蓄熱
パッシブソーラーハウス

2章 温熱環境 5 太陽と日射

5-4 日射の取得と遮へい

夏季は日射を遮ることが、室内環境や冷房負荷の面から有利になる。
⇩
窓面からの日射を抑えるために、ルーバーやカーテンなどを効果的に取付ける。

窓から入り込む日射は、室内側に透過・放射される日射の取得と、屋外側に反射・放射される日射の遮へいに分けられる。

ガラスに対する日射取得率と日射遮へい率は、表で見ることができる。

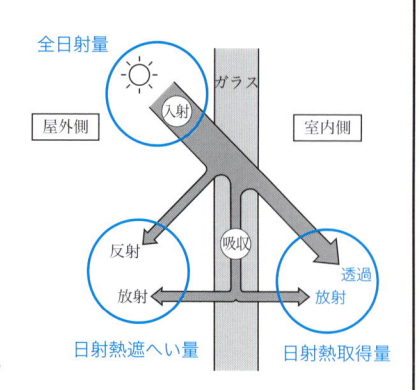

（求め方は次ページ参照）

窓の種類		ガラスの厚さ(mm)	日射熱取得率	日射遮へい係数
ガラスのみ	透明ガラス	3	0.86	1.0
	透明ガラス	6	0.82	0.95
	透明ガラス＋透明ガラス	3＋3	0.76	0.87
	熱線吸収ガラス（ブロンズ系）	6	0.63	0.72
	熱線反射ガラス（ブロンズ系）	6	0.25	0.29
ガラス＋日除け	透明ガラス＋ブラインド	3	0.50	0.58
	透明ガラス＋カーテン（中等色）	3	0.40	0.47
	透明ガラス＋障子戸	3	0.46	0.54
	透明ガラス＋反射ルーバー	3	0.77	0.89
	外付け可動水平ルーバー＋透明ガラス	3	0.11	0.13

6mmの透明ガラスと、ブラインドを室内側または屋外側に取付けた場合の日射熱取得量の比較

◎ブラインドがない場合

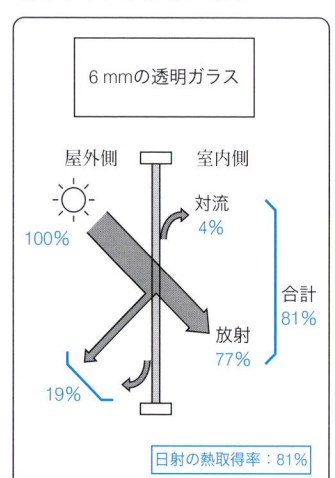

6mmの透明ガラス
100% / 対流 4% / 放射 77% / 19% / 合計 81%
日射の熱取得率：81%

◎ブラインドがある場合

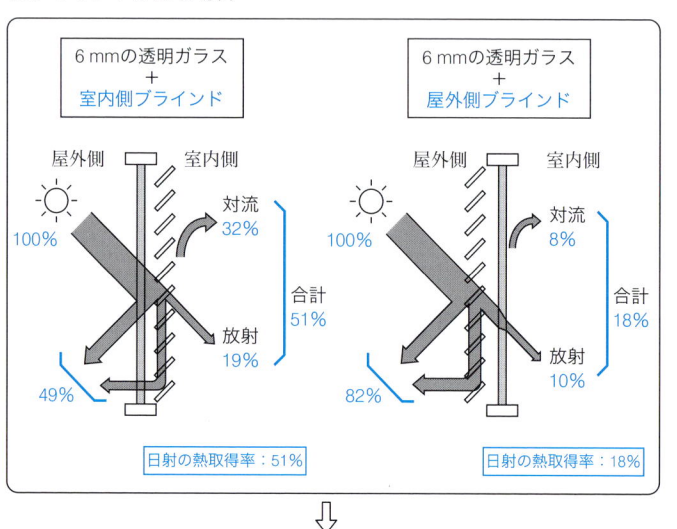

6mmの透明ガラス ＋ 室内側ブラインド
100% / 対流 32% / 放射 19% / 49% / 合計 51%
日射の熱取得率：51%

6mmの透明ガラス ＋ 屋外側ブラインド
100% / 対流 8% / 放射 10% / 82% / 合計 18%
日射の熱取得率：18%

⇩
日除けは、室内側よりも屋外側に設ける方が効果的に役割を果たす。

① 日射熱取得率

日射熱取得率：窓面にあたる日射量（全日射量）のうち、室内に流れ込むものの割合

$$日射熱取得率 = 日射透過率 + \frac{室内側表面熱伝達率}{室内側表面熱伝達率 + 屋外側表面熱伝達率} \times 日射吸収率$$

日射吸収率：いったんガラスに吸収される日射量の割合

② 日射遮へい係数

日射遮へい係数：3mm厚の普通透明ガラスの日射熱取得率（約0.88）を基準とした日射遮へい性能の指標

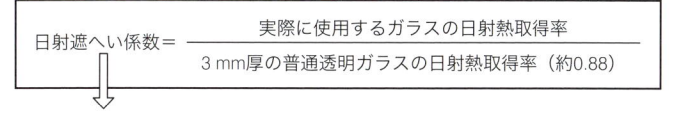

$$日射遮へい係数 = \frac{実際に使用するガラスの日射熱取得率}{3mm厚の普通透明ガラスの日射熱取得率（約0.88）}$$

基準となるガラスに比べて、実際に使用するガラス（＋日除け）は、どれだけ熱を通すかということ。

日射遮へい係数は、値が大きいほど遮へい効果が小さい！

③ 日除けの種類

日除けを取付ける場合は、日射の角度を考えて、その窓面にあったものを選ぶようにするとよい。

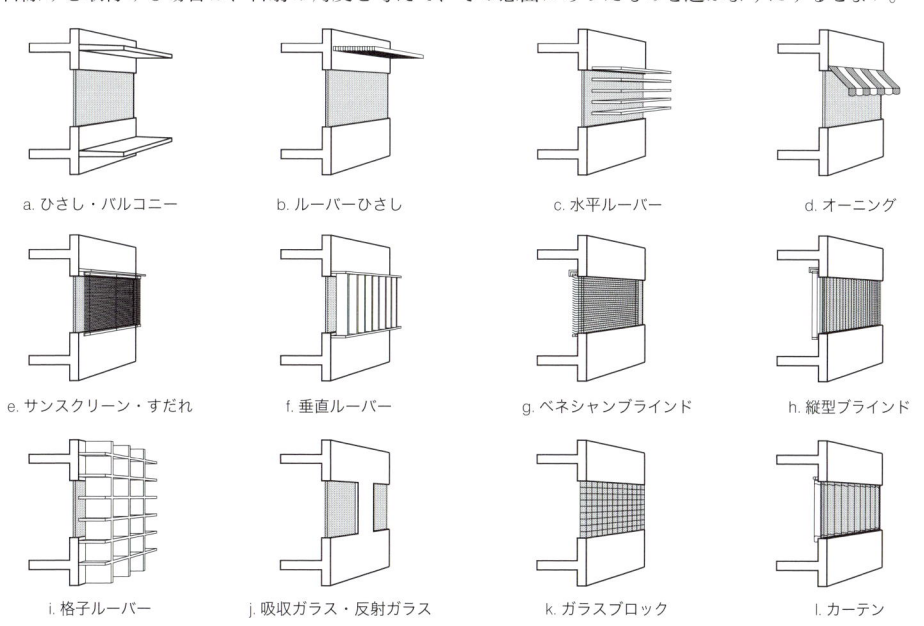

a. ひさし・バルコニー
b. ルーバーひさし
c. 水平ルーバー
d. オーニング
e. サンスクリーン・すだれ
f. 垂直ルーバー
g. ベネシャンブラインド
h. 縦型ブラインド
i. 格子ルーバー
j. 吸収ガラス・反射ガラス
k. ガラスブロック
l. カーテン

熱線吸収ガラスと熱線反射ガラス

ガラスの種類	日射に対して	製造方法
熱線吸収（板）ガラス	20〜60%吸収	ガラス原料にある種の金属を混入
熱線反射（板）ガラス	30%前後反射	ガラス表面にある種の金属の薄膜を焼き付ける

※可視光透過率が低下する可能性もある。また、いずれも、単板ガラスの場合には、断熱性能は透明板ガラスとあまり変わらない。⇦熱貫流率が高いため（p.42参照）

2章 温熱環境　5 太陽と日射

④ その他の日射の遮へい

ブリーズ ソレイユ

日射を遮るために建物の外壁と一体となったルーバーのようなもの

屋外側で日射を受け、熱を屋外（外気）に放散するため、室内への日射の影響を抑えることができる。

屋上緑化

建物の最上階では、日射による熱が天井から流入するのを防げるため、屋上緑化も効果的となる。

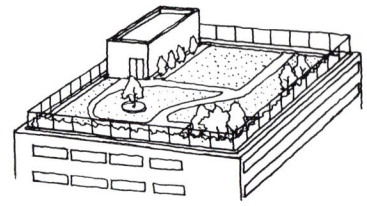

5-5 ガラスに対する日射の透過率

① 波長域による透過率

透過率

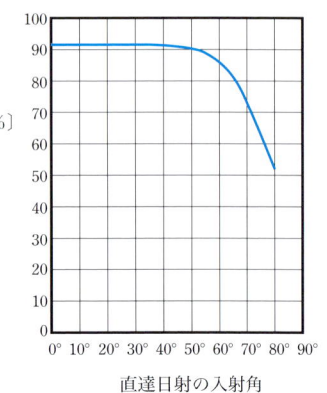

短波長域（日射） ＞ 長波長域
可視光線など　　　赤外線など

※一般的な透明板ガラスは、熱放射の波長域によって、透過率（透過するエネルギーの割合）が異なる。

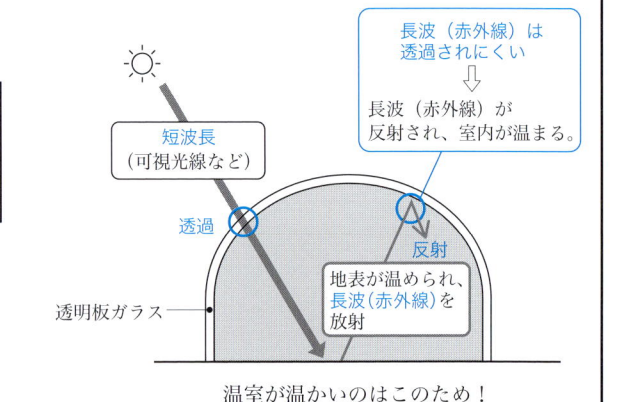

短波長（可視光線など） → 透過

長波（赤外線）は透過されにくい
⇒ 長波（赤外線）が反射され、室内が温まる。

地表が温められ、長波（赤外線）を放射

温室が温かいのはこのため！

② 入射角による透過率

直達日射に対する透明板ガラスの透過率

入射角 0°〜30°の間

入射角：30°
入射角：0°
約90%透過

透過率は約90%

入射角 40°以上

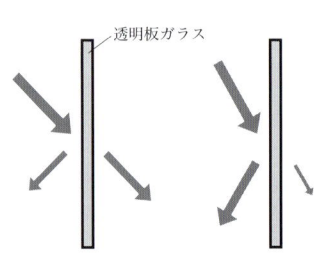

透明板ガラス

入射角が大きくなるほど透過率が低下する。

透過率〔%〕 vs 直達日射の入射角のグラフ（0°〜90°）

温度と熱移動（伝熱）　　　　　　　　　　　　　　　　　　　　　　　　　　◯ or ×

①	基本的な三つの熱移動のプロセスは、伝導、対流、放射である。　ヒント！p.36『熱の移動』	
②	壁面とこれに接している空気の間で、主に放射と対流によって行われる熱の移動を熱伝達という。　ヒント！p.37『熱伝達』	
③	壁表面の熱伝達率は、壁面に当たる風速によって異なる。　ヒント！p.37『対流熱伝達』	
④	放射による熱の移動には、空気が必要である。　ヒント！p.38『放射熱伝達』	
⑤	アルミはくは、放射率が小さいので、壁体の表面に張ることによって放射による伝熱量を少なくすることができる。　ヒント！p.38『放射熱伝達』	
⑥	熱伝導率は、材料内部の熱の伝わりやすさを示す材料固有の値であり、その値が大きいほど、断熱性が高い材料であることを表す。　ヒント！p.39『熱伝導』	
⑦	建築材料の熱伝導率の大小関係は、一般に、木材＞普通コンクリート＞金属である。　ヒント！p.40『主な材料の熱伝導率』	
⑧	半密閉中空層の熱抵抗は、同じ厚さの密閉中空層の熱抵抗より小さい。　ヒント！p.41『中空層の熱伝達』	
⑨	中空層の熱抵抗の値は、中空層の密閉度・厚さ・熱流の方向などによって異なる。　ヒント！p.41『中空層の熱伝達』	
⑩	壁体の熱貫流抵抗は、壁体に充てんした断熱材が結露などによって水分を含むと大きくなる。　ヒント！p.41『断熱材（グラスウール）』	
⑪	グラスウールの熱伝導率は、かさ比重24 kg/m³のものに比べて、かさ比重10 kg/m³のもののほうが大きい。　ヒント！p.41『断熱材（グラスウール）』	
⑫	熱貫流率は、熱貫流抵抗の逆数である。　ヒント！p.42『熱貫流率・熱貫流量の求め方』	
⑬	熱貫流抵抗は、壁体の両表面の熱伝達抵抗の値と各層の熱伝導抵抗の値を合計した値である。　ヒント！p.42『①熱貫流抵抗』	
⑭	中空層以外の各層の熱伝導抵抗の値は、材料の熱伝導率をその材料の厚さで除して求める。　ヒント！p.42『①熱貫流抵抗』	
⑮	熱貫流率は、壁体の熱の通しやすさを表し、その値が大きい壁体は断熱性に劣る。　ヒント！p.42『②熱貫流率』	

解答　①（◯）②（◯）③（◯）④（×）放射による熱の移動には空気は関係しない。⑤（×）熱伝導率は、値が大きいほど、熱が伝わりやすい。⑥（×）金属、コンクリート、木材の順につかくなる。⑦（×）断熱材は熱伝導率が小さくなる。⑧（◯）⑨（◯）⑩（×）断熱材は水分を含むと、熱伝導抵抗が小さくなる。⑪（◯）グラスウールの熱伝導率は、かさ比重が大きいほど小さくなる。⑫（◯）⑬（◯）⑭（×）熱伝導抵抗は、材料の厚さをその材料の熱伝導率で除して求める。⑮（◯）

室温と熱負荷（断熱性・気密性） ※p.47の問題も確認しましょう！　　　　　　　　　　○ or ×

①	外壁の断熱性と気密性を高めると、窓からの日射の影響による室温の上昇の度合いは大きくなる。　ヒント！p.45『熱取得』	
②	熱損失係数は、建築物の断熱性や保温性を評価するのに用いられる。　ヒント！p.46『熱損失係数』	
③	気密性を高めると、熱損失係数の値は大きくなる。　ヒント！p.46『熱損失係数』	
④	外壁の断熱には、夏季の日射を受ける外壁から室内への熱放射を低減する効果がある。　ヒント！p.48『断熱性能』	
⑤	一般に、外壁の断熱性を高めると、暖房負荷と冷房負荷は、ともに減少する。　ヒント！p.48『断熱性能』	
⑥	熱容量は、物質の比熱に質量を乗じた値であり、その値が大きいほど、温めるのに多くの熱量を必要とする材料であることを表す。　ヒント！p.49『熱容量と断熱性』	

解答　①（○）　②（○）　③（×）気密性を高めると、熱損失係数は小さくなる。　④（○）　⑤（○）　⑥（○）

湿度（空気線図）※p.56の問題も確認しましょう！

①	乾球温度を高くすると、飽和水蒸気圧も高くなる。　ヒント！p.52『湿度と結露』	
②	絶対湿度が同じであれば、空気を加熱しても、その空気の水蒸気圧は変化しない。　ヒント！p.52『絶対湿度』	
③	絶対湿度が同じであれば、空気を冷却すると、露点温度に至るまでは、相対湿度が高くなる。　ヒント！p.54『露点温度』	
④	乾球温度の高低にかかわらず、相対湿度が同じであれば、同じ体積中に含まれる水蒸気量は同じである。　ヒント！p.53『相対湿度』／p.55『空気線図』	
⑤	乾球温度が同じであれば、絶対湿度が高くなると、相対湿度も高くなる。　ヒント！p.55『空気線図』	
⑥	絶対湿度が同じであれば、空気を加熱しても、その空気の露点温度は変化しない。　ヒント！p.55『空気線図』	
⑦	空気を露点温度まで冷却していくと、温度とともに相対湿度も低くなる。　ヒント！p.53『相対湿度』／p.55『空気線図』	

解答　①（○）　②（○）　③（○）　④（×）空気線図より、相対湿度が同じ場合、温度（乾球温度）の変化によって、絶対湿度の値が異なる。　⑤（○）　⑥（○）　⑦（×）空気線図を用いてイメージすることが大切である。したがって、水蒸気の量が変わらなければ、露点温度まで冷却するほど、相対湿度は高くなる。

結露

①	結露は、カビやダニの発生の要因となる。　ヒント！p.57『結露』	
②	室内の表面温度を上昇させることは、室内の表面結露の防止に効果がある。　ヒント！p.58『③表面結露の防止方法』	
③	窓下への放熱器の設置は、窓ガラスの室内側表面の結露防止に効果的である。　ヒント！p.58『窓ガラスの結露防止』	
④	二重窓の外側サッシの内側の結露防止には、内側サッシよりも外側サッシの気密性を高くするほうがよい。　ヒント！p.58『窓ガラスの結露防止』	
⑤	保温性の高い建築物であっても、暖房室と非暖房室とがある場合、非暖房室では結露が発生しやすい。　ヒント！p.59『その他の結露防止対策』	

⑥	結露防止のためには、外気に面した壁に沿って、たんすなどの家具を置かないようにする。 ヒント！ p.59『その他の結露防止対策』	
⑦	外気に面した窓にカーテンを吊るすと、ガラスの室内側表面に結露が発生しやすくなる。 ヒント！ p.59『その他の結露防止対策』	
⑧	外気に接する押入れの中の表面結露を防止するためには、ふすまの断熱性を高くすると効果的である。 ヒント！ p.59『その他の結露防止対策』	
⑨	冬季において、コンクリート構造の建築物では、外断熱工法を用いると、ヒートブリッジ（熱橋）ができにくく、結露防止に効果がある。 ヒント！ p.59『ヒートブリッジ』	
⑩	外壁の室内側に生じる表面結露は、防湿層により防ぐことができる。 ヒント！ p.60『②内部結露の防止方法』	
⑪	木造の建築物において、外壁の断熱層の室内側に防湿層を設け、その断熱層の屋外側に通気層を設けることは、外壁の内部結露の防止に効果的である。ヒント！ p.60『②内部結露の防止方法』	
⑫	夏季における衛生器具の給水管の結露防止には、給水管の断熱被覆が効果的である。 ヒント！ p.58『③表面結露の防止方法』	
⑬	冬季における浴室の結露防止には、屋内空気を取り入れて、浴室の水蒸気を直接屋外に排出するのが効果的である。 ヒント！ p.58『③表面結露の防止方法』	
⑭	開放型石油ストーブを用いて暖房すると、大量の水蒸気が発生し結露を生じやすい。 ヒント！ p.58『③表面結露の防止方法』	

体感温度

○ or ×

①	体感に影響を及ぼす四つの物理的な温熱要素は、温度、湿度、気流、放射である。 ヒント！ p.61『人間の暑さ・寒さの感覚に影響する要因』	
②	気圧は、温度と並ぶ温熱感覚についての主要な要素である。 ヒント！ p.61『人間の暑さ・寒さの感覚に影響する要因』	
③	気流の速度によって、同じ温度でも体感温度は変化する。 ヒント！ p.61『人間の暑さ・寒さの感覚に影響する要因』	
④	温度が高くても、湿度が低いと不快感は少ない。 ヒント！ p.61『人間の暑さ・寒さの感覚に影響する要因』	
⑤	アスマン通風乾湿温度計の乾球温度が同じ場合、乾球温度と湿球温度の差が大きいほうが相対湿度は低くなる。 ヒント！ p.63『②湿度』	
⑥	空調設備を用いる室内の相対湿度は、一般に、40〜70%の範囲が目安とされている。 ヒント！ p.64『⑥ビル管理法における基準』	
⑦	PMV（予測平均温冷感申告）は、温度、湿度、気流、放射の四つの温熱要素に加え、着衣量と作業量を考慮した温熱指標の一つである。 ヒント！ p.67『PMV』	
⑧	快適な温度の範囲は、夏と冬とでは異なる。 ヒント！ p.67下	

2章 温熱環境 練習問題

太陽と日射（日照と日射） ○ or ×

①	北緯35度の地点において、冬至の日における南中時の太陽高度は、約30度である。 ヒント！p.69『太陽の動きと南中高度』	
②	北緯35度の地点において、夏至の日における南中時の太陽高度は、約80度である。 ヒント！p.69『太陽の動きと南中高度』	
③	ある地点における太陽高度は、1日のうちで南中時が最も高い。 ヒント！p.69『太陽の動きと南中高度』	
④	緯度が異なる二つの地点における同日の南中時の太陽高度は、北に位置する地点のほうが低い。 ヒント！p.69『太陽の動きと南中高度』	
⑤	日照率とは、可照時間に対する日照時間の割合である。 ヒント！p.72『可照時間と日照時間』	
⑥	日照に関連して住宅の隣棟間隔を検討する場合には、冬至の日について考える。 ヒント！p.72『日影』/p.74『建物の配置による日影への影響』	
⑦	大気中の微粒子により散乱されて地上に達する日射を、天空日射という。 ヒント！p.76『②地表で観測される日射量』	
⑧	曇天時における日射は、ほとんどが天空日射である。 ヒント！p.76『②地表で観測される日射量』	
⑨	直達日射の中には、人の目には見えない赤外線が含まれる。 ヒント！p.76『②地表で観測される日射量』	
⑩	直達日射を受けないガラス窓においては、日射による熱取得はない。 ヒント！p.76『②地表で観測される日射量』	
⑪	我が国において、晴天日の大気透過率は、一般に、冬季より夏季のほうが小さい。 ヒント！p.76『③大気の透過率』	
⑫	天空日射量は、一般に、大気透過率が高くなるほど減少する。 ヒント！p.76『③大気の透過率』	
⑬	夏季における冷房負荷を減らすためには、東西面採光より南面採光のほうが効果的である。 ヒント！p.77『②方位による日射の受熱量の特性』	
⑭	晴れた冬至の日の正午における直達日射量は、水平面より南向き鉛直面のほうが多い。 ヒント！p.77『②方位による日射の受熱量の特性』	
⑮	晴天日に南向き鉛直面が受ける1日当たりの直達日射量は、冬至の日より夏至の日のほうが多い。 ヒント！p.78『③季節による日射の受熱量の特性』	
⑯	白色ペイント塗りの壁の場合、放射エネルギーの吸収率は、「赤外線などの長波長域」より「可視光線などの短波長域」のほうが小さい。 ヒント！p.79『外壁の色での調整』	
⑰	窓の日射遮へい係数は、その値が大きいほど日射の遮へい効果が大きい。 ヒント！p.81『②日射遮へい係数』	
⑱	一般的な透明板ガラスの分光透過率は、「可視光線などの短波長域」より「赤外線などの長波長域」のほうが大きい。 ヒント！p.82『①波長域による透過率』	
⑲	フロート板ガラスにおける直達日射の透過率は、一般に、直達日射の入射角が0〜30度の範囲では、ほとんど変化しない。 ヒント！p.82『②入射角による透過率』	

解答　①（○）②（○）③（○）④（○）⑤（○）⑥（○）⑦（○）⑧（○）⑨（○）⑩（×）直達日射を受けない北側の窓についても、天空日射により日射取得をする。⑪（×）『晴天日直達日射量』の値によれば、南面採光は、冬季のほうが夏季より日射遮へい係数も高く、暖房効果が期待できる。⑭（○）⑮（×）⑯（○）⑰（×）窓の日射遮へい係数は、その値が小さいほど日射の遮へい効果が大きい。⑱（×）建築エネルギーに対する水の吸熱率は、遮光線のほうが小さい。⑲（○）

3章　空気環境

1 室内の空気を汚染する物質

1 換気の目的

1-1 室内汚染物質

室内の空気は、さまざまな要因で汚染される。

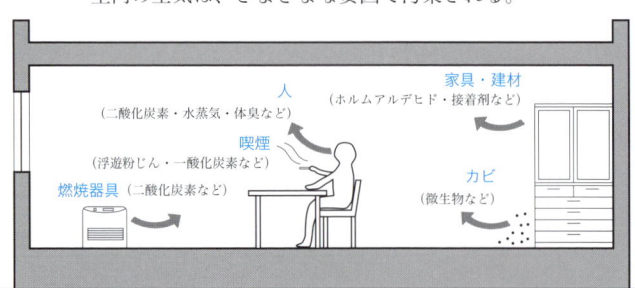

- 人（二酸化炭素・水蒸気・体臭など）
- 家具・建材（ホルムアルデヒド・接着剤など）
- 喫煙（浮遊粉じん・一酸化炭素など）
- 燃焼器具（二酸化炭素など）
- カビ（微生物など）

汚染物質の主なもの

窒素そのものは汚染物質に含まれていないので注意！（p.95参照）

- 熱・水蒸気・有害なガス（一酸化炭素、二酸化炭素、窒素酸化物など）・粉じん・臭い
- バクテリア・放射性物質（ラドンなど）・アスベスト（石綿繊維）・オゾン
- 揮発性有機化合物（VOC）など

建材や家具から放散されるホルムアルデヒドなど

シックハウス症候群（p.93～94参照）

ホルムアルデヒドなどの揮発性有機化合物や、害虫駆除に使用する有機リン酸系殺虫剤は、シックハウス症候群を発症する原因の一つとされる。

人間が健康を保つためには、室内の空気を清潔に保つことが求められる！

1-2 換気の目的

換気の目的

- 室内の汚染物質を屋外に排出（空気質の改善）
- 燃焼器具を使用する場合などの酸素（O_2）の供給
- 水蒸気を排出し、室内の湿度を調整　など

換気の目的は、室内の汚染物質を排出するだけではない。

換気と通風　※通風はp.106も参照

ただし、換気と通風は厳密に区分されているわけではない。

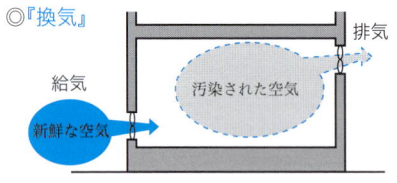

◎『換気』

居住者が、意図的に室内の空気を入れ換える。
※換気にはいろいろな方法がある。
（p.97～105参照）

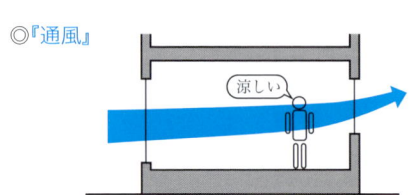

◎『通風』

面積の大きな窓を開けるなどして、かなり速い気流が室内を通り抜けるようにする。
空気質改善よりも、温熱環境改善が主な目的！
- 気流が体に当たることによる体感温度の低下
- 熱負荷の軽減
- 夏季の建物の冷却

① 換気回数

換気回数：室の容積に対して、1時間に入れ換わる空気の割合 ← 言い換えると、室の空気をすべて入れ換えるには、どれだけの時間がかかるかということ

$$\text{換気回数}〔回/h〕 = \frac{\text{換気量}〔m^3/h〕}{\text{室容積}〔m^3〕}$$

⇩ 逆に、換気回数と室容積から、換気量が求められる！！

$$\text{換気量}〔m^3/h〕 = \text{換気回数}〔回/h〕 \times \text{室容積}〔m^3〕$$

24時間換気システム
シックハウス対策で、機械を用いた換気が義務付けられている（p.94参照）。

※建築基準法では、住宅などの居室の換気回数は、0.5回/h以上と定められている。
【令20乗の8】

2時間で全ての空気が入れ換わる（1時間で1/2＝0.5回）。

- 2時間で室容積ぶんの空気が流入
- 室容積ぶんの空気
- 2時間で室容積ぶんの空気を排出

② 許容濃度の基準

許容濃度：空気中に含まれる汚染物質の許される濃度
許容濃度の基準は、環境に応じて、いくつかに分けられる。

- 建築物環境衛生管理基準 ⇦ 建築物における衛生的環境の確保に関する法律（通称：ビル管理法）による
- 大気汚染に対する基準 ⇦ 環境基本法による
- 室内の空気汚染質設計基準濃度 ⇦ 空気調和・衛生工学会規格 換気基準による

建築物環境衛生管理基準

物質名	許容濃度
一酸化炭素	10 ppm以下
二酸化炭素	1000 ppm以下
浮遊粉じん	0.15 mg/m³以下
ホルムアルデヒド	0.1 mg/m³以下
室温	17℃以上28℃以下 居室の室温を外気温より低くする場合は、その差を著しくしないこと
相対湿度	40％以上70％以下
気流	0.5 m/s以下

体積濃度
ppm：体積濃度の単位
空気1 m³中に含まれる汚染物質の体積〔m³〕
※p.91も参照

重量濃度
mg/m³：重量濃度の単位
空気1 m³中に含まれる汚染物質の重量〔mg〕

室内の汚染物質の濃度が、許容濃度の基準値を超えないようにしなければならない。
⇧
室内の汚染物質の濃度を求める（p.90〜92参照）。
⇧
汚染物質を許容濃度以下に保つためには換気が重要！（前ページ参照）

3章 空気環境　❶ 室内の空気を汚染する物質

1-3 室内の汚染物質濃度

一つの空間で、汚染物質が一定の割合で発生し、一定の換気が行われている場合

汚染物質の流入
屋外から室内に入ってくる汚染物質の量

＋

室内発生
室内での汚染物質の発生量

－

汚染物質の排出
室内から屋外へ出ていく汚染物質の量

＝

汚染物質の増加量
室内で増える汚染物質の正味の量

汚染物質の発生と流入 ／ 汚染物質の正味の増加量

実際の室内の汚染物質の濃度を確かめるには

① 室内の汚染物質の濃度

- 『Q』換気量 (m^3/h)
- 『C_o』屋外の汚染物質濃度（体積濃度）
- 『M』室内で発生する汚染物質の量 (m^3/h)
- 『C』室内の汚染物質濃度（体積濃度）

『体積濃度』
$1\,m^3$中に何m^3の汚染物質があるか？ (m^3/m^3)

室内へ持ち込まれる汚染物質の量 ＝ 室内から排出される汚染物質の量

$C_o\,(m^3/m^3) \times Q\,(m^3/h) + M\,(m^3/h) \qquad C\,(m^3/m^3) \times Q\,(m^3/h)$

（室内に流入する汚染物質の量／室内で発生する汚染物質の量）

左右を入替えると
$CQ = C_o Q + M$

$$C\,(m^3/m^3) = C_o + \frac{M}{Q}$$

注意！
室内の汚染物質の濃度を計算する場合は、『瞬時一様拡散』を仮定している。

室内でスプレーを噴く。（汚染物質の発生）→ 一瞬で！ 一瞬で部屋中にひろがり、空間の至る所で同じ濃度になる。

空気齢

実際には、室内の汚染物質濃度の分布は一様ではないので、換気の効率も考える必要がある。

⇩

この時、空気がどのくらい新鮮かを表す空気齢を考える。

新鮮な空気が汚染物質発生点に到達するまでの時間 ＝ 空気齢
余命時間が小さければ、汚染物質をより早く排出できる。
空気齢 ＋ 余命 ＝ 空気寿命

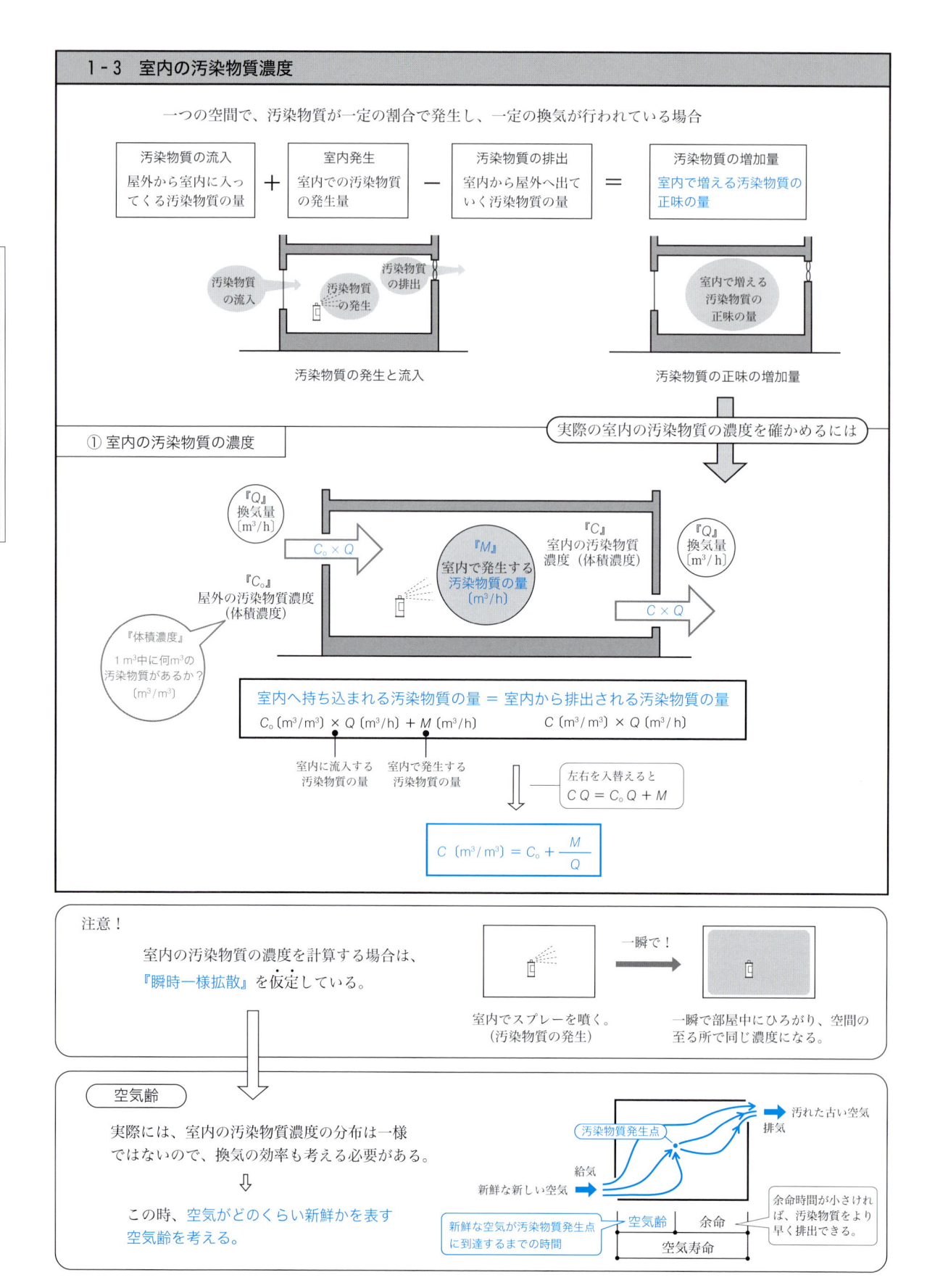

② 必要換気量

必要換気量：室内の汚染物質濃度を許容濃度以下に維持するために必要な換気量

前ページ①の式から
必要換気量が求められる。 ⟹ $Q \ (m^3/h) = \dfrac{M}{C - C_o}$

1-4 汚染物質の許容濃度と必要換気量

① 呼吸による二酸化炭素の発生量と必要換気量

有害物質の発生が少ない部屋でも、人がたくさんいる場合は、気分が悪くなったり、頭痛を起こしたりすることがある。
また、石油ストーブなどを長時間使用していると、同じような症状が起きることがある。

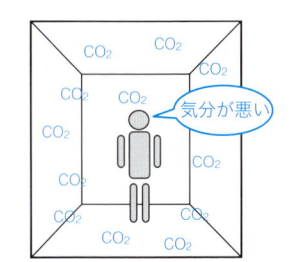

⬇

二酸化炭素の濃度が高くなると、人体に悪影響を及ぼすため！
室内の二酸化炭素の許容濃度は、1,000 ppm（0.1％）！　(p.89 参照)

実際には、二酸化炭素の濃度が4～5％になると直接人体に影響が現れると言われている。

呼吸による二酸化炭素の発生量は、作業の程度によって異なる。

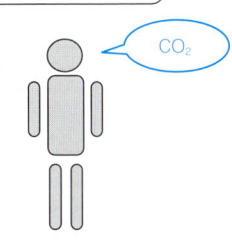

作業程度	二酸化炭素の発生量
安静時	0.0132
極軽作業	0.0132～0.0242
軽作業	0.0242～0.0352
中等作業	0.0352～0.0572
重作業	0.0572～0.0902

〔$m^3/(h \cdot 人)$〕

（必要換気量の計算）

換気計算では、$0.02 \ m^3/(h \cdot 人)$ の値を用いて計算する。

居室の二酸化炭素の許容濃度：1,000 ppm
外気の二酸化炭素の濃度　　：350 ppm

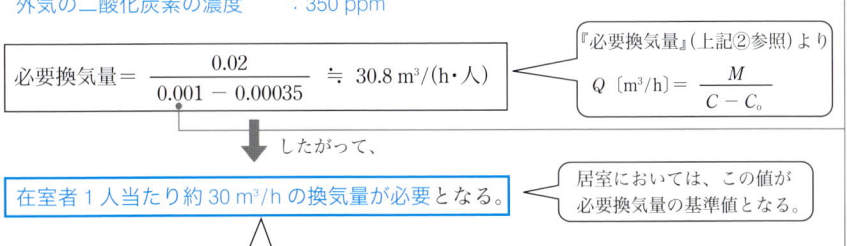

必要換気量 $= \dfrac{0.02}{0.001 - 0.00035} \fallingdotseq 30.8 \ m^3/(h \cdot 人)$

『必要換気量』（上記②参照）より
$Q \ (m^3/h) = \dfrac{M}{C - C_o}$

⬇ したがって、

在室者1人当たり約 $30 \ m^3/h$ の換気量が必要となる。

居室においては、この値が必要換気量の基準値となる。

（在室者が増えるごとに換気量を増やさなければならない。）

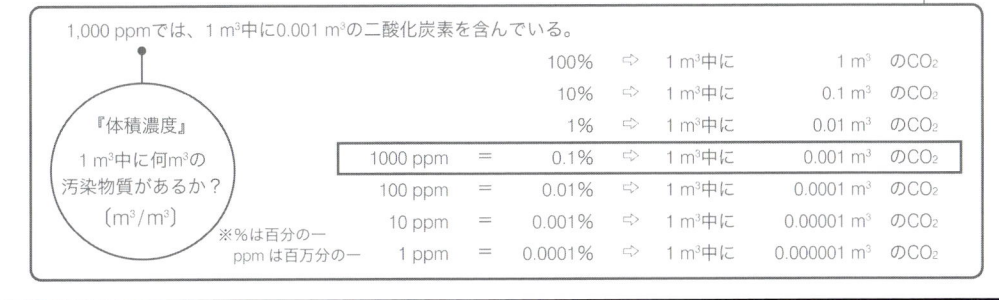

1,000 ppmでは、1 m^3 中に 0.001 m^3 の二酸化炭素を含んでいる。

『体積濃度』
1 m^3 中に何 m^3 の汚染物質があるか？
〔m^3/m^3〕

		100％	⇒ 1 m^3中に	1 m^3 のCO_2
		10％	⇒ 1 m^3中に	0.1 m^3 のCO_2
		1％	⇒ 1 m^3中に	0.01 m^3 のCO_2
1000 ppm	=	0.1％	⇒ 1 m^3中に	0.001 m^3 のCO_2
100 ppm	=	0.01％	⇒ 1 m^3中に	0.0001 m^3 のCO_2
10 ppm	=	0.001％	⇒ 1 m^3中に	0.00001 m^3 のCO_2
1 ppm	=	0.0001％	⇒ 1 m^3中に	0.000001 m^3 のCO_2

※％は百分の一
ppmは百万分の一

② 燃焼器具による二酸化炭素の発生量と必要換気量

石油ストーブなどの開放型燃焼器具は、人間の呼吸の10〜20倍の二酸化炭素を発生させる。

⇩

室内で開放型燃焼器具を使用している場合は、必要換気量は大きくなる。

- 密閉型燃焼器具は、給気・排気とも屋外で処理をする。
- 開放型燃焼器具は、室内に二酸化炭素を排出するので、特に換気が必要となる。
- 半開放型燃焼器具は、給気は室内の空気を利用するが、排気は屋外で行われる。
- 室内の酸素濃度が約18〜19%に低下すると、急激に一酸化炭素の発生量が増加するので、注意が必要。

③ 浮遊粉じん量と必要換気量

タバコ（喫煙）は、いろいろな汚染物質を発生させるが、特に浮遊粉じんの発生量がきわめて大きい。

たばこ1本当たりの必要換気量：130 m³/h 程度

浮遊粉じんの人体への影響

人に影響を感じさせる濃度	濃度
多くの人に満足される濃度	0.075〜0.1
視界が少し悪く感じる濃度	0.1〜0.14
多くの人に汚いと思われる濃度	0.14〜0.2

〔mg/m³〕

1-5 有効換気量

換気扇の有効換気量：換気扇本体のみの換気量ではなく、屋外フードやダクトなどを接続した場合に見込まれる換気量

⇩ したがって

ダクトなどの太さや長さ、形状などによって換気量が異なる。

ガスコンロを使用する台所に設ける換気扇や燃焼器具などの換気量の算定には、『理論廃ガス量』が用いられる。

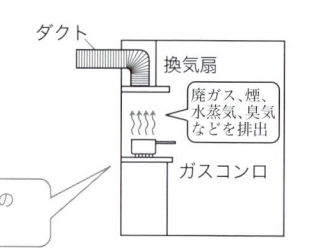

（問題） 下記の室での最低限必要な換気回数を求めましょう。

- 室容積：100 m³
- 在室者数：6人
- 在室者1人当たりの呼吸による二酸化炭素の発生量：0.02 m³/h
- 室内の二酸化炭素の許容濃度：0.10%（＝1,000 ppm、1 m³中に0.001 m³）
- 外気の二酸化炭素の濃度：0.04%（＝400 ppm、1 m³中に0.0004 m³）

(p.91 参照)

◎必要換気量を求める (p.91 参照)。

$$必要換気量 = \frac{在室者1人当たりのCO_2発生量}{室内のCO_2の許容濃度 - 外気のCO_2の濃度} \times 在室者数 = \frac{0.02}{0.001 - 0.0004} \times 6 ≒ 200.0$$

必要換気量：200.0 m³/h

◎換気回数を求める (p.89 参照)。

$$換気回数 = \frac{必要換気量}{室容積} = \frac{200.0}{100} = 2.0$$

換気回数：2 回/h

2　シックハウス症候群

建材・塗料・接着剤・家具などから有害な化学物質が発生する。
＋
建物の高気密化が進み、化学物質が室内に溜まりやすい。

→

下記のような症状が発生
・皮膚や目、鼻、喉への刺激
・めまい、吐気、頭痛
・集中力の低下

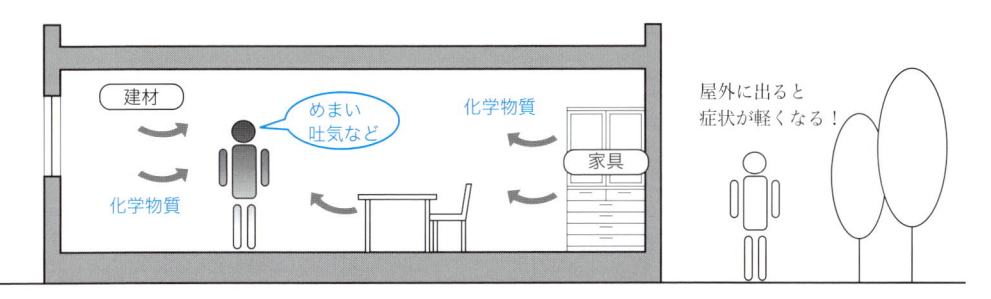

→

シックハウス症候群

屋外に出ると症状が軽くなる！

2-1　シックハウス症候群を発症させる化学物質

シックハウス症候群を発症させる主な化学物質：揮発性有機化合物（VOC）

（常温常圧で空気中に簡単に揮発する物質）

※室内の温度が上がるほど、多く発散される。

揮発性有機化合物の種類

- ホルムアルデヒド
- トルエン
- キシレン
- エチルベンゼン
- スチレン
- パラジクロロベンゼン
- クロルピリホス　など

平成12年に国土交通省が行った全国の住宅における化学物質の調査より、全体の3割程度の住宅で、ホルムアルデヒドの濃度が厚生労働省の指針値を超えていることが認められた。

↓

厚生労働省による、ホルムアルデヒドの許容濃度の指針値

$0.1\ mg/m^3$（25℃の時の体積濃度 0.08 ppm）

※建築基準法では、人が一定時間過ごす居室に対して、『ホルムアルデヒド』と『クロルピリホス』の規制を設けている（次ページ参照）。

2-2　シックハウス症候群の予防

シックハウス症候群の予防には、下記の対策が重要となる。

有害な化学物質を含む建材・塗料・接着剤・家具などの使用をできるだけ減らす。
＋
建設途中や、使用開始前にできるだけ換気をする。

※使用後に症状が出た場合は、換気を十分に行い、それでもおさまらない場合は、原因となる建材の除去などの対策が必要となる。

3章 空気環境　1 室内の空気を汚染する物質

2-3 建築基準法による規制

人が一定時間滞在する居室に対して、規制が設けられている。
さらに、居室と空気が行き来する廊下なども対象となっている。

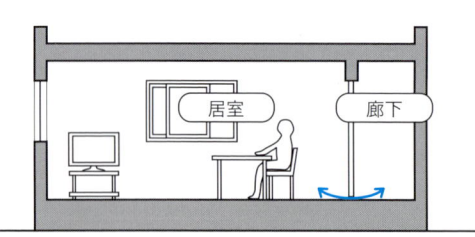

【法28条の2第3号】
平成15年7月から施行

平成15年6月までは、シックハウスに対する対策が義務付けられていない！

化学物質の使用制限

シックハウス症候群の原因となる化学物質

- クロルピリホス（白あり駆除剤） ⇒ 使用禁止
- ホルムアルデヒド（接着剤・塗料に含まれる）⇒ 使用を制限

ホルムアルデヒドを発散する建築材料の使用制限

建築材料の区分	ホルムアルデヒドの発散速度	JIS、JASなどの表示記号	内装仕上げの制限
建築基準法の規制対象外	$5\ \mu g/(m^2 \cdot h)$ 以下	F☆☆☆☆	制限なしに使える
第3種ホルムアルデヒド発散建築材料	$5\ \mu g/(m^2 \cdot h)$ 超〜$20\ \mu g/(m^2 \cdot h)$ 以下	F☆☆☆	使用面積が制限される
第2種ホルムアルデヒド発散建築材料	$20\ \mu g/(m^2 \cdot h)$ 超〜$120\ \mu g/(m^2 \cdot h)$ 以下	F☆☆	
第1種ホルムアルデヒド発散建築材料	$120\ \mu g/(m^2 \cdot h)$ 超	旧 E_2、F_{c2} または表示なし	使用禁止

少ない ⇅ 多い

換気回数の義務付け

ホルムアルデヒドを発散する建材を使用しない場合でも、家具などからの発散があるため、原則として全ての建築物に機械換気設備（24時間換気システムなど）の設置が義務付けられている。

居室の種類	換気回数
住宅などの居室	0.5回/h以上
上記以外の居室	0.3回/h以上

$$n = V/Ah$$

n：1時間当たりの換気回数
V：機械換気設備の有効換気量
A：居室の床面積
h：居室の天井高

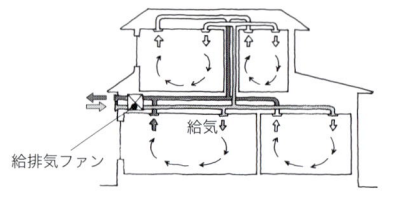

24時間換気システムの例
給排気ファン

3章 空気環境　1 室内の空気を汚染する物質

3　空気の性質

3-1　空気の性質

空気
- 無色透明
- 空気の成分　酸素：およそ 20％
　　　　　　　窒素：およそ 80％　※ただし、水蒸気を除く

空気密度

空気密度：1.293 kg / m³　　※1 m³ 当たりの空気の質量を表す（標準状態：0℃、1気圧）。

↓

一定の体積中に、水蒸気を多く含めば含むほど、空気の密度が小さくなる。

↓

湿度が高いほど、空気密度は小さくなる！
　　　　　　　　↑
　　　　　　空気が軽くなる。

空気の圧力

気圧が低くなるほど、空気密度は小さくなる！

※ただし建築物に対しては、一般に一定の気圧として計算される。

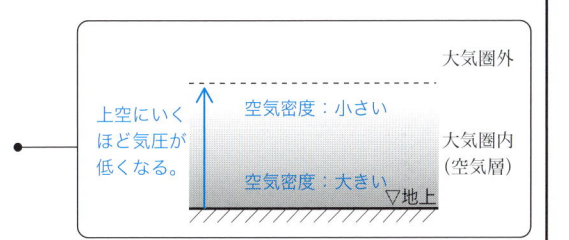

上空にいくほど気圧が低くなる。
- 空気密度：小さい（大気圏外）
- 空気密度：大きい（大気圏内（空気層））
▽地上

3-2　その他の気体の性質と比重

	密度〔kg/m³〕	比重	気体の特徴（常温常圧）
酸素	1.429	1.105	無色・無味・無臭の気体
水素	0.0899	0.0695	無色・無臭の気体
窒素	1.250	0.967	無色・無味・無臭の気体
一酸化炭素	1.250	0.967	無色・無味・無臭の気体で猛毒
二酸化炭素	1.977	1.529	無色・無臭・不燃性の気体。一酸化炭素と違って量が少なければ有毒ではない。
二酸化窒素	—	—	赤褐色・刺激臭。大気汚染の一因。0℃では液体、21.15℃で気体となる。
二酸化硫黄	2.2926	2.264	無色・刺激臭。大気汚染の一因

比重：空気の密度に対する比率
　1.0 未満：空気よりも軽い気体
　1.0 超　：空気よりも重い気体

『窒素』と『窒素酸化物』の違いについてみてみましょう！

窒素

空気中に約 78％含まれる。アミノ酸をはじめ、多くの生体物質中に含まれており、すべての生物にとって必要。

窒素酸化物　窒素と酸素の化合物（NO_x）

※代表的なもの：一酸化窒素（NO）、二酸化窒素（NO_2）

窒素酸化物は、高温燃焼の過程で、まず NO が生成され、これが大気中に放出された後、酸素と結びついて NO_2 となる。

◎二酸化窒素（NO_2）による人体への影響

　　二酸化窒素（NO_2）は、ぜんそくなどの呼吸器疾患の原因とされている。

3-3 空気の流れの基礎式

時間が経っても空気の流れる量が変化しない定常流の流れの場合

↓

入口と出口の開口部の大きさが異なる場合でも、同じ量の空気が流れる。

↓

空気の流れだけを図にすると、流管（想像上の管）を空気が流れると設定することができる。

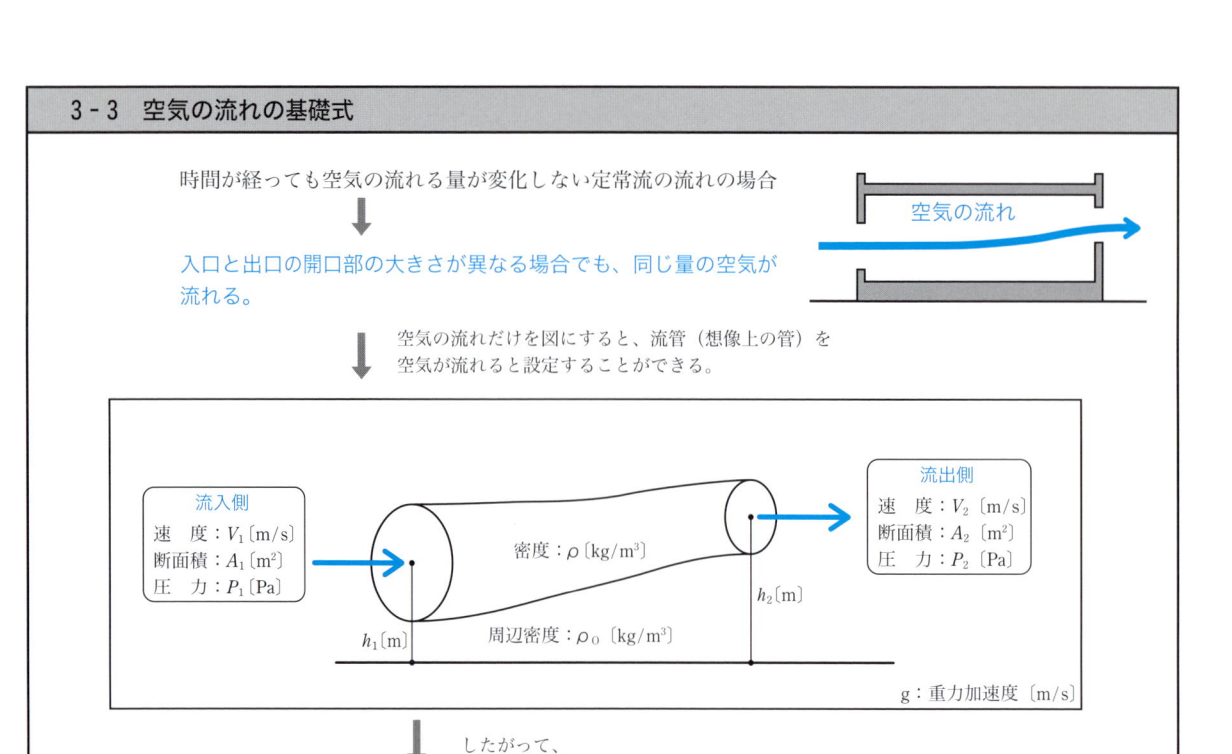

流入側
速　度：V_1〔m/s〕
断面積：A_1〔m²〕
圧　力：P_1〔Pa〕

密度：ρ〔kg/m³〕
周辺密度：ρ_0〔kg/m³〕
h_1〔m〕　h_2〔m〕

流出側
速　度：V_2〔m/s〕
断面積：A_2〔m²〕
圧　力：P_2〔Pa〕

g：重力加速度〔m/s〕

↓ したがって、

定常状態では、流管の両断面からの流入と流出の単位時間当たりの質量が等しい（**質量保存則**）。

$$\rho \cdot V_1 \cdot A_1 = \rho \cdot V_2 \cdot A_2$$

⇐ 『連続の式』という。

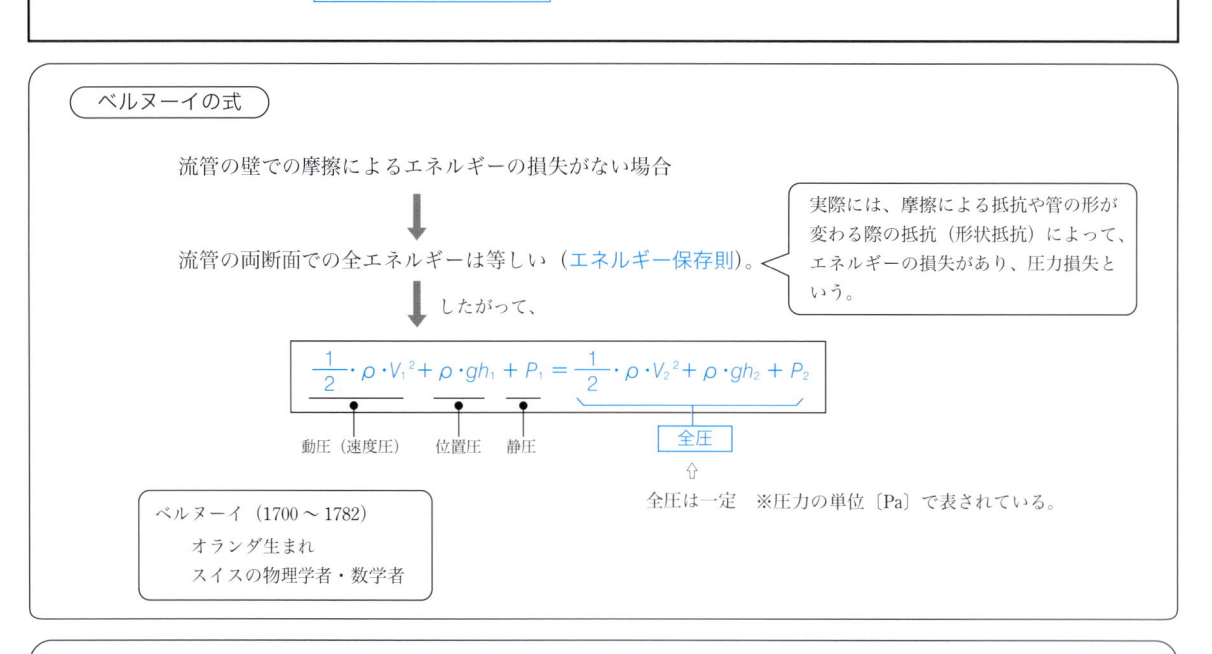

ベルヌーイの式

流管の壁での摩擦によるエネルギーの損失がない場合

↓

流管の両断面での全エネルギーは等しい（**エネルギー保存則**）。

> 実際には、摩擦による抵抗や管の形が変わる際の抵抗（形状抵抗）によって、エネルギーの損失があり、圧力損失という。

↓ したがって、

$$\frac{1}{2} \cdot \rho \cdot V_1^2 + \rho \cdot gh_1 + P_1 = \frac{1}{2} \cdot \rho \cdot V_2^2 + \rho \cdot gh_2 + P_2$$

動圧（速度圧）　位置圧　静圧　**全圧**

全圧は一定　※圧力の単位〔Pa〕で表されている。

ベルヌーイ（1700～1782）
　オランダ生まれ
　スイスの物理学者・数学者

層流と乱流

層流と乱流のイメージ

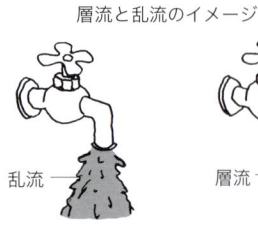

層流：層をなして整然と流れる流体（空気や水など）
乱流：大小さまざまな渦が入り混じって不規則に流れる流体（空気や水など）
　↑
　私たちが目にする流体のほとんどが乱流

乱流　　層流

2 自然換気

自然換気は、主に、『屋外の風圧力』と『屋内外の温度差』によって起こる。
実際には、同時に起こることも多い。

1 風圧力による換気

風力換気：風上から空気が流入し、風下から空気が流出する空気の流れ

風上側：建築物の外部から内部に圧力がかかる。
　　　※正圧となる。

風下側：建築物の内部から外部に圧力がかかる。
　　　※負圧となる。

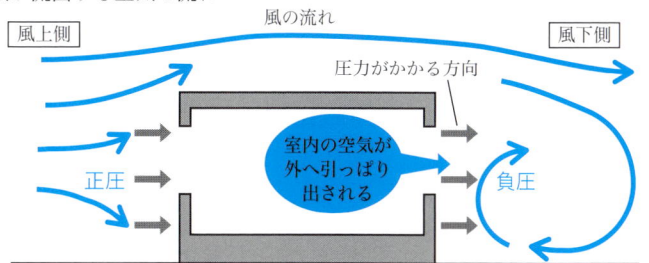

【風圧力の求め方】

風圧力 ＝ 風圧係数 × $\dfrac{1}{2}$ × 空気密度 × 風速の2乗

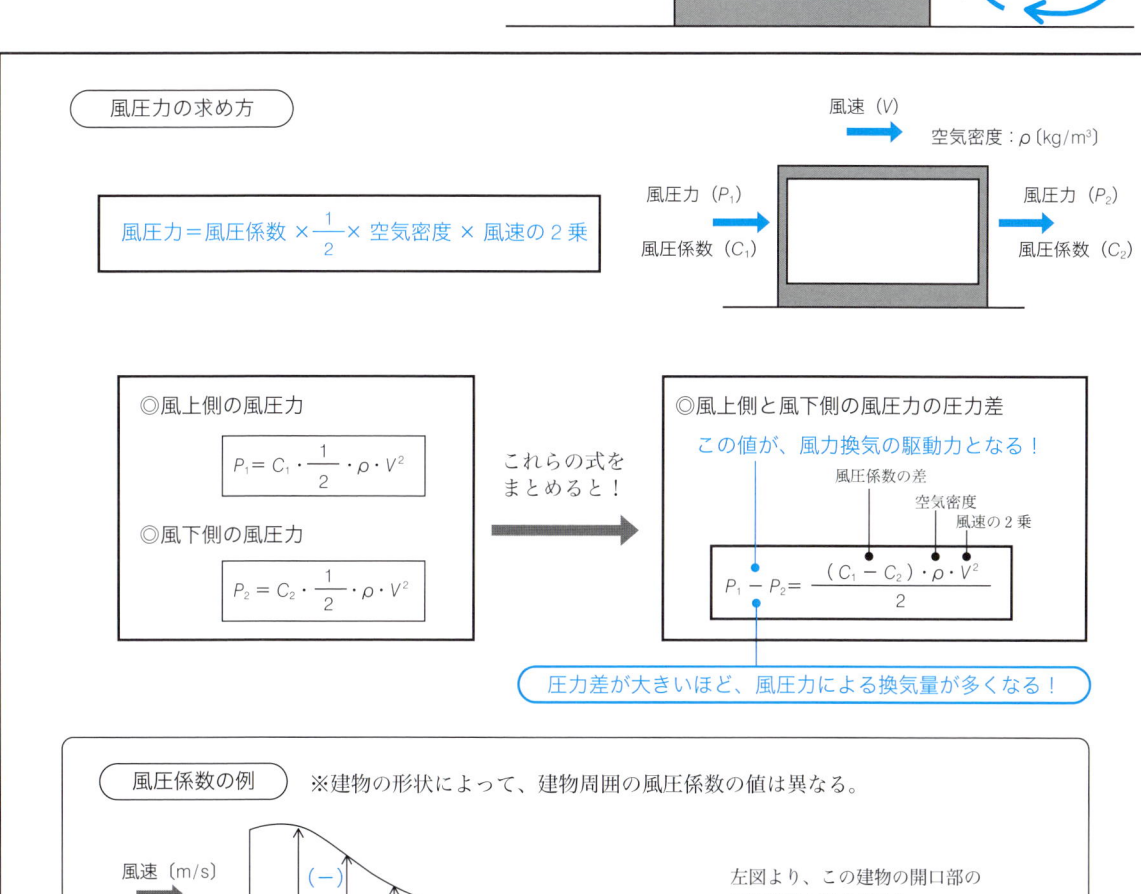

◎風上側の風圧力

$$P_1 = C_1 \cdot \dfrac{1}{2} \cdot \rho \cdot V^2$$

◎風下側の風圧力

$$P_2 = C_2 \cdot \dfrac{1}{2} \cdot \rho \cdot V^2$$

これらの式をまとめると！

◎風上側と風下側の風圧力の圧力差

この値が、風力換気の駆動力となる！

$$P_1 - P_2 = \dfrac{(C_1 - C_2) \cdot \rho \cdot V^2}{2}$$

（風圧係数の差・空気密度・風速の2乗）

圧力差が大きいほど、風圧力による換気量が多くなる！

【風圧係数の例】　※建物の形状によって、建物周囲の風圧係数の値は異なる。

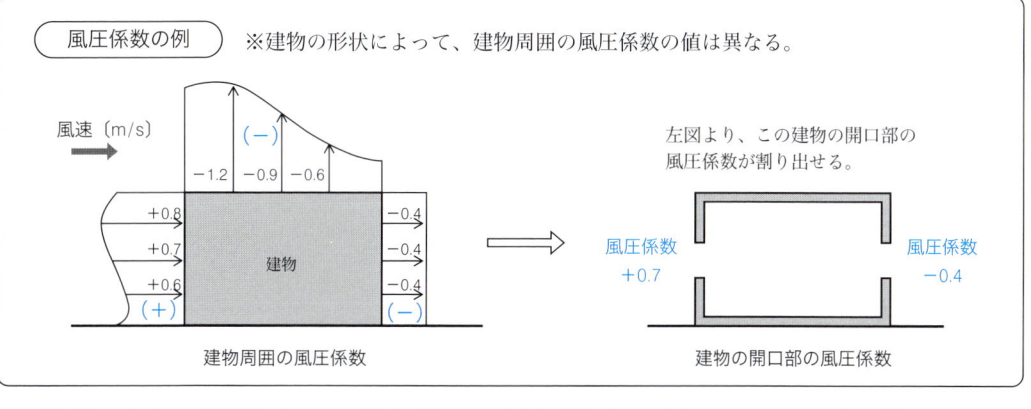

建物周囲の風圧係数：
- 風上側：+0.8、+0.7、+0.6（＋）
- 屋根上：-1.2、-0.9、-0.6（－）
- 風下側：-0.4、-0.4、-0.4（－）

左図より、この建物の開口部の風圧係数が割り出せる。

建物の開口部の風圧係数
- 風圧係数 +0.7
- 風圧係数 -0.4

2 温度差による換気

空気は、温度によって密度が異なる。

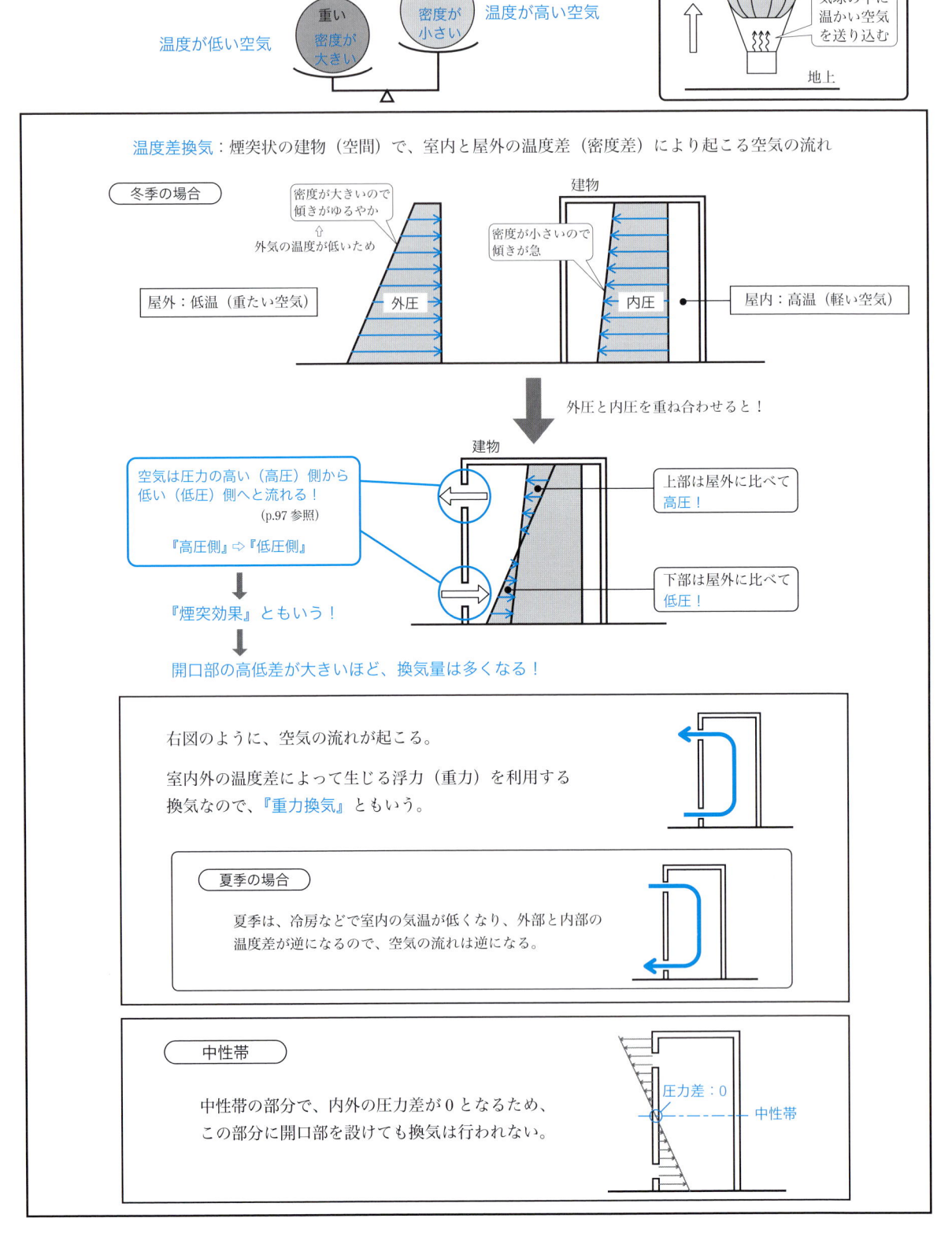

温度が低い空気：重い、密度が大きい
温度が高い空気：軽い、密度が小さい

気球：気球の中に温かい空気を送り込む → 上昇！

温度差換気：煙突状の建物（空間）で、室内と屋外の温度差（密度差）により起こる空気の流れ

冬季の場合

- 屋外：低温（重たい空気） — 密度が大きいので傾きがゆるやか（外気の温度が低いため）— 外圧
- 屋内：高温（軽い空気） — 密度が小さいので傾きが急 — 内圧

外圧と内圧を重ね合わせると！

- 上部は屋外に比べて高圧！
- 下部は屋外に比べて低圧！

空気は圧力の高い（高圧）側から低い（低圧）側へと流れる！（p.97 参照）

『高圧側』⇒『低圧側』

↓

『煙突効果』ともいう！

↓

開口部の高低差が大きいほど、換気量は多くなる！

右図のように、空気の流れが起こる。

室内外の温度差によって生じる浮力（重力）を利用する換気なので、『重力換気』ともいう。

夏季の場合

夏季は、冷房などで室内の気温が低くなり、外部と内部の温度差が逆になるので、空気の流れは逆になる。

中性帯

中性帯の部分で、内外の圧力差が0となるため、この部分に開口部を設けても換気は行われない。

圧力差：0 — 中性帯

① 開口部に作用する内外の圧力差

開口部の内側と外側の圧力差は、下記の計算式から求められる。
また、上下の開口部の値の差が、温度差換気の駆動力となる。

- 『P_b』 この開口部に作用する圧力差
- 『ρ_i』 内部の空気密度
- 『ρ_o』 外気の密度
- 『g』 重力加速度
- 中性帯
- 『P_a』 この開口部に作用する圧力差
- $h = h_1 + h_2$

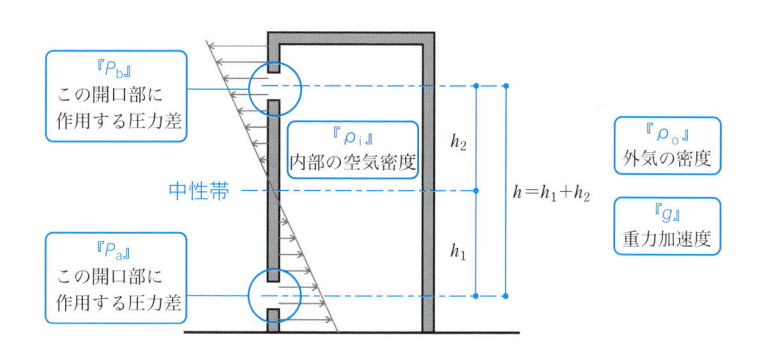

◎下部の開口部の内外差圧
$$P_a = (\rho_o - \rho_i) \cdot g \cdot h_1$$

◎上部の開口部の内外差圧
$$P_b = -(\rho_o - \rho_i) \cdot g \cdot h_2$$

これらの式とまとめると！

◎上下の開口部の内外差圧の差

この値が、温度差換気の駆動力となる！
$$P_a - P_b = (\rho_o - \rho_i) \cdot (h_1 + h_2) \cdot g$$

- 内外の空気の密度の差
- 上下の開口部の間隔（距離）
- 重力加速度

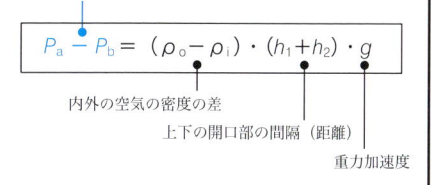

開口部の内外差圧
- 内外の空気の密度の差
- 中性帯までの距離

に比例する！

② 中性帯と開口部の大きさ

開口部の大きさが異なると、中性帯は、大きい開口部の方に近づく。

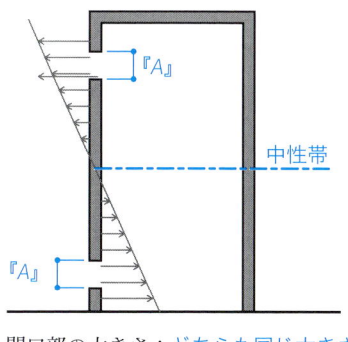

- 『A』
- 中性帯
- 『A』

開口部の大きさ：どちらも同じ大きさ
↓
中性帯の位置は、上下の開口部の中心

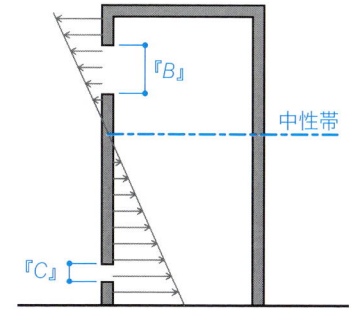

- 『B』
- 中性帯
- 『C』

開口部の大きさ：『B』＞『C』
↓
中性帯の位置は、開口部の大きい『B』の方に近づく。

3章 空気環境　2 自然換気

3 換気風量の計算

3-1 換気風量の計算式

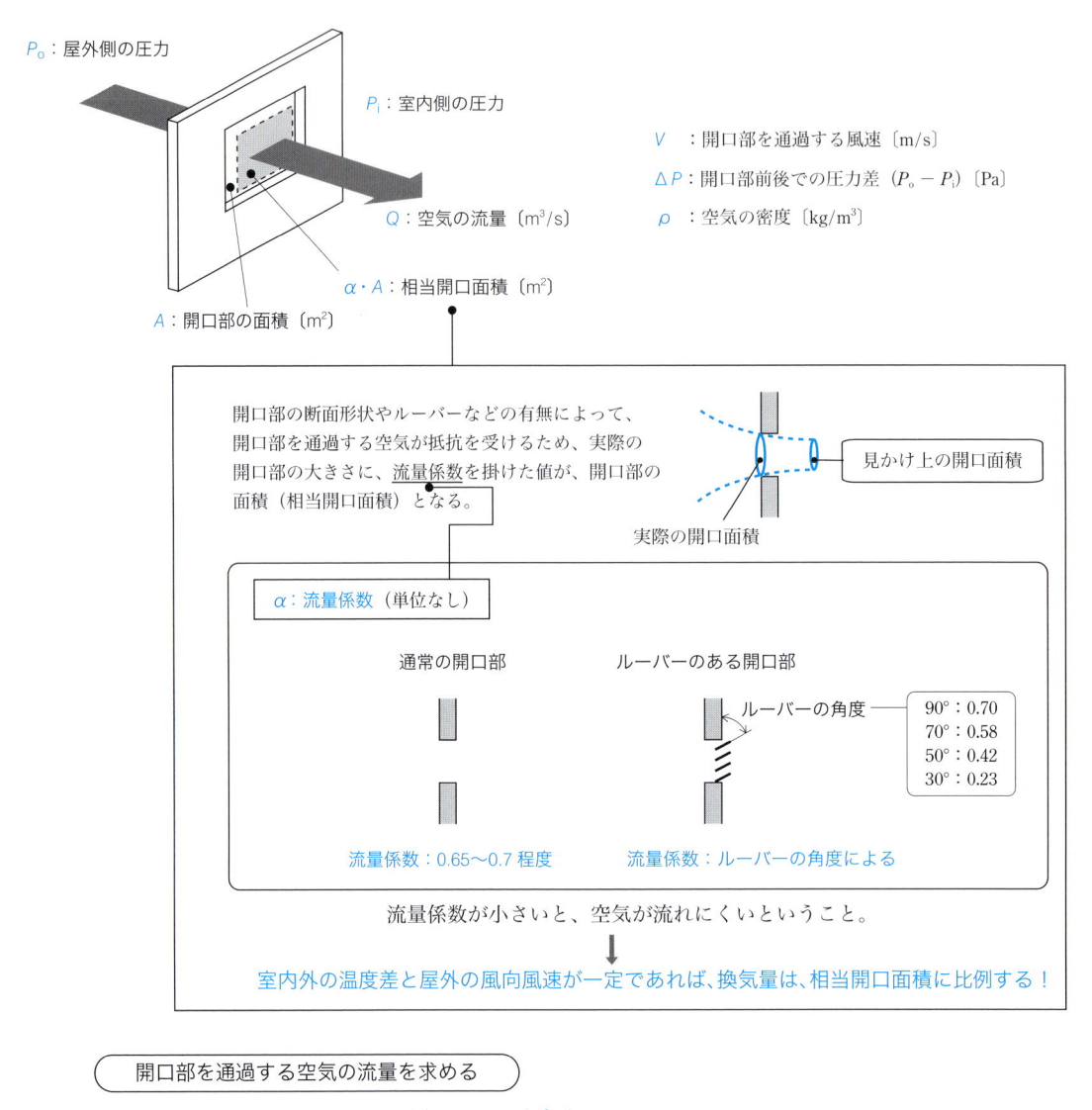

P_o：屋外側の圧力
P_i：室内側の圧力
Q：空気の流量〔m³/s〕
$\alpha \cdot A$：相当開口面積〔m²〕
A：開口部の面積〔m²〕

V：開口部を通過する風速〔m/s〕
ΔP：開口部前後での圧力差 $(P_o - P_i)$〔Pa〕
ρ：空気の密度〔kg/m³〕

開口部の断面形状やルーバーなどの有無によって、開口部を通過する空気が抵抗を受けるため、実際の開口部の大きさに、流量係数を掛けた値が、開口部の面積（相当開口面積）となる。

見かけ上の開口面積
実際の開口面積

α：流量係数（単位なし）

通常の開口部　　　ルーバーのある開口部

ルーバーの角度
90°：0.70
70°：0.58
50°：0.42
30°：0.23

流量係数：0.65〜0.7 程度　　流量係数：ルーバーの角度による

流量係数が小さいと、空気が流れにくいということ。

室内外の温度差と屋外の風向風速が一定であれば、換気量は、相当開口面積に比例する！

開口部を通過する空気の流量を求める

面積 A〔m²〕の開口部を通過する空気の流量 Q〔m³/s〕

$$Q = V \cdot A = \alpha \cdot A \cdot \sqrt{\frac{2 \cdot \Delta P}{\rho}}$$

空気の流量＝風速 × 開口部の面積

または

空気の流量＝流量係数 × 開口部の面積 × $\sqrt{\dfrac{2 \times 開口部前後の圧力差}{空気の密度}}$

① 風力換気の場合

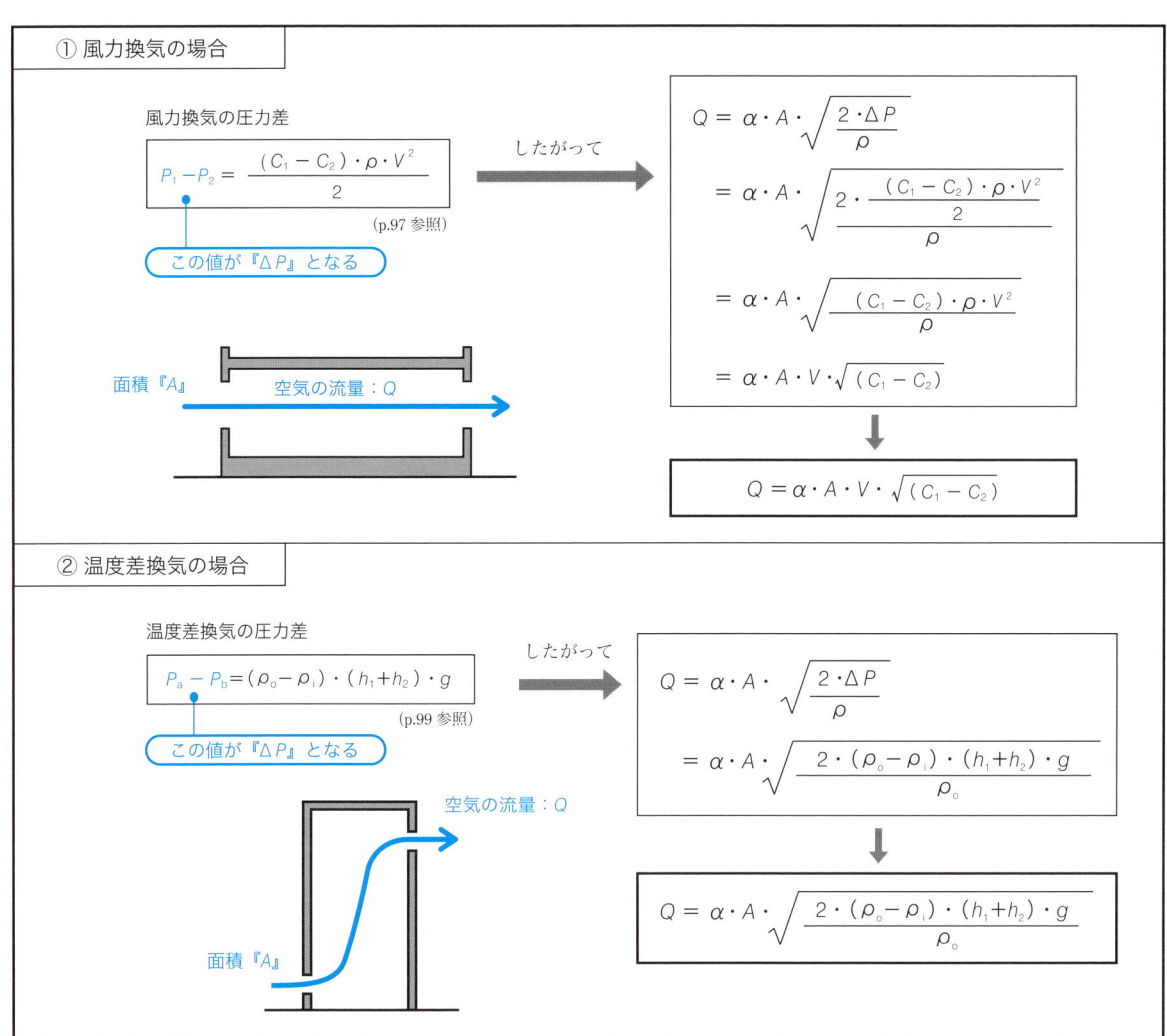

風力換気の圧力差

$$P_1 - P_2 = \frac{(C_1 - C_2) \cdot \rho \cdot V^2}{2}$$
(p.97 参照)

この値が『ΔP』となる

面積『A』　空気の流量：Q

したがって

$$Q = \alpha \cdot A \cdot \sqrt{\frac{2 \cdot \Delta P}{\rho}}$$

$$= \alpha \cdot A \cdot \sqrt{\frac{2 \cdot \frac{(C_1 - C_2) \cdot \rho \cdot V^2}{2}}{\rho}}$$

$$= \alpha \cdot A \cdot \sqrt{\frac{(C_1 - C_2) \cdot \rho \cdot V^2}{\rho}}$$

$$= \alpha \cdot A \cdot V \cdot \sqrt{(C_1 - C_2)}$$

$$Q = \alpha \cdot A \cdot V \cdot \sqrt{(C_1 - C_2)}$$

② 温度差換気の場合

温度差換気の圧力差

$$P_a - P_b = (\rho_o - \rho_i) \cdot (h_1 + h_2) \cdot g$$
(p.99 参照)

この値が『ΔP』となる

空気の流量：Q

面積『A』

したがって

$$Q = \alpha \cdot A \cdot \sqrt{\frac{2 \cdot \Delta P}{\rho}}$$

$$= \alpha \cdot A \cdot \sqrt{\frac{2 \cdot (\rho_o - \rho_i) \cdot (h_1 + h_2) \cdot g}{\rho_o}}$$

$$Q = \alpha \cdot A \cdot \sqrt{\frac{2 \cdot (\rho_o - \rho_i) \cdot (h_1 + h_2) \cdot g}{\rho_o}}$$

3-2　開口部の合成

開口部が複数ある場合は、それらを合成する必要がある。

同じ壁面に複数の開口部がある場合

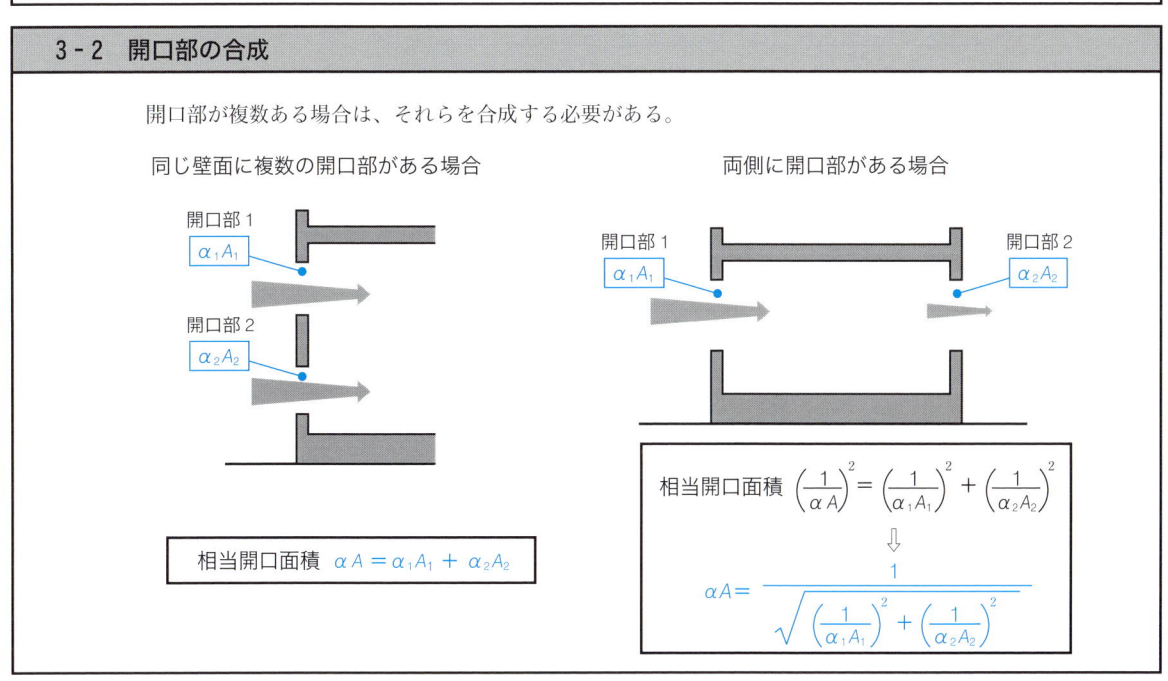

開口部1　$\alpha_1 A_1$
開口部2　$\alpha_2 A_2$

相当開口面積　$\alpha A = \alpha_1 A_1 + \alpha_2 A_2$

両側に開口部がある場合

開口部1　$\alpha_1 A_1$
開口部2　$\alpha_2 A_2$

相当開口面積　$\left(\dfrac{1}{\alpha A}\right)^2 = \left(\dfrac{1}{\alpha_1 A_1}\right)^2 + \left(\dfrac{1}{\alpha_2 A_2}\right)^2$

$$\alpha A = \dfrac{1}{\sqrt{\left(\dfrac{1}{\alpha_1 A_1}\right)^2 + \left(\dfrac{1}{\alpha_2 A_2}\right)^2}}$$

3章 空気環境　2 自然換気

3 機械換気

機械換気は、送風機を用いて機械的に行われる。強制換気とも言う。⇔ 自然換気（p.97〜101参照）

1 機械換気方式の種類

① 第1種換気方式

給気機 + 排気機

・安定した換気が行われる。

・給排気の流量バランスを変えることで、室内圧を『正圧』、『負圧』のどちらにも設定できる。

・利用範囲が広い。

② 第2種換気方式

給気機のみ

※排気は、排気口から自然換気で行われる。

・室内が『正圧』となる。

・他室からの汚染空気の流入を嫌う室や、燃焼空気を必要とする室に適する。

例えば、
- クリーンルーム
  空気中の浮遊物質が決まられたレベル以下に管理され、必要に応じて温度・湿度・圧力などの環境条件も管理されている部屋
  ※半導体製造工場などで用いられる。
- 手術室　など

③ 第3種換気方式

排気機のみ

※給気は、給気口から自然換気で行われる。

・室内が『負圧』となる。

・室内で発生した汚染物質が、他室に漏れてはならない室に適する。

例えば、
- 便所、浴室、台所
- 有毒ガスを発生する工場
- 原子炉建屋
- SARS（重症急性呼吸器症候群）対策　など

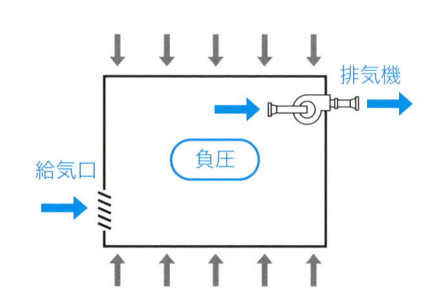

第4種換気方式

自然換気方式だが、排気のための補助機構（ベンチレーターや煙突など）が設けられたもので、第4種換気方式とも呼ばれる。換気量は外部風などに影響されるため不安定。

ベンチレーター：屋上や屋根に設けられた排気筒

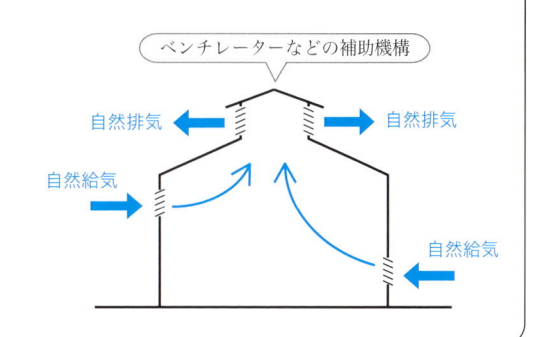

機械換気計画の例

◎第1種ダクトレス方式

【利　点】
・ダクト配管が不要
・各居室で確実な換気が可能

【注意点】
・各室毎にファンを取りつけるため意匠上好ましくない
・屋外騒音の侵入の可能性あり
・給気によるコールドドラフトへの配慮が必要

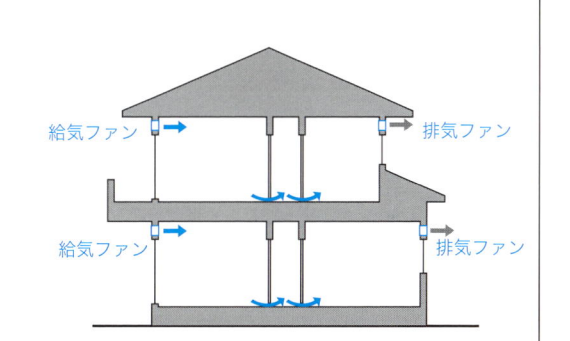

◎第3種セントラルダクト方式

【利　点】
・居室における運転騒音が小さい
・インテリアデザインが良い
・扉のアンダーカットを要しないのでプライバシーが確保できる

【注意点】
・ダクト配管が必要
・屋外騒音の侵入の可能性あり
・給気によるコールドドラフトへの配慮が必要
・外界の影響を受けやすいので換気量の確保に注意

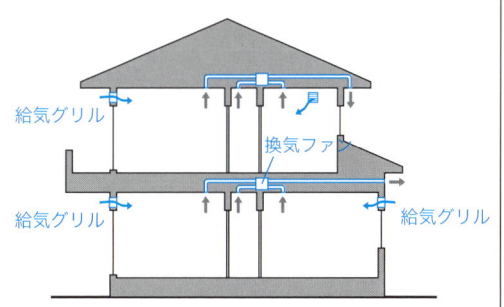

◎第1種セントラルダクト方式（熱交換型）

【利　点】
・居室における運転騒音が小さい
・各居室で確実な換気が可能
・インテリアデザインが良い
・コールドドラフト防止と空調負荷軽減が期待できる

【注意点】
・ダクト配管が必要
・適切な換気量を設定し、機器を選ぶ必要がある

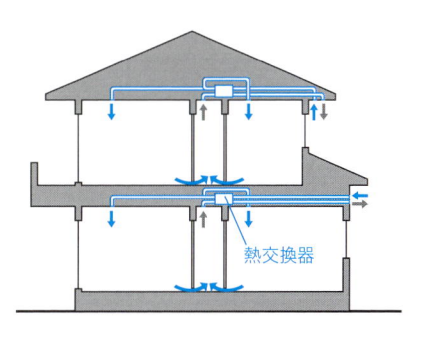

4 換気計画

室の用途や建物の使用目的などを考えて、目的にあった換気計画を行うことが求められる。
気密性が高められた建物においては、特に換気計画が重要となる！

1 全般換気と局所換気

室の用途や設備機器の使用箇所などを考慮して、『全般換気』と『局所換気』を使い分ける。

① 全般換気

室内全体に対する換気を考え、室内の汚染物質の濃度を低くする。

※汚染物質の発生源が、空間全体に一様に分布する場合などに用いられる。

使用例）・住宅の居室
・事務所ビルの執務室
・学校の教室　など

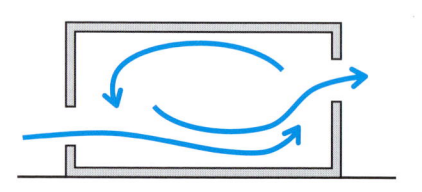

② 局所換気

局所的に発生する有毒ガス、熱、水蒸気、臭気などを排出する。

使用例）・工場
・厨房　など

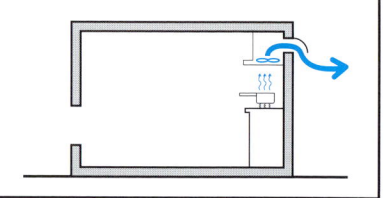

2 換気経路

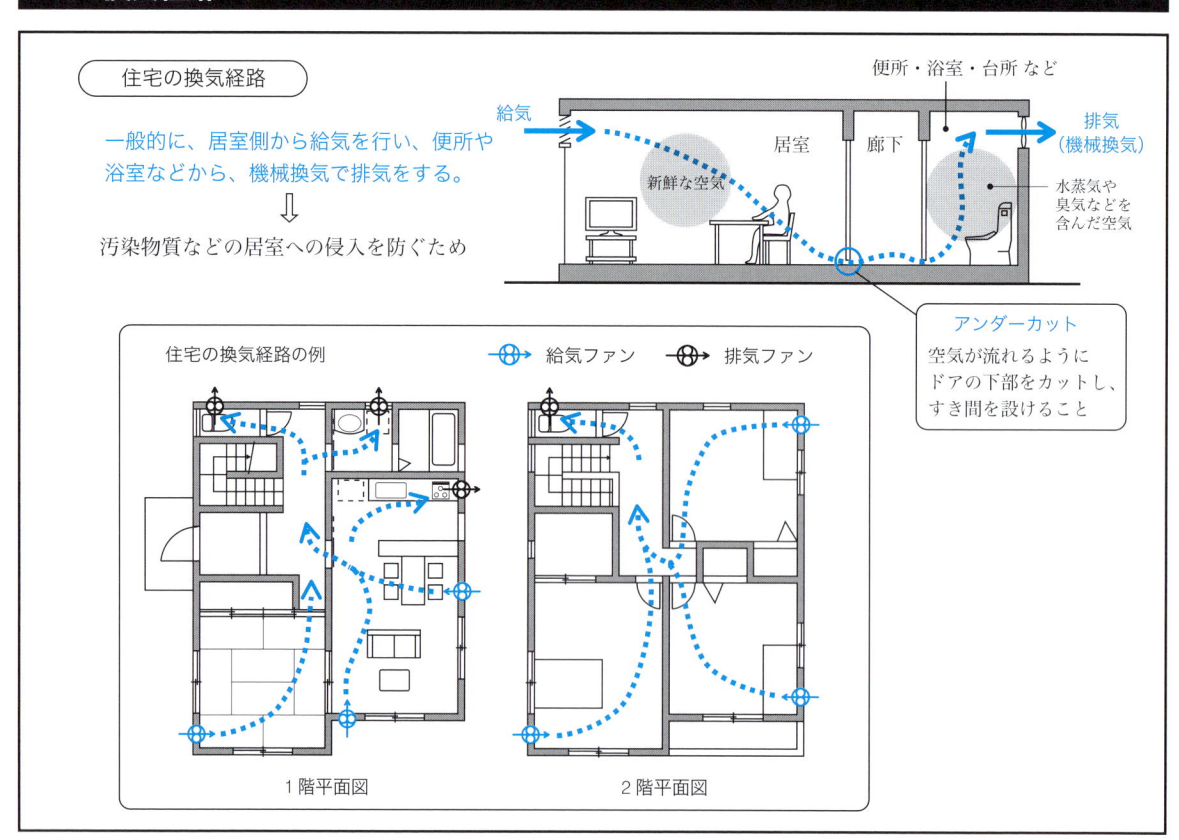

住宅の換気経路

一般的に、居室側から給気を行い、便所や浴室などから、機械換気で排気をする。
⇩
汚染物質などの居室への侵入を防ぐため

給気　便所・浴室・台所 など
居室　廊下　排気（機械換気）
新鮮な空気　水蒸気や臭気などを含んだ空気

アンダーカット
空気が流れるようにドアの下部をカットし、すき間を設けること

住宅の換気経路の例　　給気ファン　排気ファン

1階平面図　　2階平面図

3　その他の換気方式

事務所ビルなどの場合

置換換気方式や床吹き出し空調システムによる上向き換気方式などが、換気効率の高い方式として注目されている。

◎置換換気方式

床レベルから、室温より若干低い温度の新鮮空気を供給すると、人からの発熱などで暖められた空気は上昇するため、その空気を天井などから排気する。
※教室や百貨店、作業所などで用いられる。

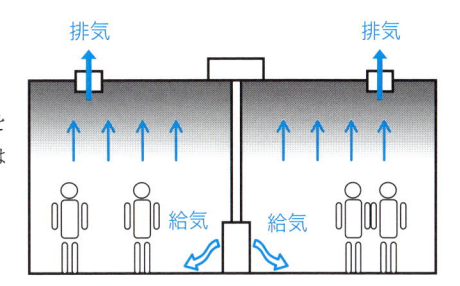

◎床吹き出し空調システム（上向き換気方式）

床面に設けた吹出し口から、居室内に吹き出す空調方式。人やOA機器などからの発熱で暖められた空気は上昇するため、その空気を天井から排気する。
※フリーアクセスフロアの床の高さを利用するため、オフィスビルなどで用いられる。

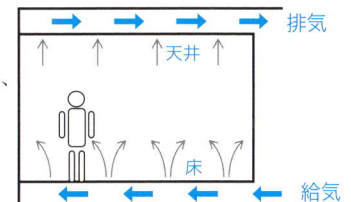

いずれも、暖められた空気とともに粉じんなども上昇するため、空気を清潔に保つことができる。

住宅の場合

セントラルヒーティング方式などのように、排気を室内に出さない暖房器具（密閉型暖房器具、p.92参照）を使用することが前提とされている。

セントラルヒーティング方式

温水や蒸気などをパイプを通して各室へ送り込む暖房の方式。建物の地下室や屋上などの一箇所に、ボイラーなどの熱源装置を設置する。

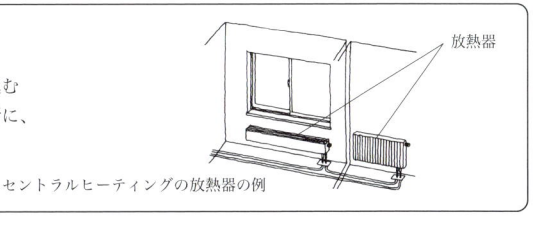

セントラルヒーティングの放熱器の例

4　気密性能

どの程度気密性が高いか、またはどの程度すき間があるかを示す建物性能の一つ（p.51参照）

延べ床面積あたりのすき間の『相当開口面積』（p.100）で表す。これを『相当すき間面積』と言い、C値とも言う。

$$相当すき間面積（C値）= \frac{建物全体のすき間の相当開口面積}{延べ床面積} \quad (cm^2/m^2)$$

室内外の温度差と屋外の風向風速が一定であれば、換気量は、『気密性能（相当すき間面積、C値）』に比例する。

5 通風

主に、夏季の環境調整技術として古来より用いられてきた。

体感温度の低下

風を体に当てることで、体感温度の低下をはかる。

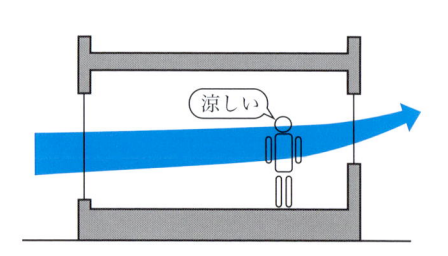

涼しい

熱負荷の軽減

室内には、さまざまな熱負荷が発生する。

・日射による熱負荷
・室内で生じる潜熱・顕熱負荷

室内で発生する熱　　　：顕熱
室内で発生する水蒸気：潜熱

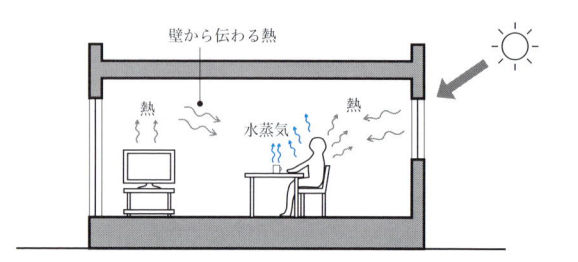

壁から伝わる熱

すみやかに室外へ排出することが求められる！

室内に気流を導くことで、熱負荷を軽減させる。

⇩

夏季に多くの風を導くことができる方向に、給気のための窓を設ける。

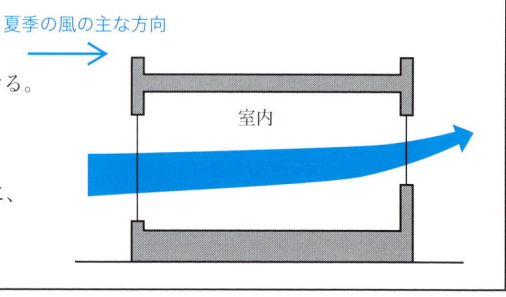

夏季の風の主な方向

室内

ナイトパージ

夜間に窓を開放して、蓄冷を行う。

室内の空気よりも冷たい夜間の外気を取り入れて室内（躯体）を冷やすことで、翌日の冷房負荷を軽減する。

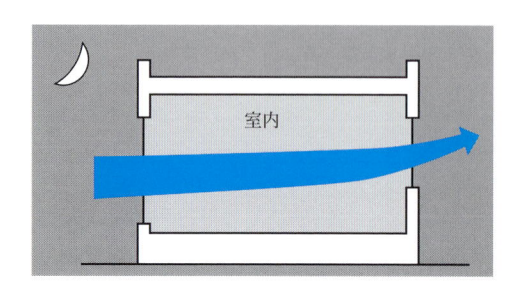

室内

空気環境（室内空気汚染と換気）　　　　　　　　　　　　　　　　　　　　　　〇 or ×

①	人体を発生源とする空気汚染の原因の一つに、体臭がある。 ヒント！p.88『室内汚染物質』	
②	窒素・一酸化炭素・VOC（揮発性有機化合物）・オゾン・塵埃（じんあい）のうち、室内の空気汚染に最も関係の少ないものは、塵埃である。 ヒント！p.88『室内汚染物質』	
③	窒素酸化物・アスベスト繊維・ホルムアルデヒド・アルゴン・オゾンのうち、室内の空気汚染に最も関係の少ないものは、アルゴンである。 ヒント！p.88『室内汚染物質』	
④	換気の主な目的は、室内の空気を清浄に保つことであり、気流速を得ることではない。 ヒント！p.88『換気の目的』	
⑤	換気回数は、室の1時間当たりの換気量を室容積で除した値である。 ヒント！p.89『①換気回数』	
⑥	室容積150 m^3の部屋の換気量が75 m^3/hのとき、この部屋の換気回数は2回/hである。 ヒント！p.89『①換気回数』	
⑦	二酸化炭素濃度は、室内空気汚染の指標の一つである。 ヒント！p.89『②許容濃度の種類』	
⑧	同一の室の換気において、排気口の位置を変えた場合、一般に、室内の汚染質の濃度分布は変化する。 ヒント！p.90『空気齢』	
⑨	汚染質が発生している室における必要換気量は、その室の汚染質の発生量、許容濃度と外気の汚染質の濃度によって決まる。 ヒント！p.91『②必要換気量』	
⑩	居室における必要換気量は、一般に、成人1人当たり5 m^3/h程度とされている。 ヒント！p.91『①呼吸による二酸化炭素の発生量と必要換気量』	
⑪	住宅の居室において、二酸化炭素を基準として必要換気量を計算する場合、一般に、二酸化炭素の許容濃度は0.1％（1,000 ppm）である。 ヒント！p.91『①呼吸による二酸化炭素の発生量と必要換気量』	
⑫	喫煙量が多い部屋の場合には、一般に、1人当たり10～20 m^3/hの換気が必要になる。 ヒント！p.92『③浮遊粉じん量と必要換気量』	
⑬	ガスコンロを使用する台所に設ける換気扇の有効換気量の算定には、理論廃ガス量が関係する。 ヒント！p.92『有効換気量』	
⑭	開放型燃焼器具が正常に燃焼するための必要換気量は、理論廃ガス量を基準として算出する。 ヒント！p.92『有効換気量』	
⑮	台所用の換気扇には、燃焼廃ガスの他に炊事に伴う煙、水蒸気、臭気などを排出するための排気能力が必要である。 ヒント！p.92『有効換気量』	
⑯	内装材からホルムアルデヒドが発生すると、室内空気汚染の原因となる。 ヒント！p.93『シックハウス症候群を発症させる化学物質』	
⑰	建築材料におけるホルムアルデヒド放散量は、「F☆☆☆☆と表示するもの」より「F☆☆と表示するもの」のほうが少ない。 ヒント！p.94『建築基準法による規制』	
⑱	住宅には、クロルピリホスを含有する建築材料を使用してはならない。 ヒント！p.94『化学物質の使用制限』	
⑲	住宅の居室において、機械換気設備を設ける場合、一般に、換気回数が0.5回/h以上となる機械換気設備とする。 ヒント！p.94『換気回数の義務付け』	
⑳	二酸化炭素は、無色、無臭で空気より重い。 ヒント！p.95『その他の気体の性質と比重』	
㉑	自然換気は、主に、室内外の温度差と屋外風圧力によって行われる。 ヒント！p.97『自然換気』	
㉒	開口のある室内においては、外部の風速が変化すると、換気量も変化する。 ヒント！p.97『風圧力による換気』	
㉓	自然換気においては、一般に、床面近くに給気口、天井面近くに排気口を設けると効果的である。 ヒント！p.98『温度差による換気』	

㉔	建築物内外の温度差を動力とする自然換気の換気量は、給気口と排気口の面積に関係するが、その取付け高さの差には関係しない。 ヒント！ p.98『温度差による換気』	
㉕	開口のある室内においては、室内外の温度差が変化すると、換気量も変化する。 ヒント！ p.98『温度差による換気』	
㉖	第二種換気方式は、周囲に対して室内が正圧となるので、室内への汚染空気の流入を防ぐのに適している。 ヒント！ p.102『機械換気方式の種類』	
㉗	第三種換気方式は、機械排気と自然給気によって行われる方式である。 ヒント！ p.102『機械換気方式の種類』	
㉘	便所や湯沸室では、室内圧を周囲より低く保つように排気機を用いた換気とする。 ヒント！ p.102『機械換気方式の種類』	
㉙	断熱性と気密性を高めた建築物においては、計画換気が重要である。 ヒント！ p.104『換気計画』	
㉚	室における全般換気とは、室全体に対して換気を行い、その室における汚染質の濃度を薄めることである。 ヒント！ p.104『①全般換気』	
㉛	機械換気においては、換気経路を考慮して、一般に、主要な居室に給気し、浴室や便所などから排気する。 ヒント！ p.104『換気経路』	
㉜	小屋裏換気は、小屋裏の結露防止や夏季の排熱促進に効果がある。 ヒント！ p.104『換気計画』	
㉝	通風の効果を上げるためには、夏季の最多風向に合わせた方位に給気のための窓を設ける。 ヒント！ p.106『通風』	

4章　音環境

1 音の性質

1 音のしくみ

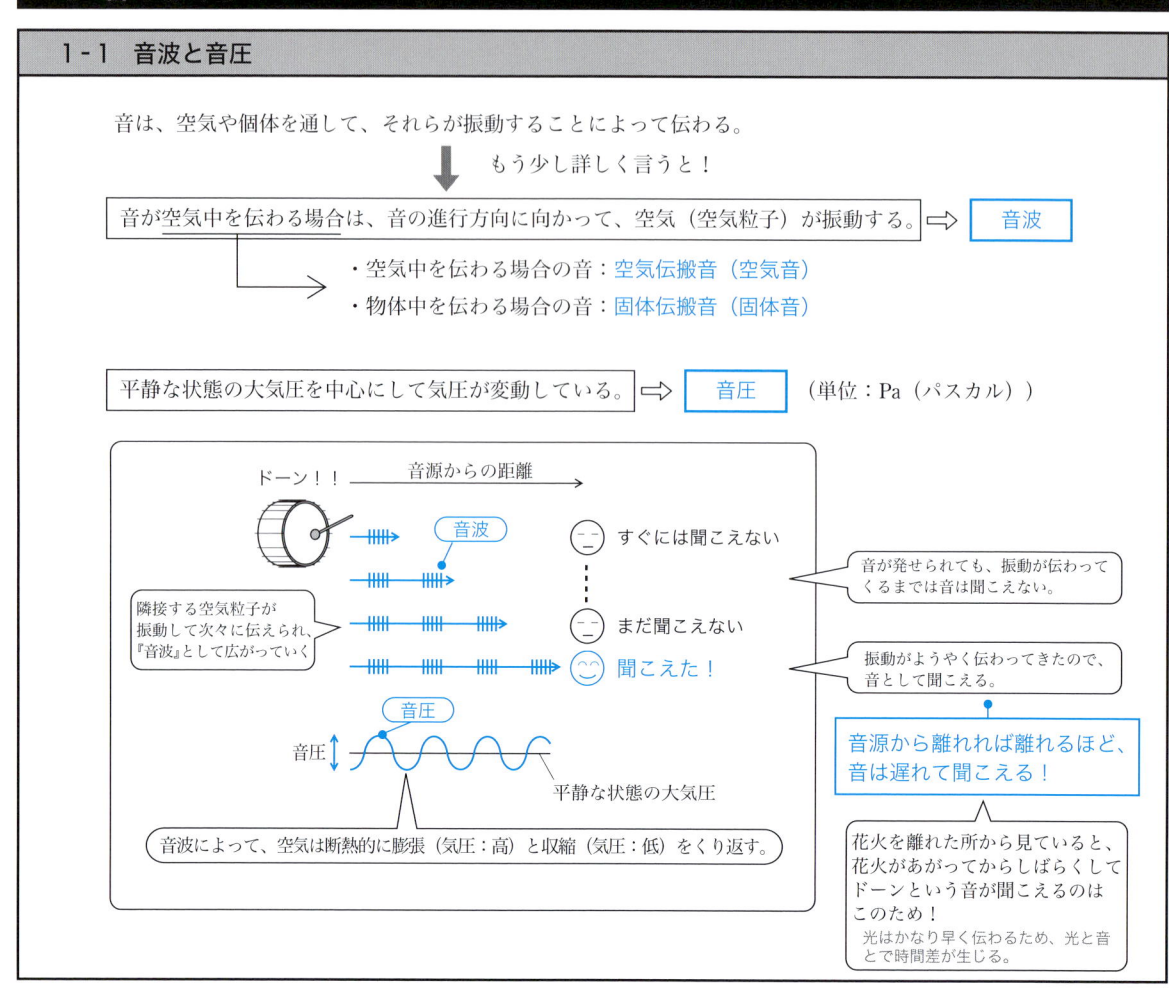

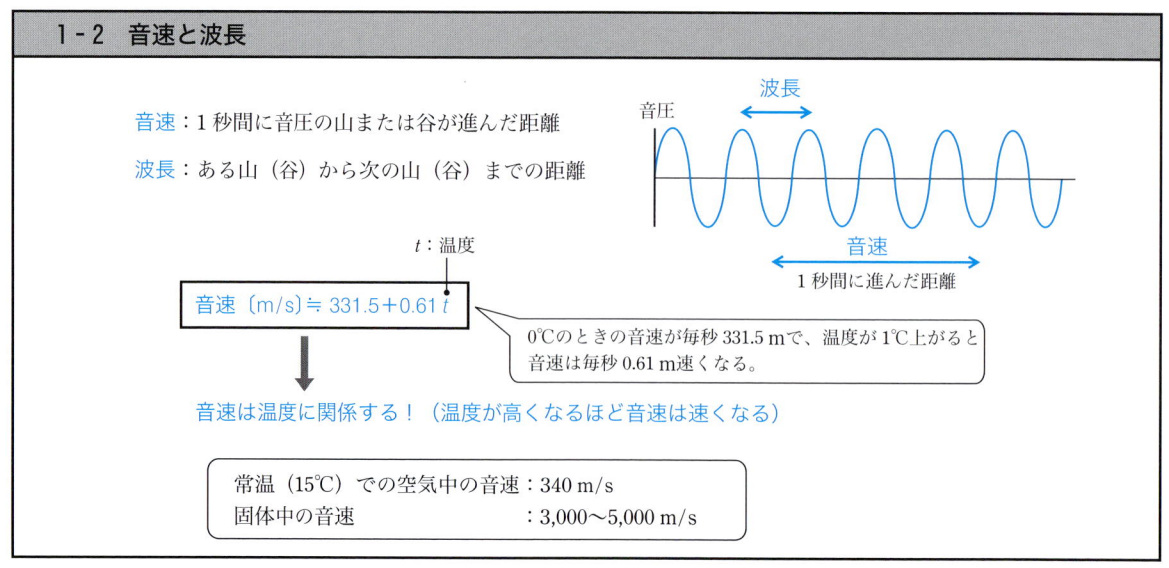

1-1 音波と音圧

音は、空気や個体を通して、それらが振動することによって伝わる。

↓ もう少し詳しく言うと！

音が空気中を伝わる場合は、音の進行方向に向かって、空気（空気粒子）が振動する。 ⇨ **音波**

- 空気中を伝わる場合の音：**空気伝搬音（空気音）**
- 物体中を伝わる場合の音：**固体伝搬音（固体音）**

平静な状態の大気圧を中心にして気圧が変動している。 ⇨ **音圧** （単位：Pa（パスカル））

ドーン！！　音源からの距離 →

音波

すぐには聞こえない … 音が発せられても、振動が伝わってくるまでは音は聞こえない。

隣接する空気粒子が振動して次々に伝えられ、『音波』として広がっていく

まだ聞こえない

聞こえた！ … 振動がようやく伝わってきたので、音として聞こえる。

音圧

平静な状態の大気圧

音波によって、空気は断熱的に膨張（気圧：高）と収縮（気圧：低）をくり返す。

音源から離れれば離れるほど、音は遅れて聞こえる！

花火を離れた所から見ていると、花火があがってからしばらくしてドーンという音が聞こえるのはこのため！
光はかなり早く伝わるため、光と音とで時間差が生じる。

1-2 音速と波長

音速：1秒間に音圧の山または谷が進んだ距離

波長：ある山（谷）から次の山（谷）までの距離

波長：ある山（谷）から次の山（谷）までの距離

t：温度

音速〔m/s〕≒ 331.5 + 0.61 t

0℃のときの音速が毎秒 331.5 m で、温度が 1℃上がると音速は毎秒 0.61 m 速くなる。

波長／音速（1秒間に進んだ距離）

↓

音速は温度に関係する！（温度が高くなるほど音速は速くなる）

常温（15℃）での空気中の音速：340 m/s
固体中の音速　　　　　　　：3,000〜5,000 m/s

1-3 周波数

周波数：1秒間に山と谷を繰り返した回数

| 周波数：Hz（ヘルツ）（＝回/s） |

| 20歳前後の、正常な聴力を持つ人が、聞くことのできる音の周波数
20〜20,000 Hz |

※周波数が大きいほど高い音になる（p.115参照）。

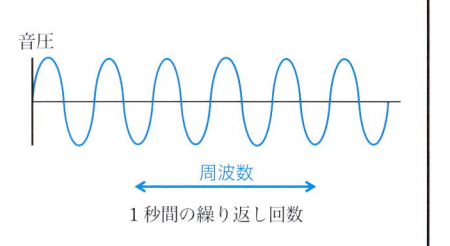

2 音の単位

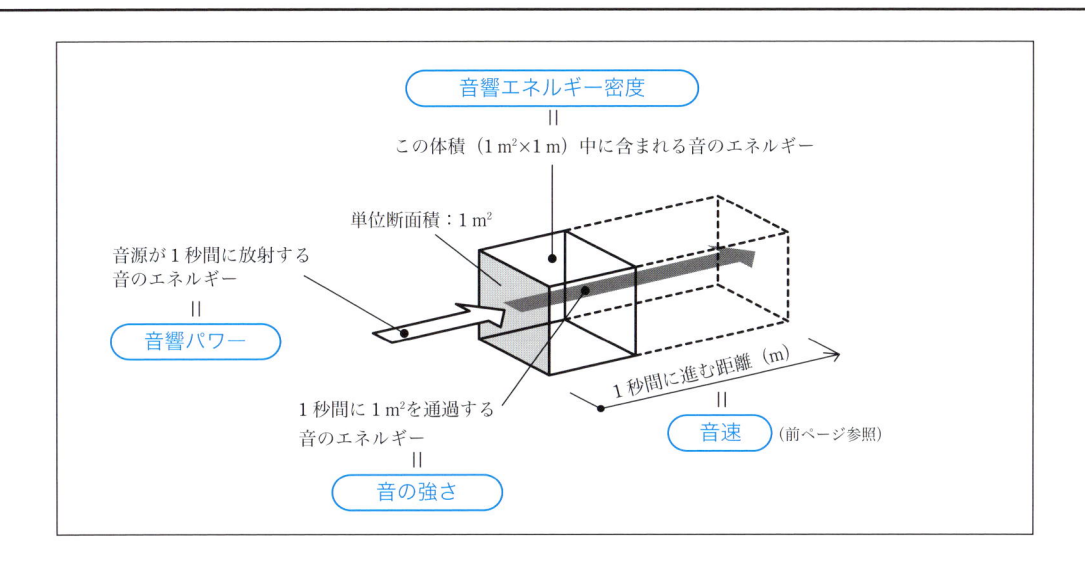

音響パワー（音響出力）：音源が1秒間に放射する音のエネルギー

| 単位：W（ワット） ⇨ J/s |

音の強さ：音の進行方向に対して垂直な単位断面積（1 m²）を1秒間に通過する音のエネルギー

| 単位：W/m² |

$$音の強さ = \frac{音圧^2}{空気の密度 \times 音速}$$

➡ 音の強さは、音圧の2乗に比例する！

音響エネルギー密度：単位体積当たりに含まれる音のエネルギー

| 単位：W・s/m³ ⇨ J/m³ |

$$音響エネルギー密度 = \frac{音の強さ}{音速}$$

3　音のレベル表示

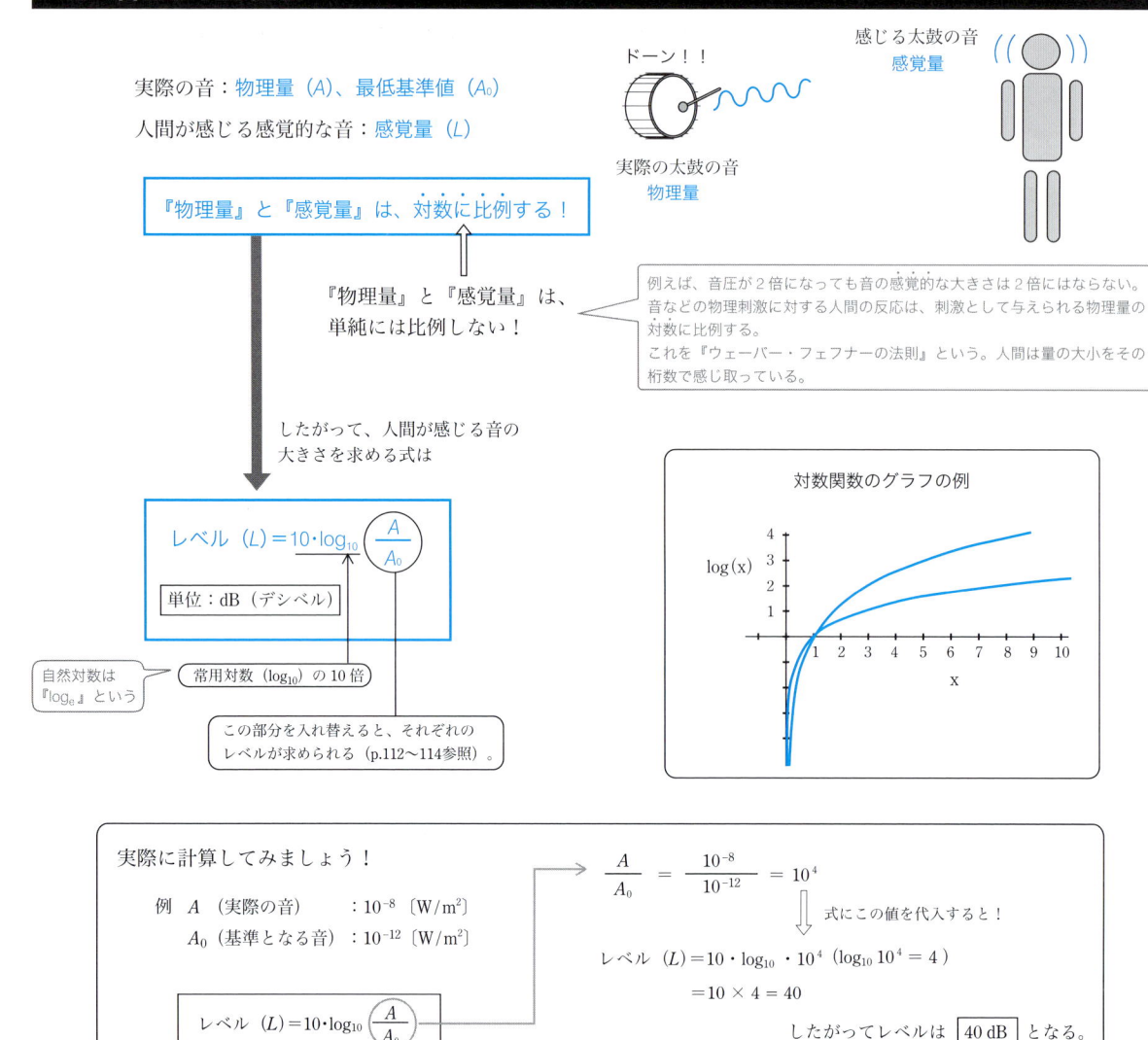

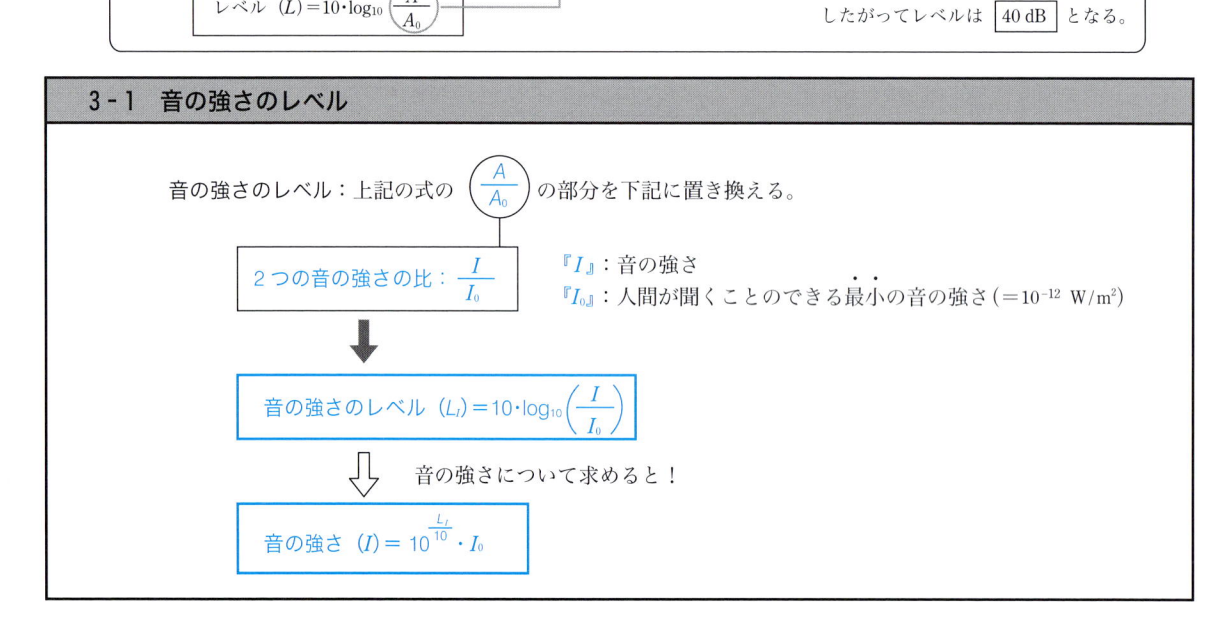

実際の音：物理量（A）、最低基準値（A_0）
人間が感じる感覚的な音：感覚量（L）

ドーン！！
実際の太鼓の音
物理量

感じる太鼓の音
感覚量

『物理量』と『感覚量』は、対数に比例する！

『物理量』と『感覚量』は、単純には比例しない！

例えば、音圧が2倍になっても音の感覚的な大きさは2倍にはならない。音などの物理刺激に対する人間の反応は、刺激として与えられる物理量の対数に比例する。
これを『ウェーバー・フェフナーの法則』という。人間は量の大小をその桁数で感じ取っている。

したがって、人間が感じる音の大きさを求める式は

レベル（L）＝ $10 \cdot \log_{10} \dfrac{A}{A_0}$

単位：dB（デシベル）

自然対数は『$\log_e$』という

常用対数（$\log_{10}$）の10倍

この部分を入れ替えると、それぞれのレベルが求められる（p.112〜114参照）。

対数関数のグラフの例

実際に計算してみましょう！

例　A（実際の音）　　：10^{-8}〔W/m²〕
　　A_0（基準となる音）：10^{-12}〔W/m²〕

レベル（L）＝ $10 \cdot \log_{10} \dfrac{A}{A_0}$

$\dfrac{A}{A_0} = \dfrac{10^{-8}}{10^{-12}} = 10^4$

式にこの値を代入すると！

レベル（L）＝ $10 \cdot \log_{10} \cdot 10^4$ （$\log_{10} 10^4 = 4$）
　　　　　＝ $10 \times 4 = 40$

したがってレベルは 40 dB となる。

3-1　音の強さのレベル

音の強さのレベル：上記の式の $\dfrac{A}{A_0}$ の部分を下記に置き換える。

2つの音の強さの比：$\dfrac{I}{I_0}$

『I』：音の強さ
『I_0』：人間が聞くことのできる最小の音の強さ（＝10^{-12} W/m²）

音の強さのレベル（L_I）＝ $10 \cdot \log_{10}\left(\dfrac{I}{I_0}\right)$

音の強さについて求めると！

音の強さ（I）＝ $10^{\frac{L_I}{10}} \cdot I_0$

3-2 音圧レベル

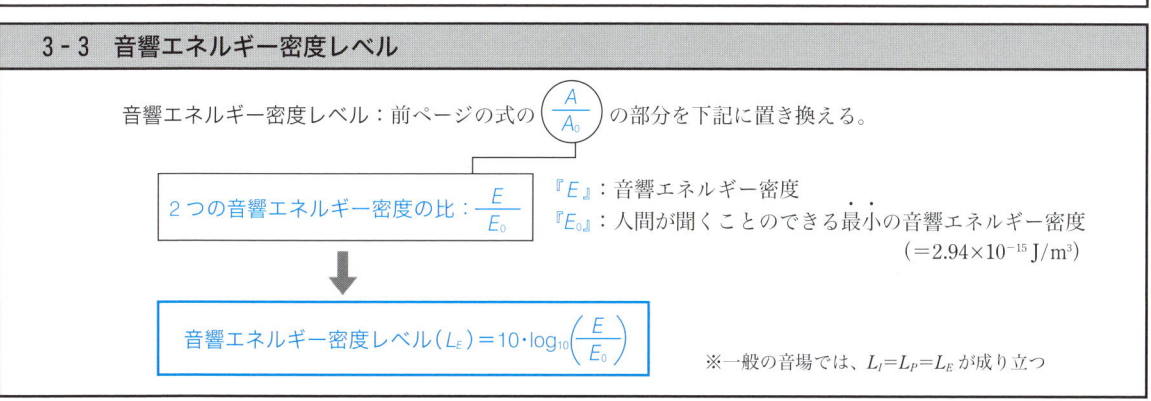

音圧レベル：前ページの式の $\left(\dfrac{A}{A_0}\right)$ の部分を下記に置き換える。

2つの音圧の比： $\dfrac{P^2}{P_0{}^2}$

『P』：音圧
『P_0』：人間が聞くことのできる最小の音圧（$=2\times10^{-5}$ Pa）

音圧レベル $(L_P)=10\cdot\log_{10}\left(\dfrac{P^2}{P_0{}^2}\right)=20\cdot\log_{10}\left(\dfrac{P}{P_0}\right)$

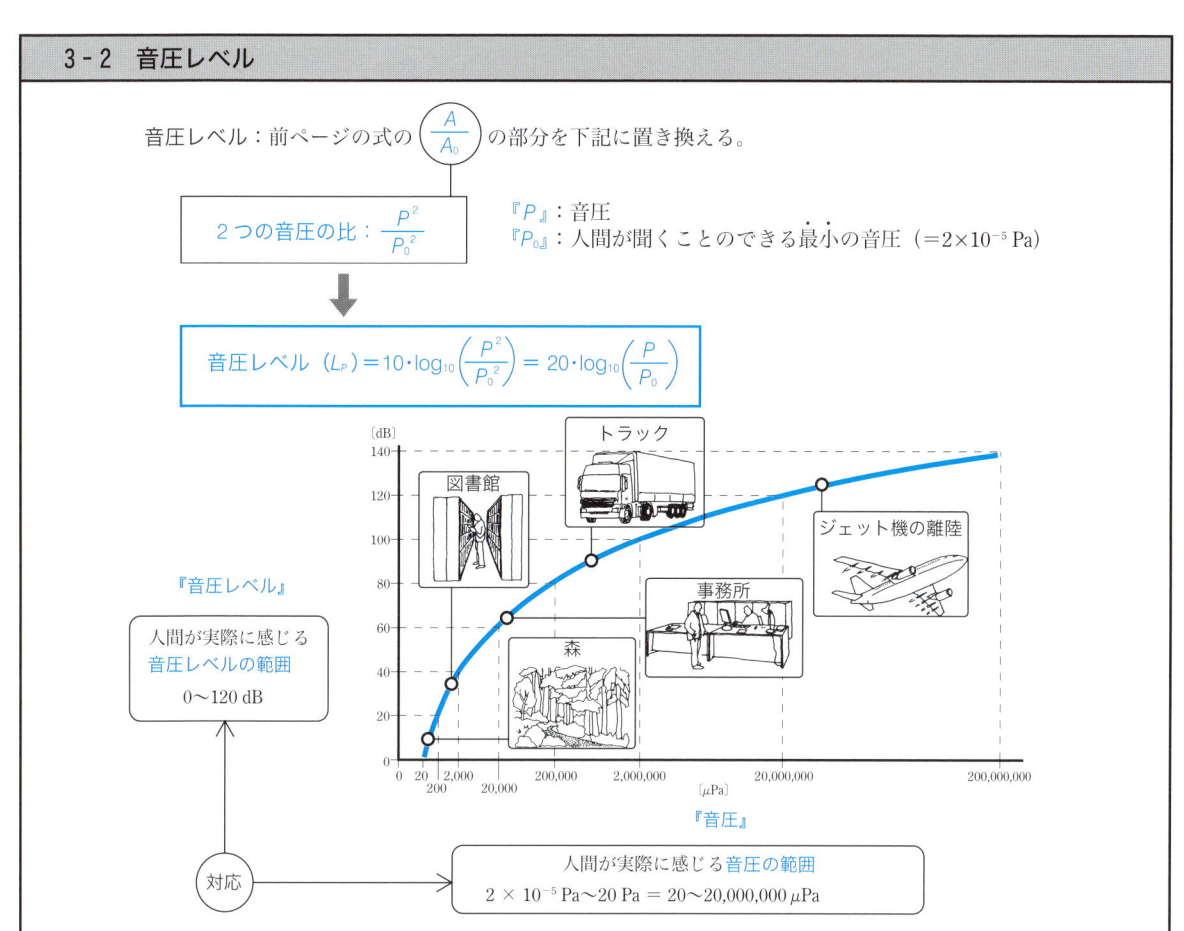

『音圧レベル』
人間が実際に感じる音圧レベルの範囲
0〜120 dB

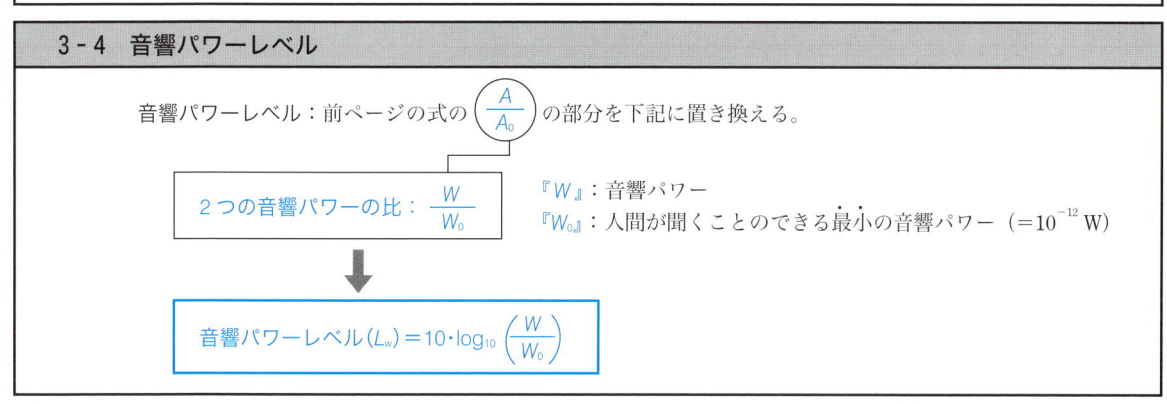

対応

人間が実際に感じる音圧の範囲
2×10^{-5} Pa〜20 Pa ＝ 20〜20,000,000 μPa

3-3 音響エネルギー密度レベル

音響エネルギー密度レベル：前ページの式の $\left(\dfrac{A}{A_0}\right)$ の部分を下記に置き換える。

2つの音響エネルギー密度の比： $\dfrac{E}{E_0}$

『E』：音響エネルギー密度
『E_0』：人間が聞くことのできる最小の音響エネルギー密度（$=2.94\times10^{-15}$ J/m³）

音響エネルギー密度レベル $(L_E)=10\cdot\log_{10}\left(\dfrac{E}{E_0}\right)$

※一般の音場では、$L_I=L_P=L_E$ が成り立つ

3-4 音響パワーレベル

音響パワーレベル：前ページの式の $\left(\dfrac{A}{A_0}\right)$ の部分を下記に置き換える。

2つの音響パワーの比： $\dfrac{W}{W_0}$

『W』：音響パワー
『W_0』：人間が聞くことのできる最小の音響パワー（$=10^{-12}$ W）

音響パワーレベル $(L_W)=10\cdot\log_{10}\left(\dfrac{W}{W_0}\right)$

4章 音環境　1 音の性質

3-5 レベルの合成

音源が複数ある場合は、音の強さのレベルを合成する。

音の強さのレベルは L_1+L_2 とはならない！
60 dB＋60 dB ≠ 120 dB
50 dB＋60 dB ≠ 110 dB
単純に足してはいけない！

◎それぞれの音源の音の強さのレベルを『L_1』『L_2』とする。

$$L_1=10\cdot\log_{10}\left(\frac{I_1}{I_0}\right) \qquad L_2=10\cdot\log_{10}\left(\frac{I_2}{I_0}\right)$$

音の強さのレベル (L_i) $= 10\cdot\log_{10}\left(\frac{I}{I_0}\right)$
(p.112参照)

◎音の強さのレベルを合成する。

『I_1』と『I_2』は、下記の式となる。

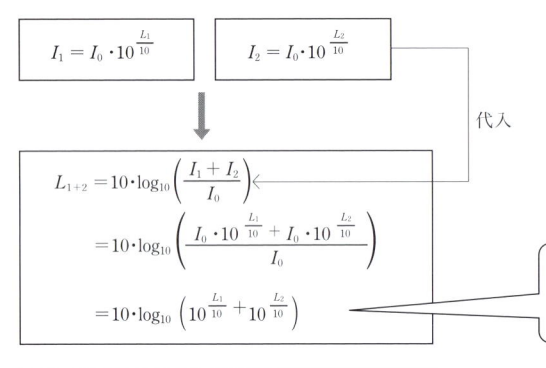

$$I_1 = I_0 \cdot 10^{\frac{L_1}{10}} \qquad I_2 = I_0 \cdot 10^{\frac{L_2}{10}}$$

代入

$$\begin{aligned}L_{1+2} &=10\cdot\log_{10}\left(\frac{I_1+I_2}{I_0}\right) \\ &=10\cdot\log_{10}\left(\frac{I_0\cdot 10^{\frac{L_1}{10}}+I_0\cdot 10^{\frac{L_2}{10}}}{I_0}\right) \\ &=10\cdot\log_{10}\left(10^{\frac{L_1}{10}}+10^{\frac{L_2}{10}}\right)\end{aligned}$$

複数の音の強さのレベルの合成は、下記の式となる。

$$L_{1+\sim n}=10\cdot\log_{10}\left(\sum_{k=1}^{n}10^{\frac{L_k}{10}}\right)$$

L_1 と L_2 が等しい場合

$$\begin{aligned}L_{1+2} &=10\cdot\log_{10}\left(10^{\frac{L_1}{10}}+10^{\frac{L_2}{10}}\right) \\ &=10\cdot\log_{10}\left(2\times 10^{\frac{L_1}{10}}\right) \\ &=10\cdot\log_{10}2+10\cdot\log_{10}10^{\frac{L_1}{10}} \\ &=10\times 0.3010+10\cdot\log_{10}10^{\frac{L_1}{10}} \\ &=3.01+L_1\end{aligned}$$

2つの音の強さのレベルが同じ場合
もとの音の強さのレベルに関わらず
3 dB増加となる。
60 dBと60 dBの合成 ≒ 60 dB＋3 dB＝63 dB

レベルの増加分は、下表より求めることもできる。

※他のレベルの合成も同じ様に計算できる。
※「音圧レベル」＝「音の強さのレベル」と考えて良い。

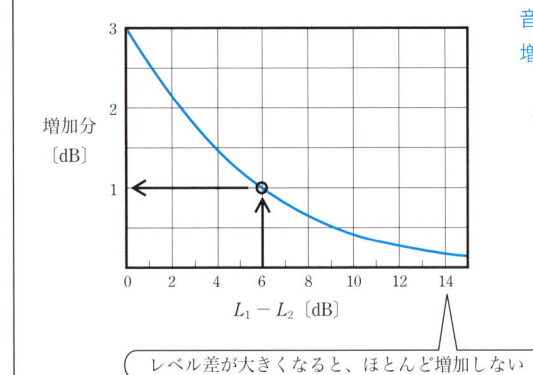

音圧レベルが異なる場合は、大きい方のレベルに
増加分をプラスする。

◎音圧レベルが『50 dB』と『56 dB』の音の合成

$L_1 - L_2 = 6$ dB

50 dB ＜ 56 dB

したがって左表より

$56 + 1 = 57$ dB

合成後の音圧レベルは 57 dB となる。

レベル差が大きくなると、ほとんど増加しない

4 聴覚と音の生理・心理

4-1 音の聴感上の三要素

音の聴感上の三要素：『音の大きさ』『音の高さ』『音の音色』

① 音の大きさ

音の大きさが大きくなれば、大きな音に聞こえるが、周波数によって、その程度が変わる。正常な聴力を持つ人が、ある音の大きさを、感覚的に同じ大きさと感じる 1,000 Hz の音の音圧レベルの数値を表す。

↓

ラウドネスレベル
単位：phon（フォン）

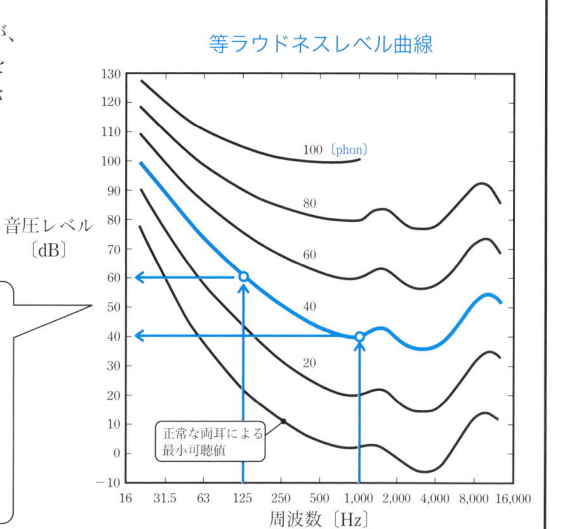

> 人間の耳は、同じ音の大きさでも、周波数によって異なった大きさに聞こえる！
>
> 40 phon でみると　　1,000 Hz ⇨ 約 40 dB
> 　　　　　　　　　　 125 Hz ⇨ 約 60 dB
>
> 周波数が低いと、より強い音を出さないと同じ大きさに聞こえない。

等ラウドネスレベル曲線

（グラフ：横軸 周波数〔Hz〕16〜16,000、縦軸 音圧レベル〔dB〕-10〜130、曲線 100, 80, 60, 40, 20 〔phon〕、正常な両耳による最小可聴値）

人間は、およそ 0 dB〜120 dB の音を聞くことができる。

② 音の高さ

音の高さ：主として、音の周波数によって決まる。

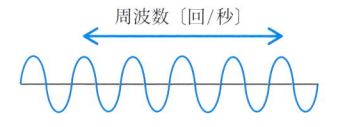

- 1 秒間に波打つ回数が少ない：周波数が低い
  ＝ 低い音
- 1 秒間に波打つ回数が多い：周波数が高い 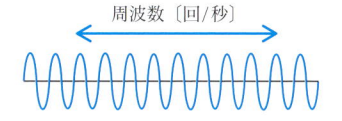
  ＝ 高い音

人間は、およそ 20 Hz〜20,000 Hz の音を聞くことができる。

1 オクターブ：ある音の周波数からその 2 倍の周波数まで

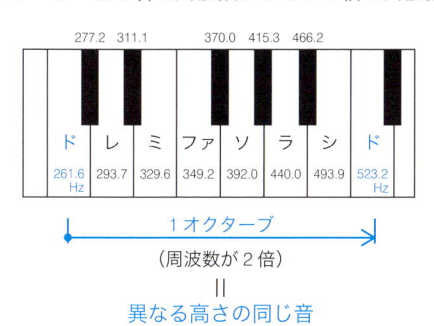

ド	レ	ミ	ファ	ソ	ラ	シ	ド
261.6 Hz	293.7	329.6	349.2	392.0	440.0	493.9	523.2 Hz

（黒鍵：277.2　311.1　　370.0　415.3　466.2）

1 オクターブ（周波数が 2 倍）
＝ 異なる高さの同じ音

様々な音の周波数

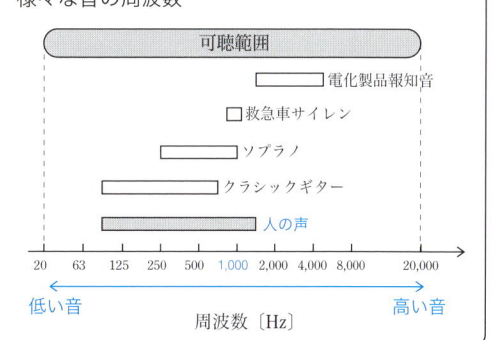

- 可聴範囲
- 電化製品報知音
- 救急車サイレン
- ソプラノ
- クラシックギター
- 人の声

周波数〔Hz〕：20　63　125　250　500　1,000　2,000　4,000　8,000　20,000
低い音 ←→ 高い音

4 章 音環境　1 音の性質

③ 音の音色

音色：いろいろな周波数の音が、いろいろな強さで混ざり合っている時、その混ざり方（波形）が違うと、その楽器特有の音に聞こえる。

⇐ 強さも高さも同じバイオリンの音とピアノの音を、聞き分けることができる。

スペクトル：非常に狭い周波数バンドごとに音のエネルギーを表示したもの

音の種類	音の特徴	波形	スペクトル
純音	単一の周波数のみの音	（正弦波の波形）	ラインスペクトル
複合音	楽器などで、規則的に並んだ純音が複合された音	（複合波の波形）	基音・倍音
雑音	音程を感じることができない音	（ランダムな波形）	（ホワイトノイズ）連続スペクトル

ホワイトノイズ

スペクトルレベルが周波数の全域にわたって等しく、一様に連続している場合。
終了後のテレビの「ザー」という騒音がこれに近い。

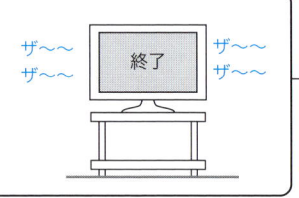

4-2 音の心理的・生理的効果

① マスキング効果

マスキング効果：
ある音が別の音の存在によって、聞き取りにくくなる現象

② カクテルパーティ効果

カクテルパーティ効果：
周囲が騒がしくても、着目している音だけを聞き分けることができる現象

5 音の伝搬

音は、音源から放射された振動が空気中などに伝わり、離れた場所まで届けられる。

⇩ 音源から離れていくと

音源から放射された音は拡散するため、音の強さは、音源から離れるに従って次第に小さくなる。

‖

距離減衰

減衰の仕方は、『点音源』と『線音源』によって異なる。

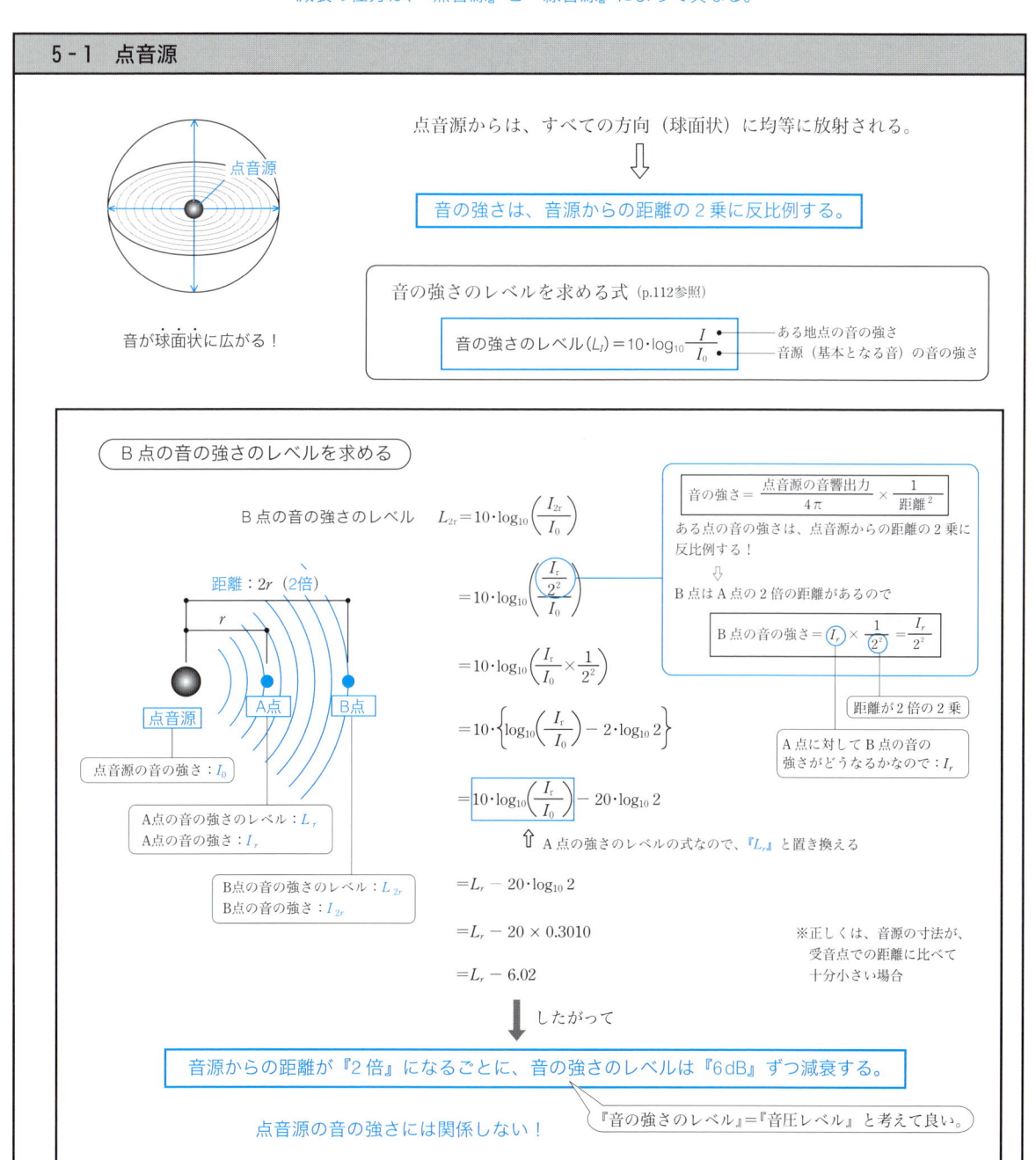

5-1 点音源

音が球面状に広がる！

点音源からは、すべての方向（球面状）に均等に放射される。

⇩

音の強さは、音源からの距離の2乗に反比例する。

音の強さのレベルを求める式 (p.112参照)

$$音の強さのレベル(L_I) = 10 \cdot \log_{10} \frac{I}{I_0}$$

— ある地点の音の強さ
— 音源（基本となる音）の音の強さ

B点の音の強さのレベルを求める

- 点音源の音の強さ：I_0
- 距離：r、A点の音の強さのレベル：L_r、A点の音の強さ：I_r
- 距離：$2r$（2倍）、B点の音の強さのレベル：L_{2r}、B点の音の強さ：I_{2r}

B点の音の強さのレベル

$$L_{2r} = 10 \cdot \log_{10}\left(\frac{I_{2r}}{I_0}\right)$$

$$= 10 \cdot \log_{10}\left(\frac{\frac{I_r}{2^2}}{I_0}\right)$$

$$= 10 \cdot \log_{10}\left(\frac{I_r}{I_0} \times \frac{1}{2^2}\right)$$

$$= 10 \cdot \left\{\log_{10}\left(\frac{I_r}{I_0}\right) - 2 \cdot \log_{10} 2\right\}$$

$$= 10 \cdot \log_{10}\left(\frac{I_r}{I_0}\right) - 20 \cdot \log_{10} 2$$

⇧ A点の強さのレベルの式なので、『L_r』と置き換える

$$= L_r - 20 \cdot \log_{10} 2$$

$$= L_r - 20 \times 0.3010$$

$$= L_r - 6.02$$

$$音の強さ = \frac{点音源の音響出力}{4\pi} \times \frac{1}{距離^2}$$

ある点の音の強さは、点音源からの距離の2乗に反比例する！

⇩

B点はA点の2倍の距離があるので

$$B点の音の強さ = (I_r) \times \frac{1}{(2^2)} = \frac{I_r}{2^2}$$

距離が2倍の2乗

A点に対してB点の音の強さがどうなるかなので：I_r

※正しくは、音源の寸法が、受音点での距離に比べて十分小さい場合

⬇ したがって

音源からの距離が『2倍』になるごとに、音の強さのレベルは『6dB』ずつ減衰する。

『音の強さのレベル』＝『音圧レベル』と考えて良い。

点音源の音の強さには関係しない！

4章 音環境　■ 音の性質

5-2 線音源

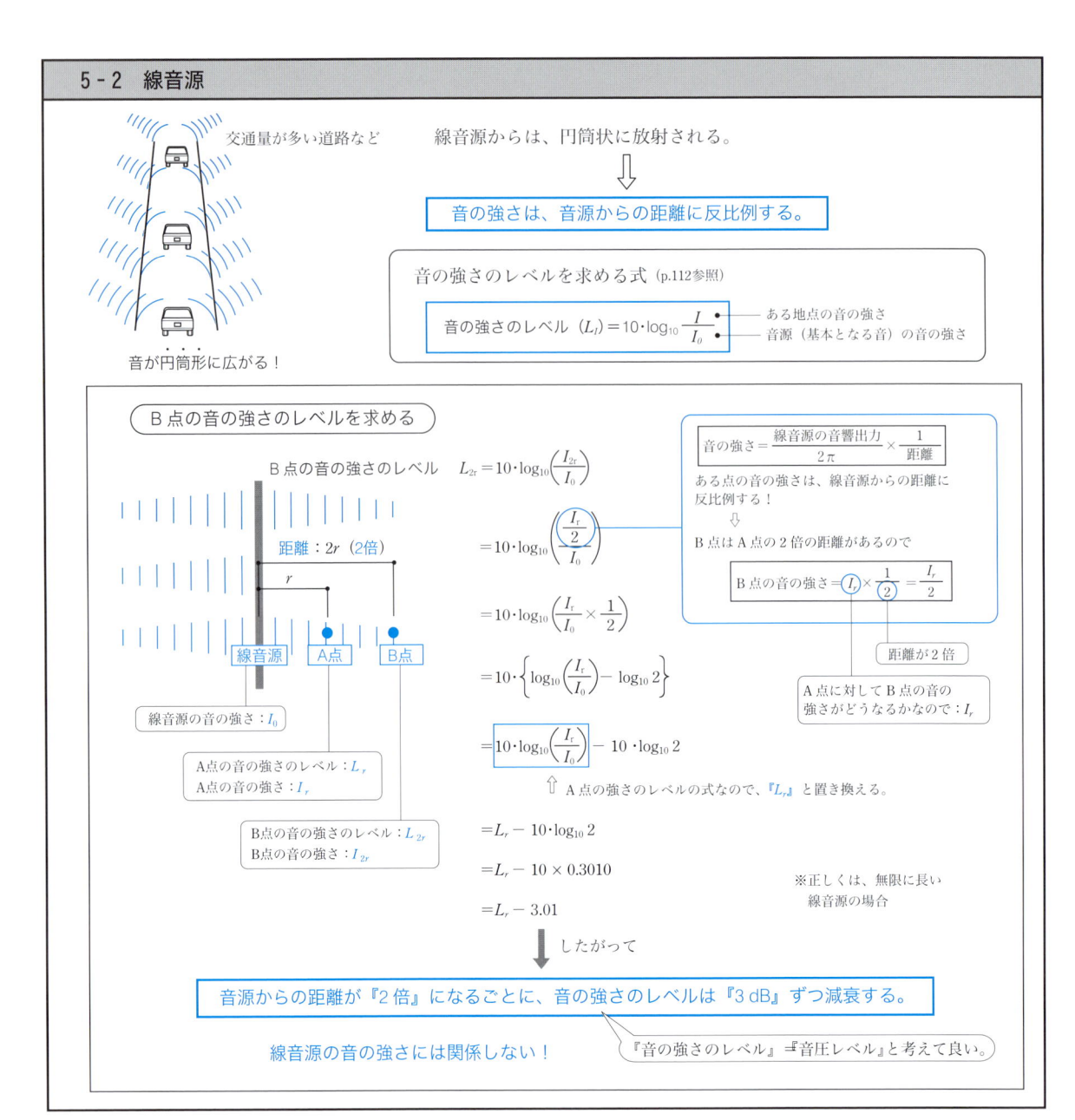

交通量が多い道路など

線音源からは、円筒状に放射される。
⇩
音の強さは、音源からの距離に反比例する。

音が円筒形に広がる！

音の強さのレベルを求める式 (p.112参照)

$$音の強さのレベル\ (L_I) = 10 \cdot \log_{10} \frac{I}{I_0}$$

- I：ある地点の音の強さ
- I_0：音源（基本となる音）の音の強さ

B点の音の強さのレベルを求める

距離：$2r$（2倍）

線音源／A点／B点

線音源の音の強さ：I_0
A点の音の強さのレベル：L_r
A点の音の強さ：I_r
B点の音の強さのレベル：L_{2r}
B点の音の強さ：I_{2r}

B点の音の強さのレベル

$$L_{2r} = 10 \cdot \log_{10}\left(\frac{I_{2r}}{I_0}\right)$$

$$= 10 \cdot \log_{10}\left(\frac{\frac{I_r}{2}}{I_0}\right)$$

$$= 10 \cdot \log_{10}\left(\frac{I_r}{I_0} \times \frac{1}{2}\right)$$

$$= 10 \cdot \left\{\log_{10}\left(\frac{I_r}{I_0}\right) - \log_{10} 2\right\}$$

$$= 10 \cdot \log_{10}\left(\frac{I_r}{I_0}\right) - 10 \cdot \log_{10} 2$$

↑ A点の強さのレベルの式なので、『L_r』と置き換える。

$$= L_r - 10 \cdot \log_{10} 2$$
$$= L_r - 10 \times 0.3010$$
$$= L_r - 3.01$$

$$音の強さ = \frac{線音源の音響出力}{2\pi} \times \frac{1}{距離}$$

ある点の音の強さは、線音源からの距離に反比例する！

B点はA点の2倍の距離があるので

$$B点の音の強さ = I_r \times \frac{1}{2} = \frac{I_r}{2}$$

距離が2倍

A点に対してB点の音の強さがどうなるかなので：I_r

※正しくは、無限に長い線音源の場合

⇩ したがって

音源からの距離が『2倍』になるごとに、音の強さのレベルは『3dB』ずつ減衰する。

線音源の音の強さには関係しない！

『音の強さのレベル』≒『音圧レベル』と考えて良い。

5-3 面音源

面音源：ある面に点音源が無数にあると考えられる場合

面音源では、距離による減衰はない。

※正しくは、無限に広い面音源の場合

※室内の騒音が、外壁面を通して屋外に放射される場合なども面音源

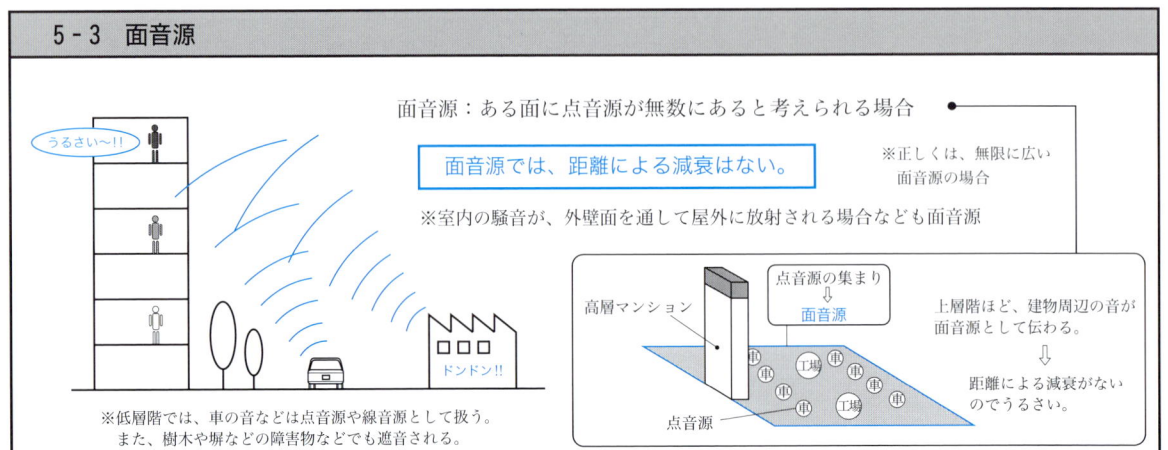

うるさい〜!!

ドンドン!!

※低層階では、車の音などは点音源や線音源として扱う。
また、樹木や塀などの障害物などでも遮音される。

高層マンション／点音源の集まり 面音源／点音源／工場

上層階ほど、建物周辺の音が面音源として伝わる。
⇩
距離による減衰がないのでうるさい。

2 室内の音

1 室内で発生する音の種類

建物には、外部から伝わる音や、室内で発生する音など、様々な要因による音が存在する。

空気音と固体音

室内で発生する音は、『空気音』と『固体音』に分けられる。

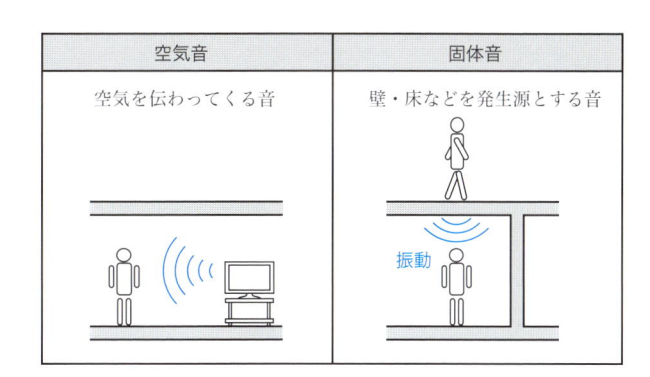

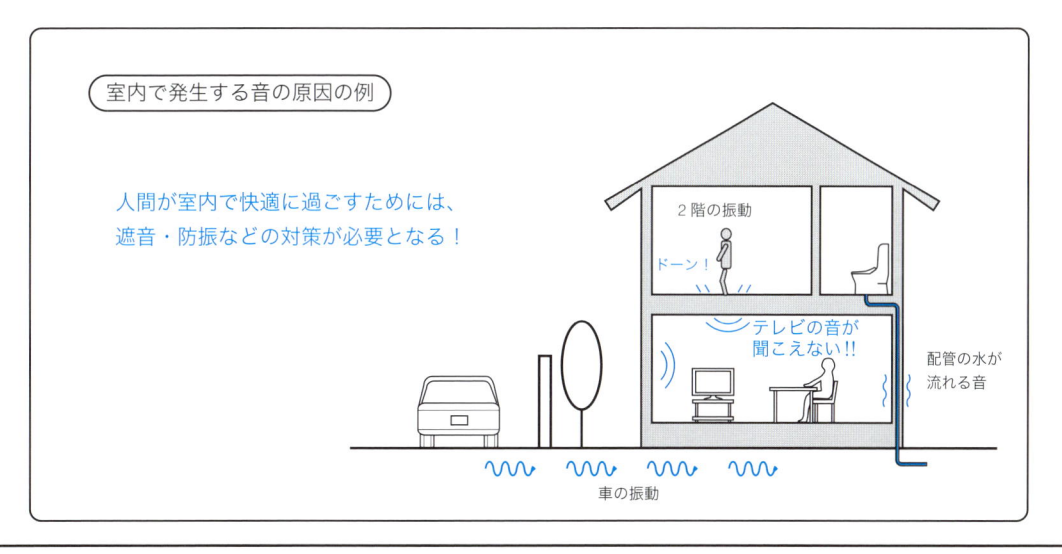

空気音	固体音
空気を伝わってくる音	壁・床などを発生源とする音

室内で発生する音の原因の例

人間が室内で快適に過ごすためには、遮音・防振などの対策が必要となる！

- 2階の振動（ドーン！）
- テレビの音が聞こえない!!
- 配管の水が流れる音
- 車の振動

2 室内の音の伝わり方

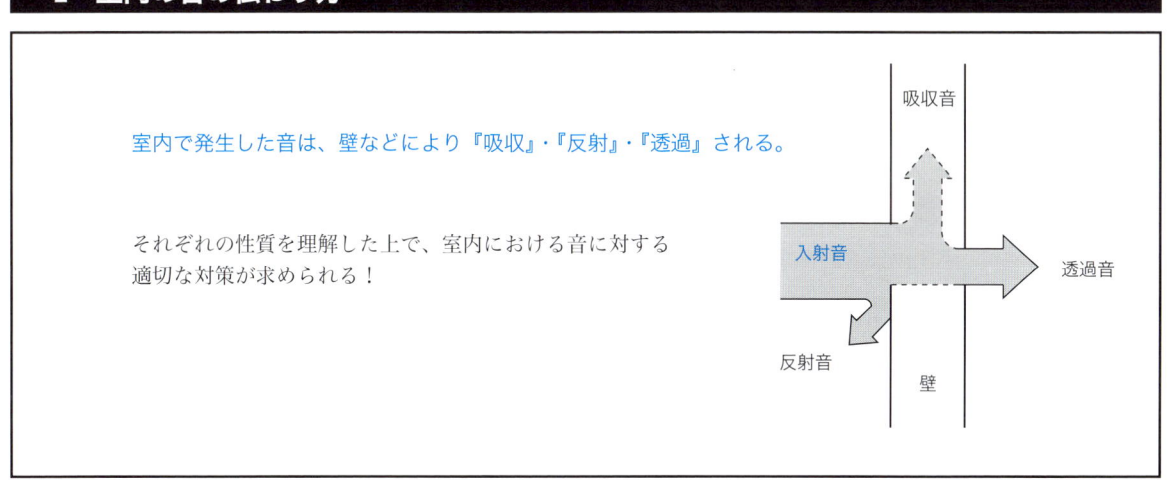

室内で発生した音は、壁などにより『吸収』・『反射』・『透過』される。

それぞれの性質を理解した上で、室内における音に対する適切な対策が求められる！

- 入射音
- 吸収音
- 透過音
- 反射音
- 壁

3 吸音

3-1 吸音率と吸音力

① 吸音率

吸音率（α（アルファ））：入射音のエネルギーに対する、反射しない音のエネルギーの比率
 ⇨ 壁などの吸音性能を表す指標

$$吸音率（α） = \frac{入射音 - 反射音}{入射音} = \frac{吸収音 + 透過音}{入射音}$$

※吸音率が大きいほど、吸音性能が良い。
※吸音率は、壁に入射する音の周波数によって値が異なる。

② 吸音力

$$吸音力 = 材料の吸音率 \times 材料の面積$$

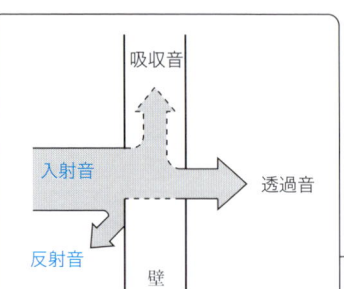

3-2 吸音材料と吸音構造

室の残響時間（p.127〜128参照）の調整や騒音の低減のために、内装材として種々の『吸音構造』をもつ『吸音材料』が用いられる。

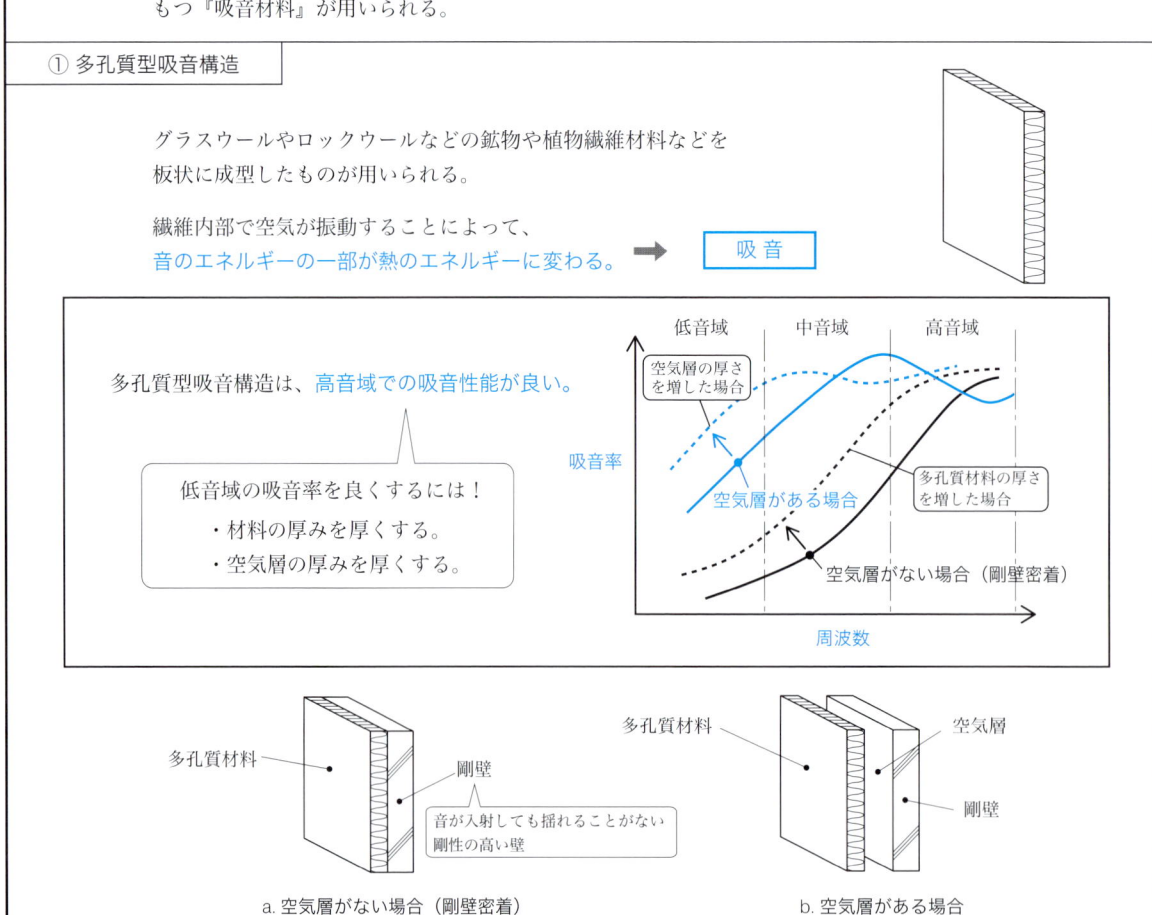

① 多孔質型吸音構造

グラスウールやロックウールなどの鉱物や植物繊維材料などを板状に成型したものが用いられる。

繊維内部で空気が振動することによって、
音のエネルギーの一部が熱のエネルギーに変わる。 ➡ 吸音

多孔質型吸音構造は、**高音域での吸音性能が良い。**

低音域の吸音率を良くするには！
・材料の厚みを厚くする。
・空気層の厚みを厚くする。

a. 空気層がない場合（剛壁密着）　　b. 空気層がある場合

② 板振動型吸音構造

合板や石こうボードなどが用いられる。

板状の材料が激しく振動し、板の内部や取付け部の摩擦などによって、音のエネルギーが熱のエネルギーに変わる。 → 吸音

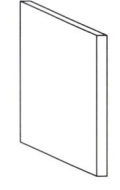

板振動型吸音構造は、高音域より低音域での吸音性能が良い。

※板振動型吸音構造は、背後に必ず空気層が必要

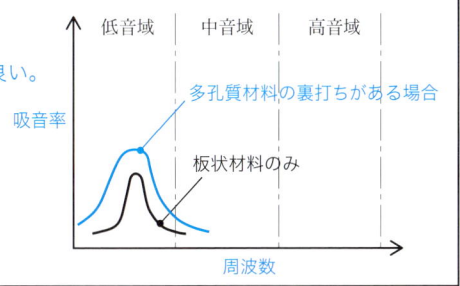

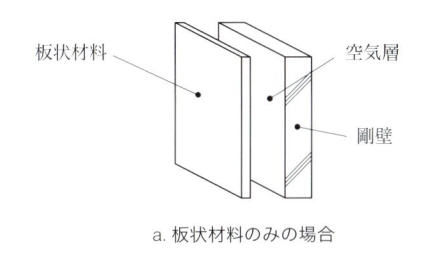

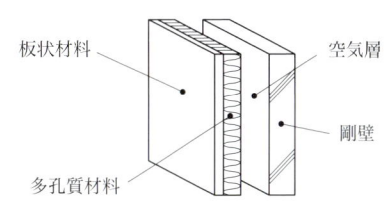

a. 板状材料のみの場合

b. 多孔質材料の裏打ちがある場合

③ 共鳴器型吸音構造

合板や石こうボードなどに多数の貫通孔がある『穴あき板』などが用いられる。

空気が激しく振動し、摩擦がおこることによって、音のエネルギーが熱のエネルギーに変わる。 → 吸音

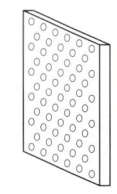

共鳴器型吸音構造は、低・中音域での吸音性能が良い。

※共鳴器型吸音構造は、背後に必ず空気層が必要

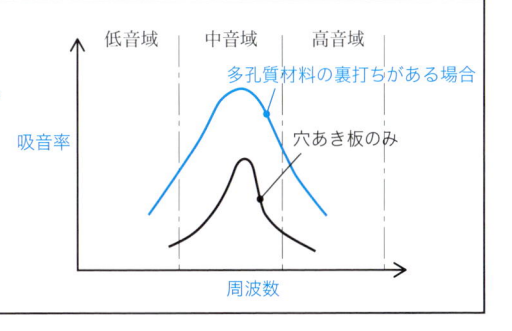

※単体として使用されることは少なく、ロックウールなどの多孔質材料（前ページ参照）と組み合わせて用いられる。

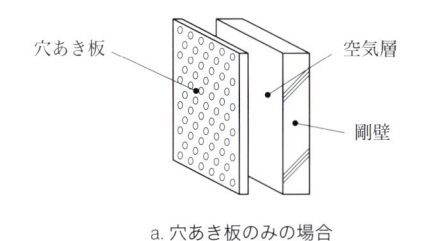

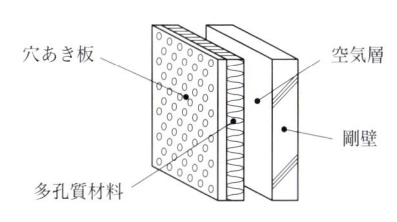

a. 穴あき板のみの場合

b. 多孔質材料の裏打ちがある場合

4 遮音

4-1 透過率と透過損失

壁の遮音性能を表す指標として、『透過率』と『透過損失』がある。

① 透過率

透過率（τ（タウ））：入射音のエネルギーに対する、透過する音のエネルギーの比率

$$透過率（\tau）= \frac{透過音}{入射音}$$

透過率が小さいほど、遮音性能が良い！

通常の建築材料では、透過率（τ）の値は非常に小さくなるので、レベル表示にする。

② 透過損失

透過損失（R）：透過率の逆数をレベル表示したもの。単位はdB。

$$透過損失（R）〔dB〕= 10 \cdot \log_{10}\left(\frac{1}{\tau}\right)$$

透過率（τ）が0.1の場合
単位面積当たりの透過損失は「10 dB」となる。

透過損失が大きいほど、遮音性能が良い。

※周波数が大きい入射音ほど、透過損失は大きい。
（高音）

$$20 \cdot \log_{10} \underset{2倍}{(2)} = 20 \times 0.3010 = 6.02$$

壁（一重壁）の透過損失

壁1 m²当たりの質量

$$垂直入射の場合の透過損失 = 20 \cdot \log_{10}(入射音の周波数 \times 材料の面密度) - 42.5$$
〔dB〕　　　　　　〔Hz〕　　　〔kg/m²〕　　〔dB〕

周波数または壁の質量が『2倍』になると、透過損失は『6 dB』ずつ増加する。

したがって

- 周波数が高い（高音）
- 材料の質量が大きい

⇒ 透過損失が増加する ⇒ 遮音性能が良い

遮音性能を良くするには！
- 質量が大きい（密度の高い）材料を用いる　（重い）
- 同じ材料であれば、厚さを増す

⇒ 遮音に対する『質量則』という。

透 過 率：入射する音に対して、音が壁を通過し室内にどれだけ音が伝わったかということ

> 値が大きくなるほど遮音性能が悪い！

透過損失：透過する音に対して、音が壁を通過する前にどれくらいの音が入射していたかということ

> 値が大きくなるほど遮音性能が良い！

4-2 コインシデンス効果

音は空気中で振動しながら伝わる。
壁が音によって振動を起こす。
→ 壁の振動の波長と入射音の波長が一致すると、共振する。

コインシデンス効果：特定の周波数で壁やガラスが共振して透過する音が大きくなる現象

> 遮音性能が落ちる。

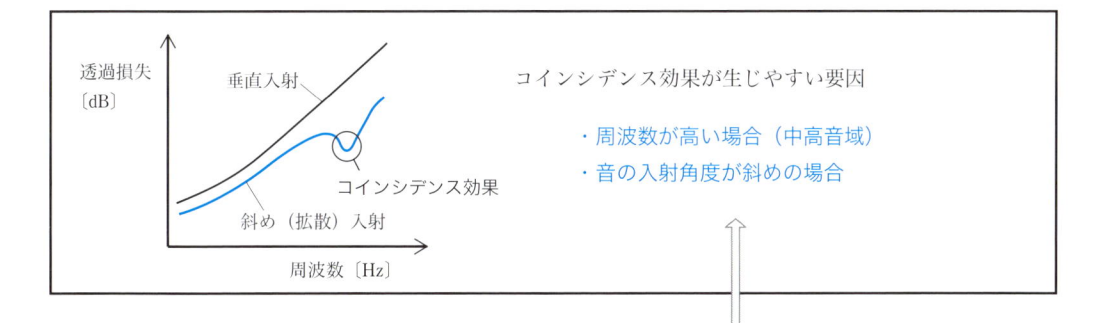

コインシデンス効果が生じやすい要因

・周波数が高い場合（中高音域）
・音の入射角度が斜めの場合

コインシデンス効果の例

薄い壁
- 1,600 Hz：透過しない
- 3,000 Hz：透過

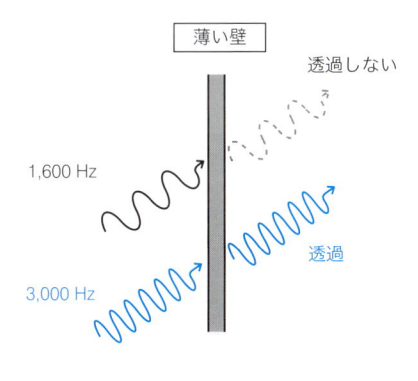

壁が薄いと、周波数の高い音が透過する。

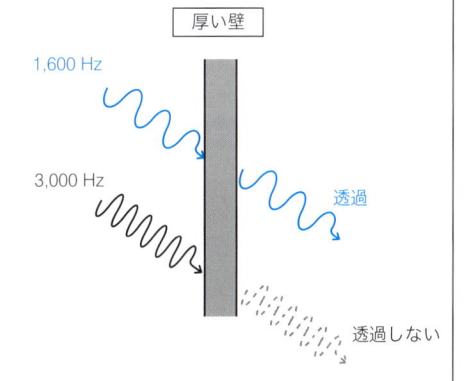

厚い壁
- 1,600 Hz：透過
- 3,000 Hz：透過しない

壁が厚いと、周波数の低い音が透過する。

材料が厚いほど、コインシデンス効果が起きる周波数は小さくなる。

4-3 共鳴効果

遮音性能を上げるためには、二重壁や二重窓が有効となる。

⬇ しかし

中低音域の場合は、両側の板が中空部分の空気をバネにして共鳴し、透過損失を低下させる。

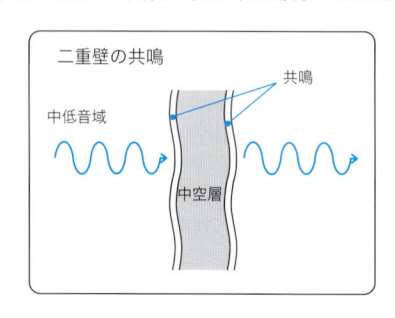

遮音性能が落ちる。

二重壁の共鳴

中低音域 〜 中空層 〜 共鳴

グラフで確かめると！

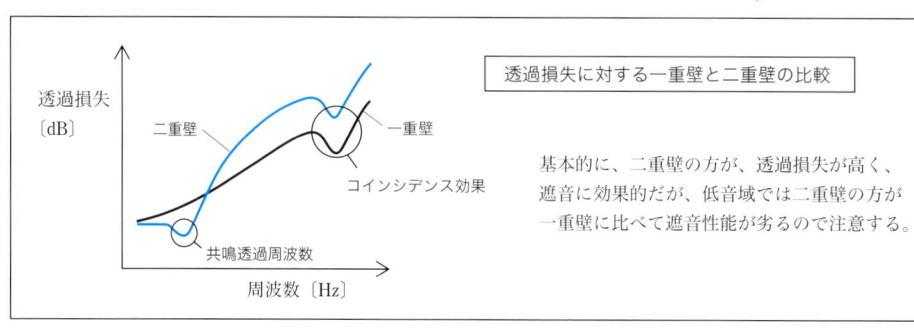

透過損失に対する一重壁と二重壁の比較

縦軸：透過損失〔dB〕／横軸：周波数〔Hz〕
二重壁、一重壁、コインシデンス効果、共鳴透過周波数

基本的に、二重壁の方が、透過損失が高く、遮音に効果的だが、低音域では二重壁の方が一重壁に比べて遮音性能が劣るので注意する。

※複層ガラスは、中音域（400〜600 Hz）を中心に、遮音性が単板ガラスよりも劣るため、遮音の目的には適さない。

⬆

複層ガラスは、断熱などの熱的性能の向上の方が主目的！（p.40 参照）

4-4 音の総合透過損失

総合透過損失：いろいろな材料でできている建物全体の音の透過損失

※ドアや窓サッシ周囲のすき間は、遮音上弱点となるため、遮音対策ではすき間を作らないようにする。

室内で発生する音を適切に調整して、快適な音環境を実現するには、音の発生する側とその反対側とで、それぞれ性質の違う材料を選択する。

遮音材料：音が透過する側に、透過損失が大きい材料を用いる（p.122〜124参照）。
吸音材料：音が入射する側に、吸音率が大きい材料を用いる（p.120〜121参照）。

吸音と遮音は全く異なる現象のため、吸音性能が良い材料が、必ずしも遮音性能も良いとは限らない！

5 壁・床の遮音等級

5-1 壁の遮音等級

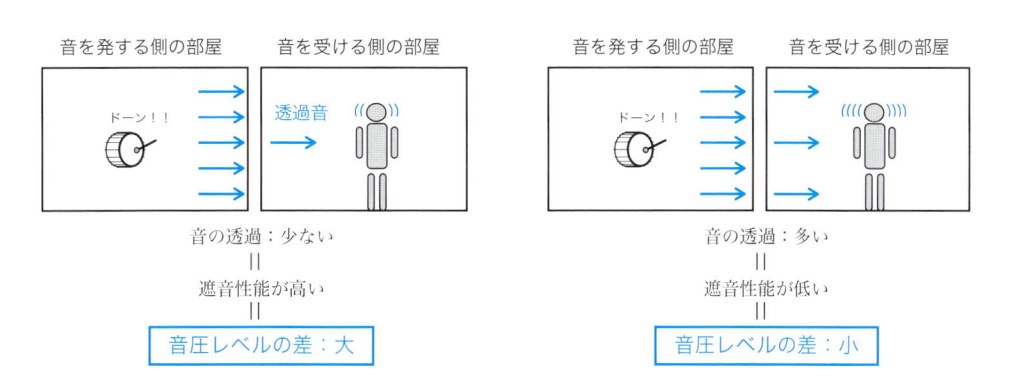

音を発する側の部屋　音を受ける側の部屋

ドーン！！　透過音

音の透過：少ない
＝
遮音性能が高い
＝
音圧レベルの差：大

音を発する側の部屋　音を受ける側の部屋

ドーン！！

音の透過：多い
＝
遮音性能が低い
＝
音圧レベルの差：小

遮音等級（D 値） ※日本工業規格（JIS）による

測定した2つの部屋の室内音圧レベル差から、
空気音遮断性能の等級（遮音等級）D 値を求める。

D 値は、値が大きいほど、遮音性能が良い。

ある部屋を測定した際、それぞれの周波数に対して、
一番低い等級が、その部屋の遮音等級となる。

このポイントが最も低い等級となる
この部屋の遮音等級：D＝35

上表で、D 値が一番低いポイントを選択すると、D-35 となる。

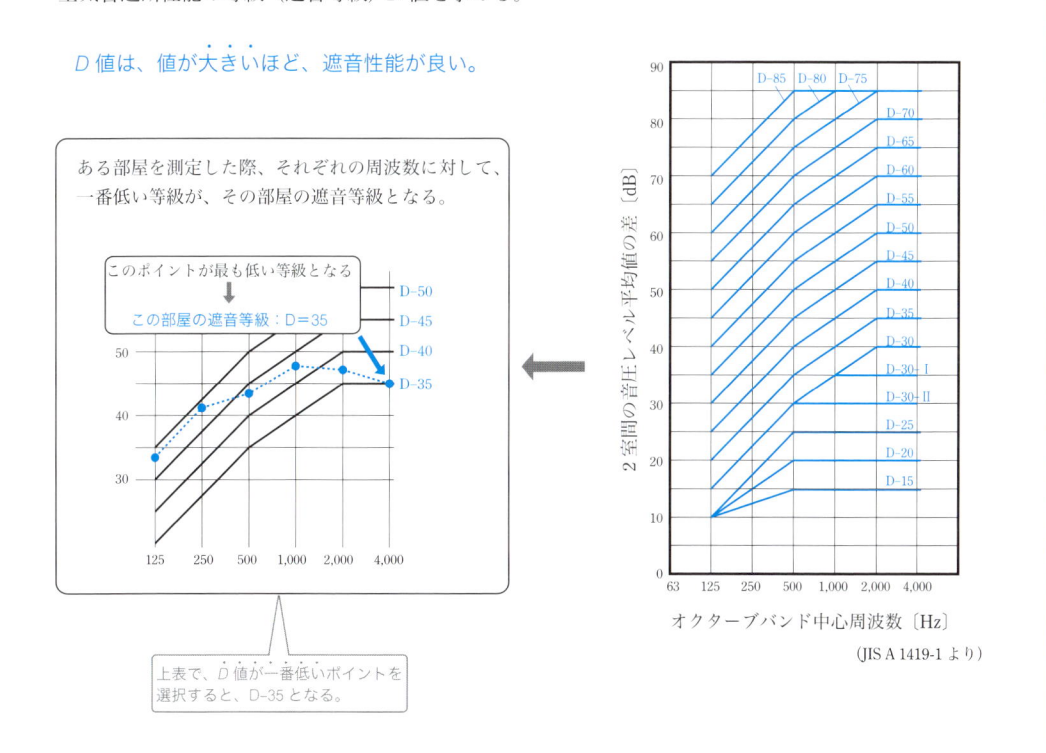

（JIS A 1419-1 より）

4章 音環境　2 室内の音

5-2 床の遮音等級

上階：ゴムボールなどを落下させる　衝撃音　ドーン！！

下階：測定

※測定には、下記の機械を用いる。
- タッピングマシン
- バングマシン　など

遮音等級（L 値）　※日本工業規格（JIS）による

下階で測定した床衝撃音レベルから、
床衝撃音遮断性能の等級（遮音等級）L 値を求める。

L 値は、値が小さいほど、遮音性能が良い。

※右表の場合は、L-65 となる。　右表で、L 値が一番高いポイントを選択すると、L-65 となる。

(JIS A 1419-2 より)

① 床の衝撃音対策

衝撃音の種類

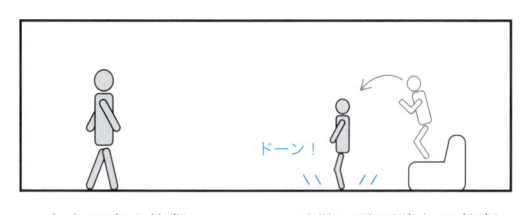

大人が歩く衝撃：**軽衝撃音**
子供が飛び降りる衝撃：**重衝撃音**

軽衝撃音の対策

衝撃が小さいため、表面材の処理などで対応できる。
　例）厚手のカーペットなどの柔軟な弾性材料を用いる。

※フローリングなどの場合も、フローリングと床の間に
　弾性材料を入れると良い。

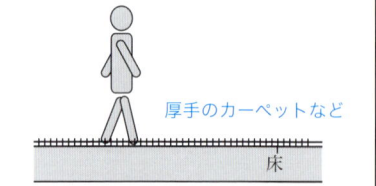

重衝撃音の対策

衝撃が大きいため、表面のみの対策では難しい。

↓

床板を厚くするなどの対策が必要

　床の厚みを20 cm以上にするとほとんど問題がなくなる。

※グラスウールなどを中間に挿入したコンクリート二重床（浮床）なども有効

3 室内の音響

室内で楽器などを弾くと、音源から直接届く『直接音』と、天井や壁などに反射してから届く『反射音』が聞こえる。

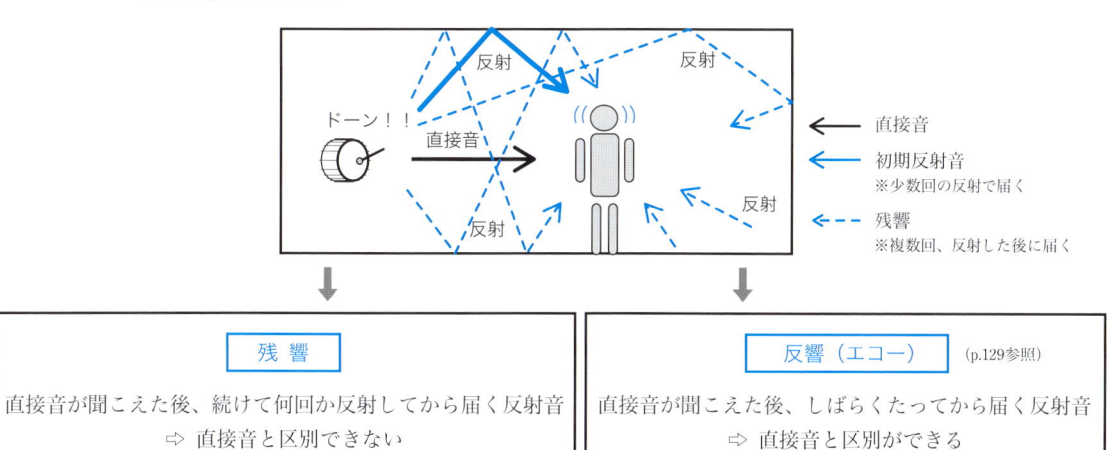

→ 直接音
→ 初期反射音 ※少数回の反射で届く
⇠ 残響 ※複数回、反射した後に届く

残響
直接音が聞こえた後、続けて何回か反射してから届く反射音
⇨ 直接音と区別できない

反響（エコー） (p.129参照)
直接音が聞こえた後、しばらくたってから届く反射音
⇨ 直接音と区別ができる

1 残響

音源を止めても室内にしばらく音が響き、音響効果を高めることなどにも利用される。
ただし、声をはっきり聞かせるような場合には、残響を抑えることが求められる。

① 残響時間の求め方

残響時間は、音源から一定のパワーの音を放射し、『定常状態』に達した時の音を基準として考える。

音響パワーによる求め方

定常状態の音響パワー（E）に対して、
100万分の1（10^{-6}）になるまでに要する時間

音圧レベルによる求め方

定常状態の音圧レベル（L）に対して、
60 dB 低下するまでに要する時間

※どちらで求めても、残響時間は同じになる！

空間の使用目的に合わせて、残響をコントロールする必要がある！
　コンサートホール：残響を利用して、音に豊かな響きを与え、臨場感を高める。
　学校などの教室　：残響をなるべく抑え、声を聞き取りやすくする。

② セービンの式

残響時間を予測するために用いられる式として、『セービンの式』がある。

$$残響時間 = \frac{0.161 \times 室の容積}{室の表面積 \times 室の平均吸音率} = \frac{0.161 \times 室の容積}{室の等価吸音面積}$$

> 残響時間の計算には、室温などは関係しない！

⬇ したがって

残響時間は、『室容積に比例』し、『室の等価吸音面積に反比例』する。

- 反射音が空間中を伝わる時間が長くなる！
- 室の等価吸音面積が大きいと、残響時間は短くなる！

残響時間が短くなる要因

壁や天井の全面に吸音材を用いると、残響時間は短くなる。

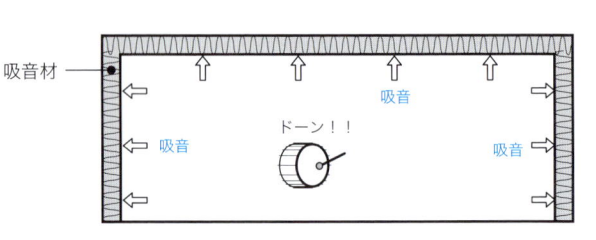

在室者数が多いと、残響時間は短くなる。
※人（衣服など）が音を吸収するため。

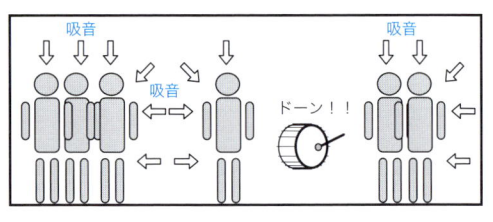

※いずれも、室の等価吸音面積を大きくしている！

③ 室の用途と残響時間

室の用途によって、残響を効果的に利用する場合（コンサートホールなど）と、できるだけ残響を抑えたい場合（学校の教室など）がある。

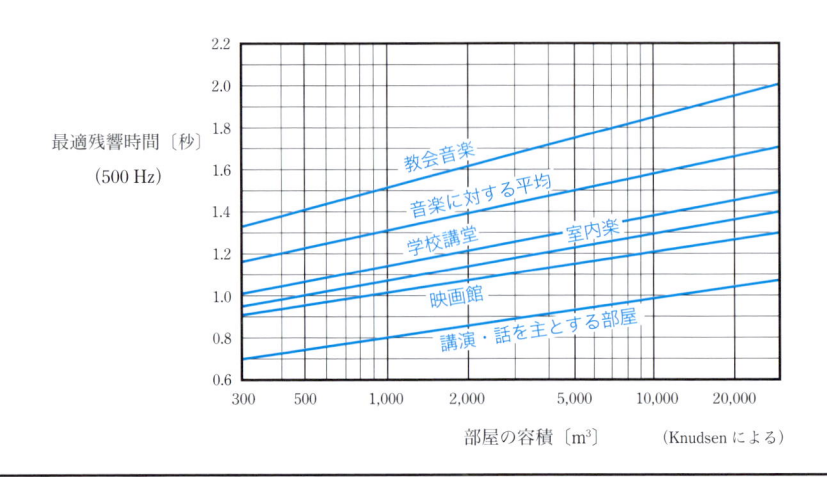

最適残響時間〔秒〕（500 Hz）／部屋の容積〔m³〕　（Knudsen による）

グラフ上のライン（上から）：教会音楽／音楽に対する平均／学校講堂／室内楽／映画館／講演・話を主とする部屋

2 反響（エコー）

① 反響（エコー）

反響（エコー）：音源から直接届く直接音が聞こえた後に、天井や壁などに反射した後で別に聞こえる反射音

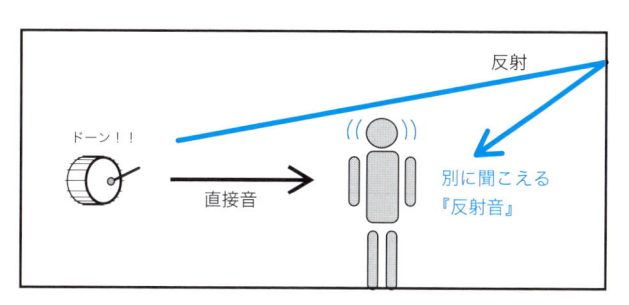

直接音から 50 ms 以内に反射音が届く：音が一致して聞こえる
直接音から 50 ms 以上反射音が遅れる：音が別々に聞こえる → 反響（エコー）

会話が聞き取りにくい。
響きの美しさを損なう。

反射音が届くまでの距離や、天井や壁の反射や拡散の調整が必要！

※反射音が届くまでの距離が長くなりすぎる場合は、壁などに吸音材を用い、
　音が届かないようにするなどの工夫も必要となる。

② フラターエコー　※フラッターエコーとも言う。

フラターエコー：天井と床、両側の壁などが互いに平行した剛壁で構成されている場合、
　　　　　　　　拍手や足音などがこの平行面間を多重反射し、特殊な音色で聞こえる。
　　　　　　　　「鳴き竜」とも呼ばれる。

音が集中する場合

天井：音が集中する形状で、反射率が高い。
床　：平坦で、反射率が高い。

断面の例）

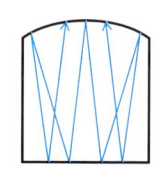

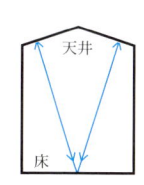

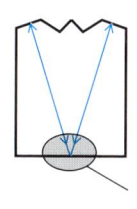

音が天井で跳ね返り、
同じ場所に戻ってくる。

音が行き来する場合

壁：反射率が高い。

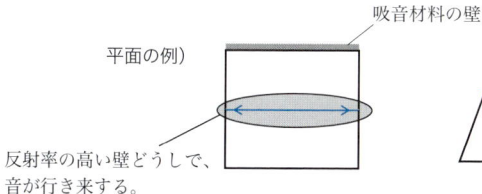

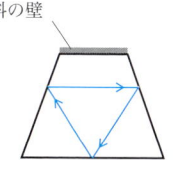

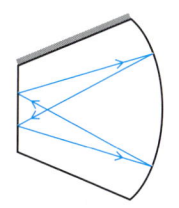

平面の例）　　　吸音材料の壁

反射率の高い壁どうしで、
音が行き来する。

（4章 音環境　3 室内の音響）

③ 音響計画

◎音響計画の例

ホールなどの音響計画を行うには、音響障害をなくし、残響を適切にコントロールすることが必要となる。

音の『反射』と『吸音』の扱い方が重要！

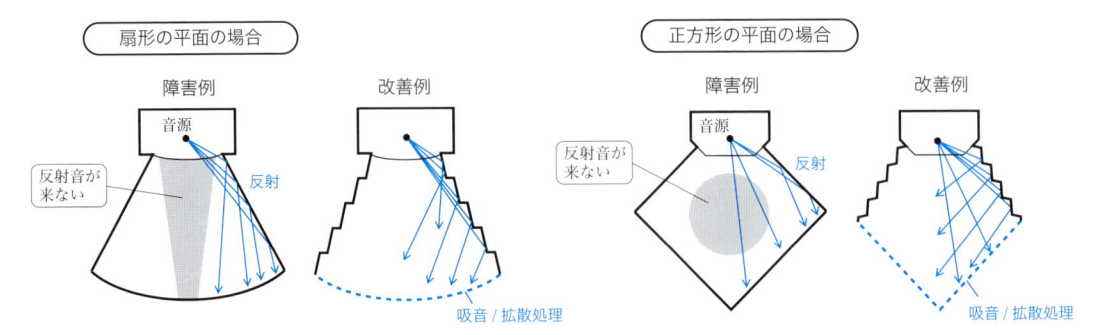

【扇形の平面の場合】

障害例 / 改善例

【正方形の平面の場合】

障害例 / 改善例

側壁に角度をつけることで、エコーや音分布の偏りを防ぐ。

【長方形の平面の場合】

障害例 / 改善例

【円形の平面の場合】

障害例 / 改善例

凸面を組み合わせて、音が壁に沿って戻ってくる（音の回廊）ことや音分布の偏りを防ぐ。

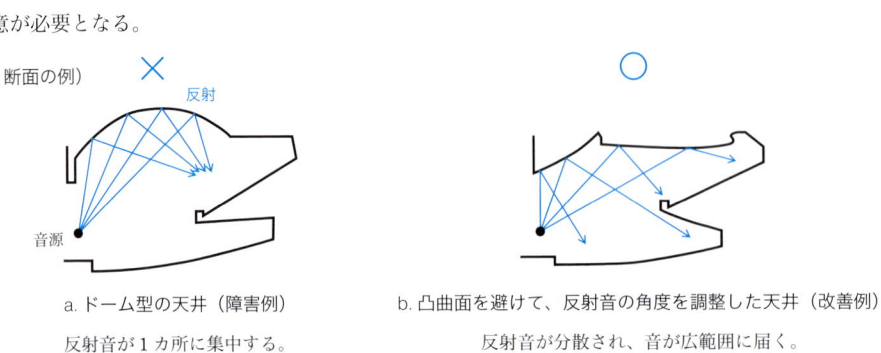

側壁に角度をつけることで、エコーやフラターエコーを防ぐ。

◎音響計画の注意点

ホールなどの音響計画を行う場合には、『反響』と『残響』の他に、『反射音の集中』に対しても注意が必要となる。

断面の例）

a. ドーム型の天井（障害例）
反射音が1カ所に集中する。
⇧
それ以外の場所では極端に小さな音になる。

b. 凸曲面を避けて、反射音の角度を調整した天井（改善例）
反射音が分散され、音が広範囲に届く。

4 騒音と振動

1 騒音

1-1 騒音レベルの測定

騒音レベルや音圧レベル（p.113参照）は騒音計で測定する。

> 騒音レベル：音圧レベルを人間に聞こえる強さに補正して測定したもの

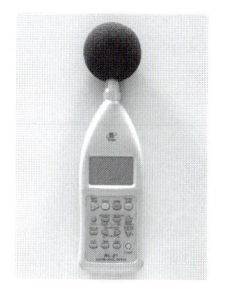

人間は低い音になるほど聴覚感度が鈍る！
↓
騒音計で音圧レベルを測定する際に、周波数補正を行うことがある。

A特性

人間の聴覚にあわせて、騒音計も低周波を受け入れる能力が低くなるように補正

音圧レベル『L』⇨『L_{PA}』または『L_A』と表現する。
単位も〔dB(A)〕と書くことがある。

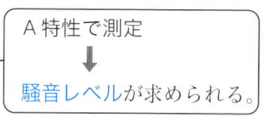

→ A特性で測定
↓
騒音レベルが求められる。

C特性

（実際の音源からの音そのもの）
各周波数が物理的にほぼ等しい感度で受音されるように補正

音圧レベル『L』⇨『L_{PC}』または『L_C』と表現する。
単位も〔dB(C)〕と書くことがある。

平坦特性

周波数特性が平坦（補正をしない）

音圧レベル『L』⇨『L_P』または『L』と表現する。
単位は〔dB〕のまま。

→ C特性・平坦特性で測定
↓
音圧レベルが求められる。

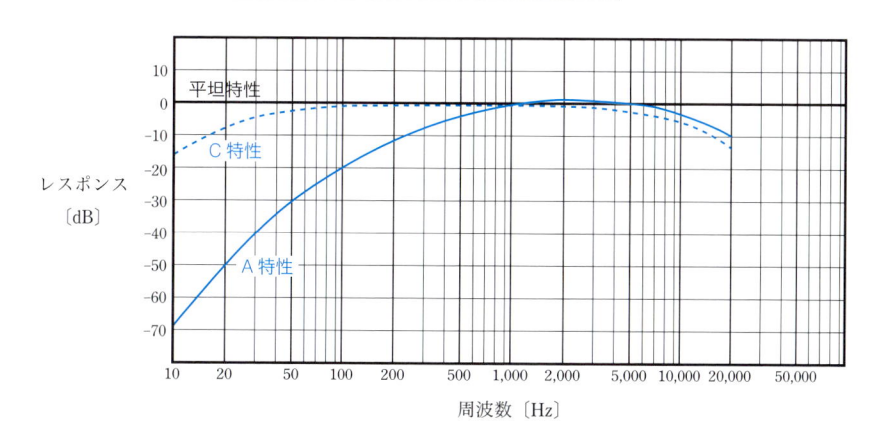

1-2 室内騒音の許容値

室内騒音の許容値は、騒音レベル『L_A』または『NC値』で評価される。

騒音レベルは『A特性』(前ページ参照)で求められる。

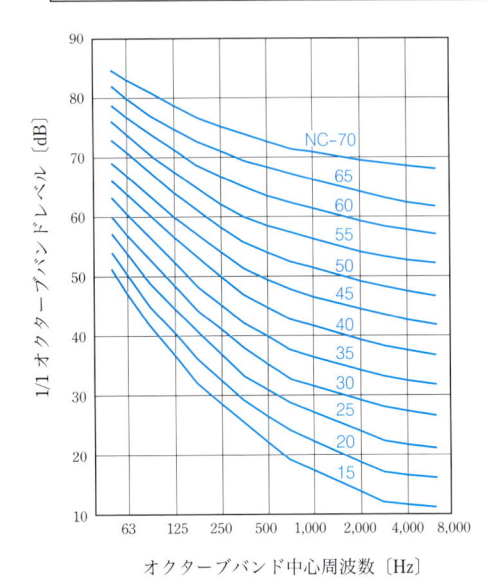

NC値：耳に感じる音の大きさと、会話に対する騒音の妨害の程度をまとめたもの。
L. L. Beranekが提案し、T. J. Schultzが修正。

例) 図書閲覧室の騒音の測定

図書閲覧室の測定結果（下図）より
この図書閲覧室のNC値：40

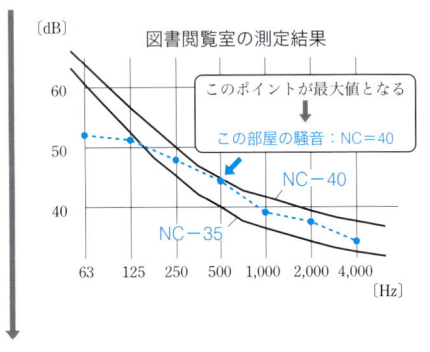

このポイントが最大値となる
この部屋の騒音：NC＝40

下表より
図書閲覧室の許容値：35～40

したがって、
騒音に対して、問題なし

室内騒音の許容値

dB (A)	20	25	30	35	40	45	50	55	60
NC	10～15	15～20	20～25	25～30	30～35	35～40	40～45	45～50	50～55
うるささ	無音感	———	非常に静か	———	特に気にならない	———	騒音を感じる	———	騒音を無視できない
会話・電話への影響			5m離れてささやき声が聞こえる		10m離れて会議可能　電話は支障なし		普通会話 (3m以内)　電話は可能		大声会話 (3m)　電話やや困難
スタジオ	無響室	アナウンススタジオ	ラジオスタジオ	テレビスタジオ	主調整室	一般事務室			
集会・ホール		音楽室	劇場(中)	舞台劇場	映画館・プラネタリウム		ホールロビー		
病院		聴力試験室	特別病室	手術室・病室	診察室	検査室	待合室		
ホテル・住宅				書斎	寝室・客室	宴会場	ロビー		
一般事務室				重役室・大会議室	応接室	小会議室	一般事務室		タイプ・計算機室
公共建物				公会堂	美術館・博物館	図書閲覧	公会堂兼体育館	屋内スポーツ施設(拡)	
学校・教会					音楽教室	講堂・礼拝堂	研究室・普通教室	廊下	
商業建物					音楽喫茶店　宝石店・美術品店	書籍店	一般商店　銀行・レストラン	食堂	

1-3 騒音対策

効果的な騒音対策

・気密性の高い窓を使用することで、外部騒音を防ぐ。
・室内の吸音力を上げることにより、騒音レベルを下げる。
・外部に塀や樹木などを設ける。
　など

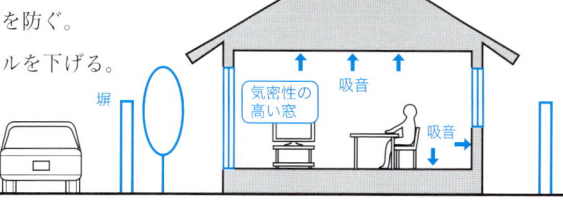

塀や衝立などの障害物は、反射によって遮音効果が期待できるので、騒音の低減対策としてしばしば用いられる。

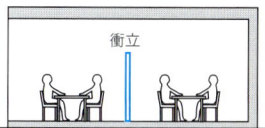

回折による音の減衰

回折：障害物がある場合、音波がその物体の裏側に回り込んで伝わる現象。
　　　音が伝わる距離が長くなるため減衰する。
　　　ただし、周波数によって回折の様子が変わる。

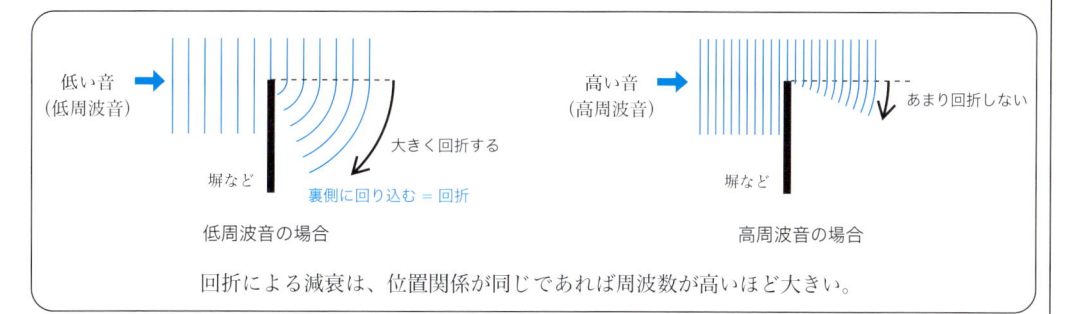

低い音（低周波音）→ 大きく回折する　裏側に回り込む＝回折
高い音（高周波音）→ あまり回折しない

低周波音の場合　　　高周波音の場合

回折による減衰は、位置関係が同じであれば周波数が高いほど大きい。

騒音に係る環境基準

平成 24 年 3 月改正（環境省による）

地域の類型	基準値	
	昼間 （06：00〜22：00）	夜間 （22：00〜06：00）
療養施設、社会福祉施設等が集合して設置される地域など特に静穏を要する地域	50 dB 以下	40 dB 以下
専ら住居の用に供される地域	55 dB 以下	45 dB 以下
主として住居の用に供される地域	55 dB 以下	45 dB 以下
相当数の住居と併せて商業、工業等の用に供される地域	60 dB 以下	50 dB 以下

※道路に面する地域については、別に定められている

航空機の騒音に係る環境基準

平成 19 年 12 月改正（環境省による）

地域の類型	基準値 （L_{den}、時間帯補正等価騒音レベル）
①専ら住居の用に供される地域	57 dB 以下
①以外の地域であって通常の生活を保全する必要がある地域	62 dB 以下

2 振動

物体が強く振動するとき、地盤などの固体中を伝わり遠くまで影響をおよぼす。

↓

振動によって、不眠・集中力の欠如・頭痛・めまいなどの身体的影響や、建築物のひび割れなどが生じる。

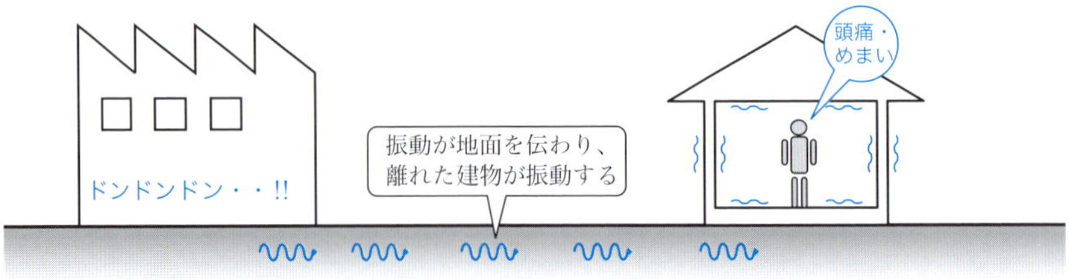

振動が地面を伝わり、離れた建物が振動する

ドンドンドン‥!!

頭痛・めまい

※振動は、建物内部からも発生するので対策が必要！

2-1 振動による騒音

固体音：壁や床などの固体の中を振動として伝わる音

固体音が発生する要因

◎建物外部から伝わる場合
・工場機械
・土木建設工事
・公共交通　など

◎建物内部から伝わる場合
・足音
・設備機器の振動
・配管を水が流れる音　など

固体音は、空気音とは異なった遮断方法を必要とすることが多い。

振動を防ぐための防振材料

◎代表的な防振材料
・金属バネ
・防振ゴム
・コルク
・フェルト
・空気バネ　など

金属バネ

バネ自身の振動に外部の振動が加わると、振動がより激しくなることがあり、ダンパーとの共用が必要。

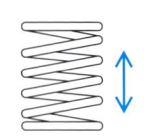

防振ゴム

固体音の防止に適している。
固有周波数が5Hz以上の場合に最適。
床用や天井（吊り天井）用など、いろいろな種類がある。

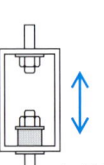

低周波の振動には向いていない！

例） 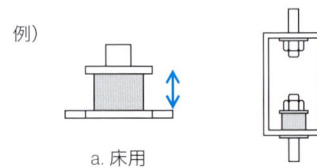
a. 床用　　b. 吊り天井用

音環境

○ or ×

#	問題
①	気温が高くなると、空気中の音速は速くなる。
②	20歳前後の正常な聴力をもつ人の可聴周波数の範囲は、20〜20,000 Hz程度である。
③	音響出力とは、音源から発生する音のエネルギーをいう。
④	同じ音響出力を有する機械が2台ある場合、1台のみを運転したときの音圧レベルが80 dBであれば、2台同時に運転したときの音圧レベルは約85 dBとなる。
⑤	同じ音響出力を有する機械を2台同時に運転したときの音圧レベルが83 dBであるとすると、1台のみを運転したときは約80 dBである。
⑥	同じ音圧レベルの場合、一般に、1,000 Hzの純音より100 Hzの純音のほうが小さく聞こえる。
⑦	すべての方向に音を均等に放射している点音源の場合、音の強さは音源からの距離の2乗に反比例する。
⑧	音波が球面状に広がる音源の場合、音源からの距離が2倍になると、音圧レベルは約6 dB低下する。
⑨	吸音力とは、材料の吸音率にその面積を乗じたものをいう。
⑩	多孔質材料の吸音率は、一般に、高音域より低音域のほうが大きい。
⑪	板状材料と剛壁の間に空気層を設けた吸音構造は、一般に、低音域の吸音よりも高音域の吸音に効果がある。
⑫	壁体における透過損失の値が大きいほど、遮音性能が優れている。
⑬	壁体の透過損失は、周波数によって異なる。
⑭	一般に、低音から高音になるに従って、壁の透過損失が減少する。
⑮	厚さが同じ壁体であれば、一般に、単位面積当たりの質量が大きい壁体ほど、透過損失が大きい。
⑯	音をよく吸収する材料は、一般に、透過率が低いので、遮音効果を期待できる。
⑰	日本工業規格（JIS）における床衝撃音遮断性能の等級 L については、その数値が小さくなるほど床衝撃音の遮断性能が高くなる。
⑱	残響時間とは、音源から発生した音が停止してから、室内の音圧レベルが80 dB低下するまでの時間をいう。
⑲	残響時間を計算するときには、一般に、室温は考慮しない。
⑳	室内の吸音力が同じ場合、一般に、室容積が大きいほど、残響時間は長くなる。
㉑	天井や壁の吸音力を大きくすると、残響時間は長くなる。
㉒	在室者数が多いと、一般に、残響時間は短くなる。
㉓	一般に、講演に対する最適残響時間に比べて、音楽に対する最適残響時間のほうが長い。

㉔	音源からの直接音と反射音との時間差によって、一つの音が二つ以上に聞こえる現象を、反響という。　　　　　　　　　　　　　　　　　　　　　　ヒント！p.129『反響』	
㉕	室内騒音の許容値は、住宅の寝室より音楽ホールのほうが小さい。　　　　　　　　　　　　　　　　　　　　　　　　　　ヒント！p.132『室内騒音の許容値』	
㉖	室内騒音の許容値は、屋内スポーツ施設より美術館のほうが小さい。　　　　　　　　　　　　　　　　　　　　　　　　ヒント！p.132『室内騒音の許容値』	
㉗	室内の吸音力を上げることによって、室内の騒音レベルを下げることができる。　　　　　　　　　　　　　　　　　　　　　　　　　ヒント！p.133『騒音対策』	
㉘	気密性の高い窓は、外部騒音を防ぐのに有効である。　　　　　　　　　　　　　　　　　　　　　　　　　　　　ヒント！p.133『騒音対策』	

4章 音環境　練習問題

解答 ①（○）②（○）③（○）④（×）2つの音圧レベルが同じで同時に聞くとものの音の音圧レベルは3dB増加する。したがって83dBとなる。⑤（○）⑥（○）⑦（○）⑧（○）⑨（○）⑩（×）多孔質材料は高音域のほうが吸音率が大きい。⑪（×）板状材料は、低音域の吸音に効果がある。⑫（○）⑬（○）⑭（×）長さによって、特有の固有振動数が増加する。⑮（○）⑯（×）吸音率の低い材料だからといって、遮音性の高い材料とは限らない。⑰（○）⑱（×）残響時間は、音が停止してから、60dB低下するまでの時間をいう。⑲（○）⑳（○）㉑（×）天井が高い吸音力が大きくなると、残響時間は短くなる。㉒（○）㉓（○）㉔（○）㉕（○）㉖（○）㉗（○）㉘（○）

5章　地球環境

1 地球環境に関する用語

1 地球温暖化

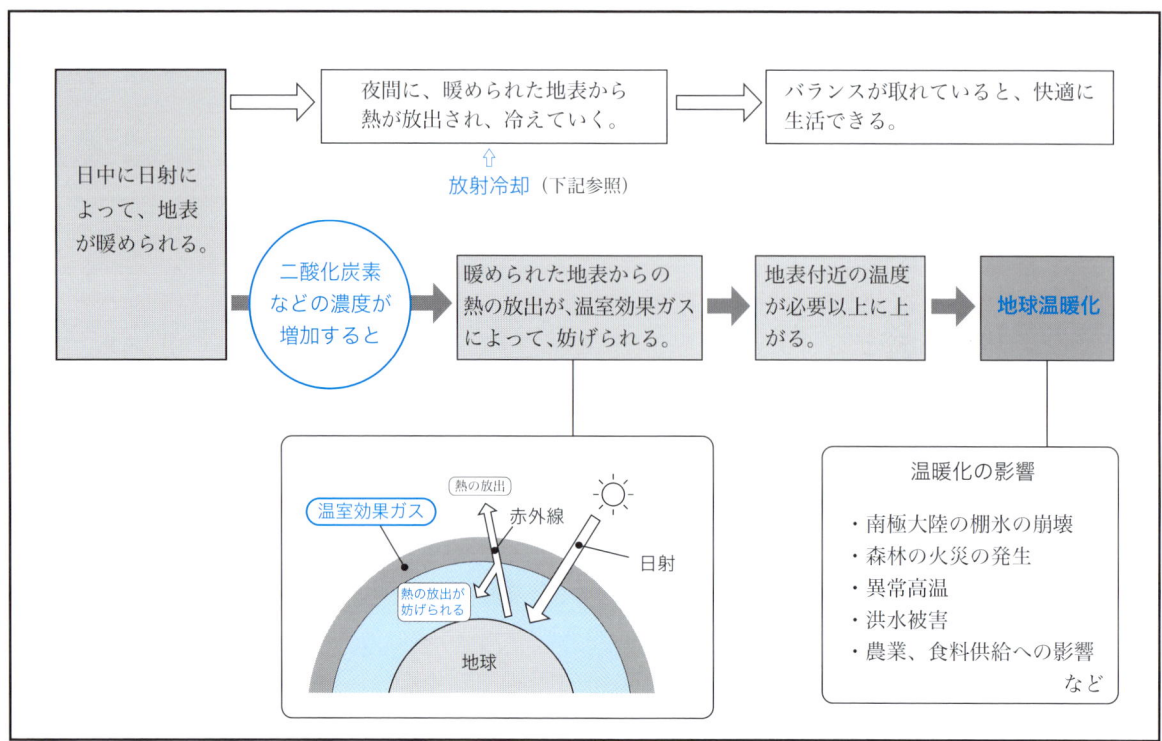

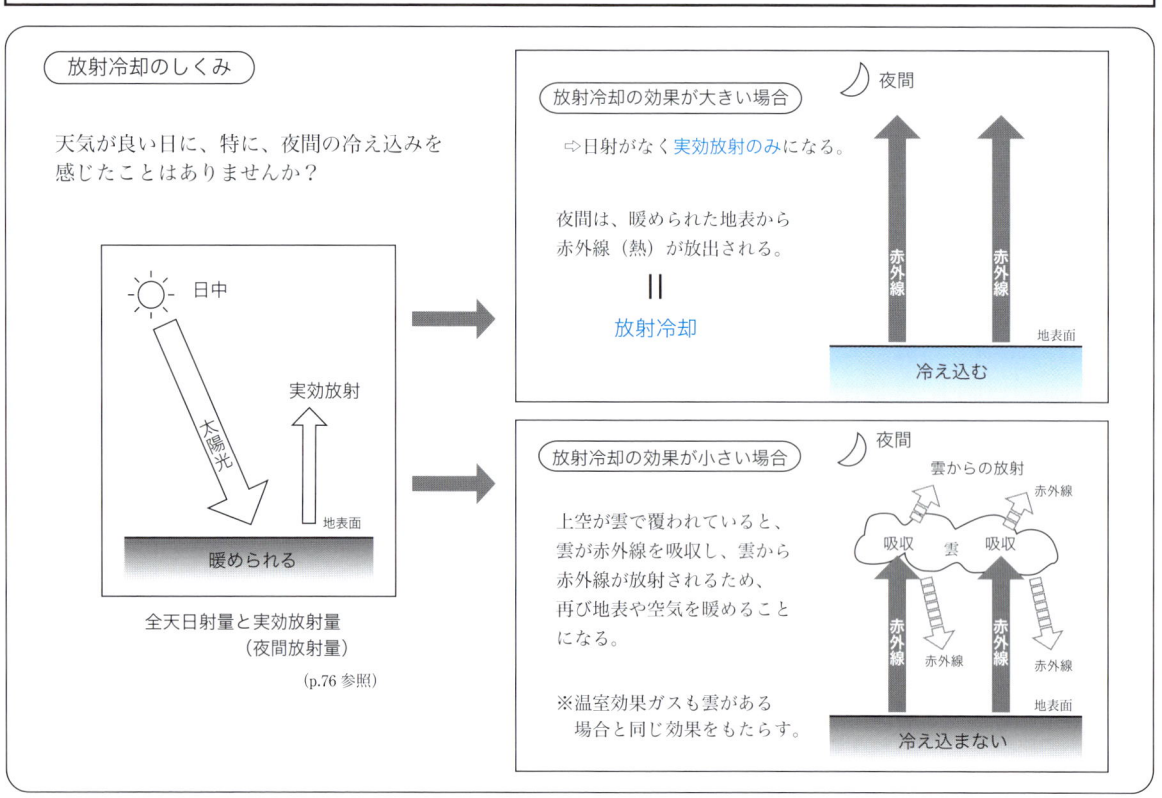

日中に日射によって、地表が暖められる。 → 夜間に、暖められた地表から熱が放出され、冷えていく。 → バランスが取れていると、快適に生活できる。

↑ 放射冷却（下記参照）

二酸化炭素などの濃度が増加すると → 暖められた地表からの熱の放出が、温室効果ガスによって、妨げられる。 → 地表付近の温度が必要以上に上がる。 → **地球温暖化**

温室効果ガス／熱の放出／赤外線／日射／熱の放出が妨げられる／地球

温暖化の影響
- 南極大陸の棚氷の崩壊
- 森林の火災の発生
- 異常高温
- 洪水被害
- 農業、食料供給への影響

など

放射冷却のしくみ

天気が良い日に、特に、夜間の冷え込みを感じたことはありませんか？

日中：太陽光／実効放射／地表面／暖められる

全天日射量と実効放射量（夜間放射量）
（p.76 参照）

放射冷却の効果が大きい場合　夜間

⇒日射がなく**実効放射のみ**になる。

夜間は、暖められた地表から赤外線（熱）が放出される。
＝
放射冷却

赤外線／赤外線／地表面／冷え込む

放射冷却の効果が小さい場合　夜間

上空が雲で覆われていると、雲が赤外線を吸収し、雲から赤外線が放射されるため、再び地表や空気を暖めることになる。

※温室効果ガスも雲がある場合と同じ効果をもたらす。

雲からの放射／吸収／雲／吸収／赤外線／赤外線／赤外線／赤外線／地表面／冷え込まない

2 ヒートアイランド

ヒートアイランド：
都市化が著しい都心部の気温が、郊外の気温に比べて高くなる現象

地図上に気温の高い都市部が『島』のように浮き上がることから、『ヒートアイランド』と呼ばれている。

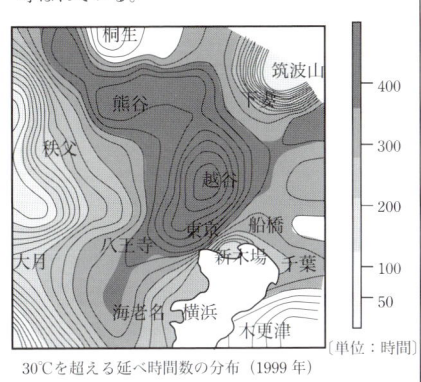

30℃を超える延べ時間数の分布（1999年）
（環境省のパンフレットより）

ヒートアイランドの原因
- 都市部は、緑地が少なく、熱をためやすいアスファルトやコンクリートでできている。
- 冷暖房、工場での生産活動、自動車などからの排熱。　　など

対策
- 路面や建物に熱をためない。
  保水性のある材料の利用、建物の屋上や壁面の緑化など。 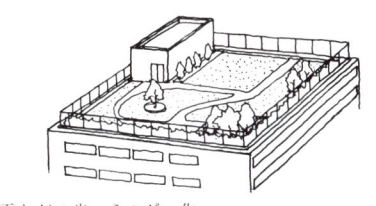
- 節電などの省エネルギー化。
- 風通しの良い建物の配置。　　など

3 大気汚染

主な大気汚染物質
- 二酸化硫黄（SO_2）
- 一酸化炭素（CO）
- 浮遊粒子状物質（SPM）
- 二酸化炭素（CO_2）
- 光化学オキシダント（O_x）　など

健康に生活するためには、大気汚染物質の減少が望まれる。

※ダイオキシン類も大気汚染物質に含まれる。

3-1 オゾン層

太陽から出る有害な紫外線をオゾン層が吸収する。

しかし、
冷蔵庫やエアコンなどが、不要品となり壊される時に、フロンが放出された。
⇒現在は、代替フロンを使用するなどして脱フロン化が進められている。

フロンなどにより、オゾン層が破壊され、有害な紫外線が地表へとどく。

紫外線の人体への影響
- 皮膚がんや白内障（目の病気）になる可能性がある。
- 病気に対する抵抗力が弱くなる。　など

※植物や海洋生物などにも影響をおよぼすおそれがある。

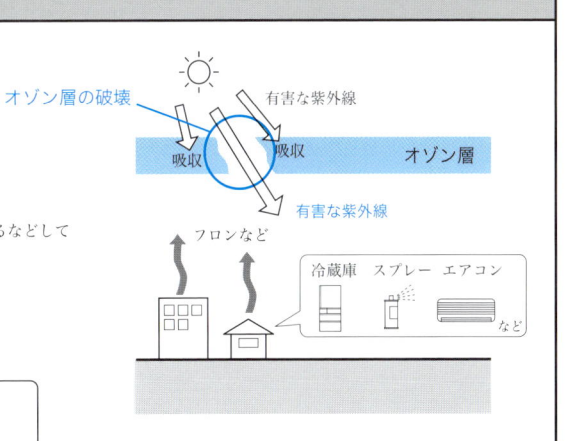

国際的に協力して、オゾン層を保護するための取り決めが採択されている。
日本でも『オゾン層保護法』が制定されている。

4 水質汚濁

一般的な水質汚濁の指標

生物化学的酸素要求量（BOD）と化学的酸素要求量（COD）がある。

① 生物化学的酸素要求量（BOD）

水中の有機物などを、酸化・分解するために微生物が必要とする酸素の量（単位：mg/l）

※BODの値が大きいほど、その水質は悪い。

河川の水質汚染の原因
・生活排水
・産業廃棄物　など

生活排水のうち、台所からの影響が最も多く、油や醤油、米のとぎ汁などが挙げられる。

② 化学的酸素要求量（COD）

水中の有機物などを、酸化剤（過マンガン酸カリウム）によって化学的に酸化・分解するために必要とする酸素の量

K（ケルビン）　（p.37参照）
※温度を表す単位　℃ − ℃ ＝ K

単位のまとめ

		単位	読み方
光環境	光束	lm	ルーメン
	光度	cd	カンデラ
	照度	lx	ルクス
	光束発散度	lm/m^2	
	輝度	cd/m^2	

		単位	読み方
温熱環境	熱伝達率	W/(m^2·K)	
	熱伝導率	W/(m·K)	
	熱貫流率	W/(m^2·K)	
	日射量	W/m^2	
	着衣量	clo	クロ

		単位	読み方
空気環境	換気量	m^3/h	
	換気回数	回/h	
	濃度（体積）	ppm	ピーピーエム
	浮遊粉じん質量濃度	mg/m^3	
	空気密度	kg/m^3	

		単位	読み方
音環境	音圧	Pa	パスカル
	音響パワー（音響出力）	W	ワット
	音の強さ	W/m^2	
	音響エネルギー密度	W·s/m^3	
	音のレベル（騒音レベル）	dB	デシベル
	周波数	Hz	ヘルツ

ギリシア文字

大文字	小文字	読み方
Α	α	アルファ
Β	β	ベータ
Γ	γ	ガンマ
Δ	δ	デルタ
Ε	ε	イプシロン
Ζ	ζ	ジータ
Η	η	イータ
Θ	θ	シータ
Ι	ι	イオタ
Κ	κ	カッパ
Λ	λ	ラムダ
Μ	μ	ミュー
Ν	ν	ニュー
Ξ	ξ	クサイ
Ο	ο	オミクロン
Π	π	パイ
Ρ	ρ	ロー
Σ	σ	シグマ
Τ	τ	タウ
Υ	υ	ウプシロン
Φ	φ·ϕ	ファイ
Χ	χ	カイ
Ψ	ψ	プサイ
Ω	ω	オメガ

索　引

【あ】

- ISO（あいえすおー）……………………**67**,68
- 穴あき板（あなあきいた）………………121
- 暗順応（あんじゅんのう）…………………8
- 安全色（あんぜんしょく）…………………30
- ET*（いーてぃーすたー）…………………65
- 板状材料（いたじょうざいりょう）………121
- 板振動型吸音構造（いたしんどうがたきゅうおんこうぞう）………121
- 一酸化炭素（CO）（いっさんかたんそ）………88,89,92,**95**,139
- 一酸化窒素（いっさんかちっそ）…………95
- 色温度（いろおんど）………………**17**,18,19
- 色の重量感（いろのじゅうりょうかん）…29
- 色の面積効果（いろのめんせきこうか）…30
- ウェーバー・フェフナーの法則……………112
- 内断熱（うちだんねつ）……………41,**48**,59,60
- 永久日影（えいきゅうひかげ／えいきゅうにちえい）…74
- A特性（えーとくせい）……………**131**,132
- SET*（えすいーてぃーすたー）…………**65**,67
- XYZ表色系（えっくすわいぜっとひょうしょくけい）…26
- NC値（えぬしーち）………………………132
- 演色（えんしょく）……………………**17**,18
- 煙突効果（えんとつこうか）………………98
- 屋上緑化（おくじょうりょっか）…………82
- オクターブ…………………………………115
- オストワルト表色系（おすとわるとひょうしょくけい）…28
- 汚染物質（おせんぶっしつ）………88,90,91,92,102,104
- オゾン層（おぞんそう）……………………139
- 音の大きさ（おとのおおきさ）……………115
- 音の高さ（おとのたかさ）…………………115
- 音の強さ（おとのつよさ）……………111,112
- 音の強さのレベル（おとのつよさのれべる）…**112**,114,117,118
- 音の音色（おとのねいろ）……………115,**116**
- 音圧（おんあつ）………………**110**,111,113
- 音圧レベル（おんあつれべる）………**113**,114,117,125,127,131
- 音響エネルギー密度（おんきょうえねるぎーみつど）…**111**,113
- 音響パワー（おんきょうぱわー）………**111**,113,127
- 音源（おんげん）……………………**117**,118
- 音速（おんそく）………………………**110**,111
- 温度（おんど）……………………61,**63**,65
- 温度差換気（おんどさかんき）………**98**,101
- 音波（おんぱ）……………………………110

【か】

- 開口部の合成（かいこうぶのごうせい）…101
- 回折（かいせつ）……………………………133
- 開放型燃焼器具（かいほうがたねんしょうきぐ）…92
- 化学的酸素要求量（COD）（かがくてきさんそようきゅうりょう）…140
- カクテルパーティ効果（かくてるぱーてぃこうか）…116
- 可視光線（かしこうせん）……………**9**,79,82
- 可照時間（かしょうじかん）………………72
- 活動量（かつどうりょう）……………61,**62**,65
- 加法混色（かほうこんしょく）……………26
- 換気（かんき）……………45,**88**,89,93,97,102,104
- 換気回数（かんきかいすう）………………**89**,94
- 換気経路（かんきけいろ）…………………104
- 換気風量（かんきふうりょう）……………100
- 環境基準（かんきょうきじゅん）…………133
- 換気量（かんきりょう）……………**89**,90,91,97,100
- 寒色（かんしょく）…………………………29
- 間接照明（かんせつしょうめい）…………20
- 乾燥空気（かんそうくうき）………………**52**,54

- 機械換気（きかいかんき）………………51,94,**102**
- 基準昼光率（きじゅんちゅうこうりつ）…15
- 輝度（きど）…………………………………11
- 揮発性有機化合物（VOC）（きはつせいゆうきかごうぶつ）………88,**93**
- 気密（きみつ）………………46,47,51,93,105,133
- 吸音（きゅうおん）………………**120**,121
- 吸音材料（きゅうおんざいりょう）………**120**,124
- 吸音率（きゅうおんりつ）………………**120**,128
- 吸収音（きゅうしゅうおん）………119,**120**,122
- 吸収率（きゅうしゅうりつ）………………79,81
- Q値（きゅうち）……………………………46
- 強制対流（きょうせいたいりゅう）………37
- 共鳴効果（きょうめいこうか）……………124
- 局所換気（きょくしょかんき）……………104
- 局所不快感（きょくしょふかいかん）……68
- 局部照明（きょくぶしょうめい）…………20
- 許容濃度（きょようのうど）………………**89**,91
- 距離減衰（きょりげんすい）………………117
- 気流（きりゅう）…………………**61**,64,65
- 均時差（きんじさ）…………………………71
- 均斉度（きんせいど）……………………**21**,22
- 空気音（くうきおん）………………110,**119**
- 空気線図（くうきせんず）………………**54**,55
- 空気齢（くうきれい）………………………90
- クリーンルーム……………………………102
- グレア………………………………………**8**,21
- グローブ温度計（ぐろーぶおんどけい）…63
- クロ値（くろち）……………………………61
- クロルピリホス……………………………93,94
- 経時色対比（けいじいろたいひ）…………31
- 形状抵抗（けいじょうていこう）…………96
- 結露（けつろ）………………52,54,**57**,59,60
- 建築化照明（けんちくかしょうめい）……23
- 顕熱（けんねつ）……………………**62**,106
- 減法混色（げんぽうこんしょく）…………26
- コインシデンス効果（こいんしでんすこうか）…123
- 光化学オキシダント（Ox）（こうかがくおきしだんと）…139
- 光源（こうげん）…………………………13,18
- 光源色（こうげんしょく）…………………25
- 光色（こうしょく）…………………………17
- 光束（こうそく）……………………………10
- 光束発散度（こうそくはっさんど）………10
- 光束法（こうそくほう）……………………24
- 後退色（こうたいしょく）…………………29
- 光度（こうど）………………………………10
- 光膜反射（こうまくはんしゃ）……………21
- 固体音（こたいおん）………………110,**119**,134

【さ】

- 採光（さいこう）………………………14,**16**
- 彩度（さいど）……………………**25**,**27**,31
- 雑音（ざつおん）……………………………116
- 作用温度（さようおんど）…………………64
- 残響（ざんきょう）…………………………127
- 残響時間（ざんきょうじかん）………**127**,128
- 酸素（さんそ）………………………………95
- 残像現象（ざんぞうげんしょう）…………31
- C特性（しーとくせい）……………………131
- 時角（じかく）………………………………71
- 視感度（しかんど）…………………………9
- 色彩調和（しきさいちょうわ）……………32

141

項目	ページ
色相（しきそう）	**25**,**27**,28,31
色調（トーン）（しきちょう）	25
自然換気（しぜんかんき）	**97**,102
自然室温（しぜんしつおん）	45
自然対流（しぜんたいりゅう）	37
シックハウス症候群（しっくはうすしょうこうぐん）	88,89,**93**,94
実効放射（じっこうほうしゃ）	**76**,138
湿度（しつど）	**52**,61,63,65
室内騒音（しつないそうおん）	132
視認性（しにんせい）	32
島日影（しまひかげ／しまにちえい）	74
湿り空気（しめりくうき）	**52**,53,54
地面放射（じめんほうしゃ）	76
遮音（しゃおん）	51,**122**,125,133
遮音材料（しゃおんざいりょう）	124
遮音等級（しゃおんとうきゅう）	125,126
終日日影（しゅうじつひかげ／しゅうじつにちえい）	74
周波数（しゅうはすう）	**111**,115,123,131
重量濃度（じゅうりょうのうど）	89
重力換気（じゅうりょくかんき）	98
純音（じゅんおん）	116
瞬時一様拡散（しゅんじいちようかくさん）	90
純色（じゅんしょく）	27,**28**
衝撃音（しょうげきおん）	126
照度（しょうど）	**10**,15,21
照度基準（しょうどきじゅん）	**11**,12
照明器具（しょうめいきぐ）	**23**,24
人工照明（じんこうしょうめい）	17
進出色（しんしゅつしょく）	29
真太陽時（しんたいようじ）	70
振動（しんどう）	134
新有効温度（しんゆうこうおんど）	65
水質汚濁（すいしつおだく）	140
スペクトル	116
正圧（せいあつ）	**97**,102
生物化学的酸素要求量（BOD）（せいぶつかがくてきさんそようきゅうりょう）	140
セービンの式（せーびんのしき）	128
赤外線（せきがいせん）	**9**,38,76,79,82,138
絶対湿度（ぜったいしつど）	**52**,54
線音源（せんおんげん）	117,**118**
全天空照度（ぜんてんくうしょうど）	**14**,15
全天日射（ぜんてんにっしゃ）	76
潜熱（せんねつ）	**62**,106
全般換気（ぜんぱんかんき）	104
全般照明（ぜんぱんしょうめい）	20
騒音（そうおん）	**131**,132,133
総合透過損失（そうごうとうかそんしつ）	124
総合熱貫流率（そうごうねつかんりゅうりつ）	46
総合熱伝達（そうごうねつでんたつ）	**37**,38
総合熱伝達率（そうごうねつでんたつりつ）	**38**,42
相対湿度（そうたいしつど）	**53**,54,57,60,63
相当外気温（そうとうがいきおん）	45,79
相当開口面積（そうとうかいこうめんせき）	**100**,101,105
相当すき間面積（そうとうすきまめんせき）	105
層流（そうりゅう）	96
ソーラーハウス	79
外断熱（そとだんねつ）	41,**48**,59,60

【た】

項目	ページ
体温調節機構（たいおんちょうせつきこう）	62
体感温度（たいかんおんど）	**64**,65,88,106
大気汚染（たいきおせん）	139
大気の透過率（たいきのとうかりつ）	76
大気放射（たいきほうしゃ）	76
代謝量（たいしゃりょう）	**61**,62
体積濃度（たいせきのうど）	**89**,91,93
対比（たいひ）	31
太陽位置図（たいよういちず）	70
太陽高度（たいようこうど）	70
太陽定数（たいようていすう）	76
太陽方位角（たいようほういかく）	70
対流（たいりゅう）	36,**37**,61,62
対流熱伝達（たいりゅうねつでんたつ）	36,**37**,38
対流熱伝達率（たいりゅうねつでんたつりつ）	**37**,38,64
多孔質型吸音構造（たこうしつがたきゅうおんこうぞう）	120
暖色（だんしょく）	29
断熱（だんねつ）	36,**41**,46,**48**,49,50,51,58,60,79
断熱材（だんねつざい）	36,40,**41**,79
暖房デグリーデー（だんぼうでぐりーでー）	48
暖房負荷（だんぼうふか）	48
置換換気方式（ちかんかんきほうしき）	105
地球温暖化（ちきゅうおんだんか）	138
蓄熱（ちくねつ）	**62**,79
窒素（ちっそ）	95
窒素酸化物（ちっそさんかぶつ）	95
着衣量（ちゃくいりょう）	**61**,65
中央標準時（ちゅうおうひょうじゅんじ）	71
中空層（ちゅうくうそう）	40,**41**,58,79
昼光（ちゅうこう）	**14**,17,21
昼光照明（ちゅうこうしょうめい）	17
昼光率（ちゅうこうりつ）	**14**,15
中性帯（ちゅうせいたい）	**98**,99
直射光（ちょくしゃこう）	14
直接音（ちょくせつおん）	**127**,129
直接照明（ちょくせつしょうめい）	20
直達日射（ちょくたつにっしゃ）	**76**,77,78
通気層（つうきそう）	60
通風（つうふう）	88,**106**
定常状態（ていじょうじょうたい）	39,**44**,127
点音源（てんおんげん）	117
天空光（てんくうこう）	14
天空日射（てんくうにっしゃ）	76
電磁波（でんじは）	**9**,38
同化（どうか）	31
透過音（とうかおん）	119,120,**122**
等価吸音面積（とうかきゅうおんめんせき）	128
透過色（とうかしょく）	25
透過損失（とうかそんしつ）	**122**,123,124
透過率（熱）（とうかりつ）	81,82
透過率（音）（とうかりつ）	122
同時色対比（どうじいろたいひ）	31
等時間日影図（とうじかんひかげず／とうじかんにちえいず）	73
透湿層（とうしつそう）	60
等ラウドネス曲線（とうらうどねすきょくせん）	115
ドラフト	68

【な】

項目	ページ
ナイトパージ	106
内部結露（ないぶけつろ）	41,51,**60**
南中時（なんちゅうじ）	69
二酸化硫黄（SO_2）（にさんかいおう）	139
二酸化炭素（CO_2）（にさんかたんそ）	76,88,89,**91**,92,95,138,139
二酸化窒素（NO_2）（にさんかちっそ）	95
24時間換気（にじゅうよじかんかんき）	51,89,**94**

項目	ページ
日赤緯（にちせきい）	71
日射（にっしゃ）	**76**,77,78,79,82
日射遮へい係数（にっしゃしゃへいけいすう）	80,**81**
日射熱取得率（にっしゃねつしゅとくりつ）	80,**81**
日照（にっしょう）	69,**72**
入射音（にゅうしゃおん）	119,120,122
音色（ねいろ）	116
熱貫流（ねつかんりゅう）	36
熱貫流抵抗（ねつかんりゅうていこう）	42
熱貫流率（ねつかんりゅうりつ）	40,**42**,43,45,46,48,58
熱貫流量（ねつかんりゅうりょう）	42,**43**
熱取得（ねつしゅとく）	**44**,45
熱線吸収ガラス（ねつせんきゅうしゅうがらす）	81
熱線反射ガラス（ねつせんはんしゃがらす）	81
熱損失（ねつそんしつ）	44,**45**,46
熱損失係数（ねつそんしつけいすう）	46
熱抵抗（ねつていこう）	41
熱伝達（ねつでんたつ）	36,**37**
熱伝達抵抗（ねつでんたつていこう）	42
熱伝達率（ねつでんたつりつ）	**37**,38
熱伝導（ねつでんどう）	36,**39**,62
熱伝導抵抗（ねつでんどうていこう）	42
熱伝導率（ねつでんどうりつ）	**39**,40,41,42
熱容量（ねつようりょう）	48,**49**,50
濃度（のうど）	**90**,91

【は】

項目	ページ
波長（光）（はちょう）	9
波長（音）（はちょう）	110
反響（エコー）（はんきょう）	127,**129**
反射音（はんしゃおん）	**119**,120,122,**127**,129
PMV（ぴーえむぶい）	67
ヒートアイランド	139
ヒートブリッジ	
PPD（ぴーぴーでぃー）	67
日影規制（ひかげきせい／にちえいきせい）	69,**75**
日影曲線（ひかげきょくせん／にちえいきょくせん）	72
日影時間図（ひかげじかんず／にちえいじかんず）	73
日影図（ひかげず／にちえいず）	73
比視感度（ひしかんど）	9
比重（ひじゅう）	**40**,95
必要換気量（ひつようかんきりょう）	**91**,92
非定常状態（ひていじょうじょうたい）	44
比熱（ひねつ）	45,**49**,50
標準新有効温度（ひょうじゅんしんゆうこうおんど）	**65**,66
表色（ひょうしょく）	26
表面結露（ひょうめんけつろ）	**57**,58,59
表面色（ひょうめんしょく）	25
日除け（ひよけ）	81
ビル管理法（びるかんりほう）	**64**,89
負圧（ふあつ）	**97**,102
風圧換気（ふうあつかんき）	97
風圧係数（ふうあつけいすう）	97
風圧力（ふうあつりょく）	97
風速（ふうそく）	63
風力換気（ふうりょくかんき）	101
複合音（ふくごうおん）	116
複層ガラス（ふくそうがらす）	40,124
物体色（ぶったいしょく）	25
浮遊粒子状物質（SPM）（ふゆうりゅうしじょうぶっしつ）	139
フラッターエコー	129
ブリーズソレイユ	82
プルキンエ現象（ぷるきんえげんしょう）	9,**32**

項目	ページ
フロン	139
分圧（ぶんあつ）	53
平均演色評価数（へいきんえんしょくひょうかすう）	19
平均太陽時（へいきんたいようじ）	71
平均放射温度（へいきんほうしゃおんど）	64
平坦特性（へいたんとくせい）	131
ベルヌーイの式（べるぬーいのしき）	96
ベンチレーター	103
防湿層（ぼうしつそう）	60
放射（ほうしゃ）	36,37,**38**,61,62,63,64,65,68
放射熱伝達（ほうしゃねつでんたつ）	36,37,**38**
放射熱伝達率（ほうしゃねつでんたつりつ）	**38**,64
放射冷却（ほうしゃれいきゃく）	138
防振（ぼうしん）	119,**134**
放熱器（ほうねつき）	58
飽和（ほうわ）	**53**,54
補色（ほしょく）	28
補色対比（ほしょくたいひ）	31
ホルムアルデヒド	88,89,**93**,94
ホワイトノイズ	116

【ま】

項目	ページ
マスキング効果（ますきんぐこうか）	116
マンセル表色系（まんせるひょうしょくけい）	26,**27**
密度（みつど）	**40**,45,49,50
密閉型暖房器具（みっぺいがただんぼうきぐ）	105
密閉型燃焼器具（みっぺいがたねんしょうきぐ）	92
無彩色（むさいしょく）	28
明視（めいし）	8
明順応（めいじゅんのう）	8
明度（めいど）	**25**,**27**,31
面音源（めんおんげん）	118

【や】

項目	ページ
夜間放射（やかんほうしゃ）	76
有効換気量（ゆうこうかんきりょう）	92,94
有彩色（ゆうさいしょく）	28
誘目性（ゆうもくせい）	32
床吹き出し空調システム（ゆかふきだしくうちょうしすてむ）	105
容積比熱（ようせきひねつ）	49
予想不満足率（よそうふまんぞくりつ）	67
予測平均温冷感申告（よそくへいきんおんれいかんしんこく）	67

【ら】

項目	ページ
ラウドネスレベル	115
ランプ効率（らんぷこうりつ）	**18**,19
乱流（らんりゅう）	96
立体角（りったいかく）	10,**11**
流量係数（りゅうりょうけいすう）	100
理論廃ガス量（りろんはいがすりょう）	92
隣室温度差係数（りんしつおんどさけいすう）	45
冷暖房負荷（れいだんぼうふか）	59
冷房負荷（れいぼうふか）	**48**,77,80
レベルの合成（れべるのごうせい）	114
レベル表示（れべるひょうじ）	112
連続の式（れんぞくのしき）	96
露点温度（ろてんおんど）	**54**,57,60

● 参考文献

倉渕隆『初学者の建築講座 建築環境工学』市ヶ谷出版社、2006
三浦昌生『基礎力が身につく 建築環境工学』森北出版、2006
環境工学教科書研究会編著『環境工学教科書 第二版』彰国社、2000
田中俊六・武田仁・岩田利枝・土屋喬雄・寺尾道仁『最新 建築環境工学 改訂3版』井上書院、2006
加藤信介・土田義郎・大岡龍三『図説テキスト 建築環境工学 第二版』彰国社、2008
日本建築学会編『建築設計資料集成1 環境』丸善、1978
日本建築学会編『建築環境工学用教材 環境編』日本建築学会、1995
照明学会普及部編『新・照明教室 照明の基礎知識 中級編(改訂版)』照明学会普及部、2005
日本建築学会編『建築の色彩設計法』日本建築学会、2005
日本建築学会編『日本建築学会設計計画パンフレット30 昼光照明の計画』彰国社、1985
平手小太郎『新・建築学 TKA-9 建築光環境・視環境』数理工学社、2011
宇田川光弘・近藤靖史・秋元孝之・長井達夫『シリーズ建築工学5 建築環境工学 熱環境と空気環境』朝倉書店、2009
宿谷昌則『数値計算で学ぶ 光と熱の建築環境学』丸善、1993
日本建築学会編『日本建築学会設計計画パンフレット24 日照の測定と検討』彰国社、1977
空気調和・衛生工学会編『新版 快適な温熱環境のメカニズム 豊かな生活空間をめざして』空気調和・衛生工学会、2006
鉾井修一・池田哲朗・新田勝通『エース建築環境工学シリーズ エース 建築環境工学II―熱・湿気・換気―』朝倉書店、2002
日本建築学会編『日本建築学会設計計画パンフレット18 換気設計』彰国社、1957
前川純一・森本正之・阪上公博『建築・環境音響学 第2版』共立出版、2000
日本建築学会編『日本建築学会設計計画パンフレット4 建築の音環境設計 新訂版』彰国社、1983
有田正光編著『大気圏の環境』東京電機大学出版局、2000

● 謝辞

本書の内容について、熊本県立大学准教授・細井昭憲先生よりご意見をいただきました。ありがとうございました。
また参考文献にはあげることができませんでしたが、多くの文献や資料をもとに本書をつくることができました。この場を借りてお礼申し上げます。
出版に関しましても、ご意見をいただきました学芸出版社の村井明男氏、村田譲氏には深くお礼申し上げます。

2009年10月　著者

JCOPY 〈(社)出版者著作権管理機構委託出版物〉
本書の無断複写(電子化を含む)は著作権法上での例外を除き禁じられています。複写される場合は、そのつど事前に、(社)出版者著作権管理機構(電話 03-5244-5088、FAX 03-5244-5089、e-mail: info@jcopy.or.jp)の許諾を得てください。
また本書を代行業者等の第三者に依頼してスキャンやデジタル化することは、たとえ個人や家庭内での利用でも著作権法違反です。

● 監修者

辻原万規彦(つじはら まきひこ)
1970年生まれ、1999年 京都大学大学院工学研究科環境地球工学専攻博士後期課程修了。博士(工学)。日本学術振興会特別研究員などを経て、2003年～ 熊本県立大学環境共生学部准教授(助教授)。
著書(共著)に、『第3版コンパクト建築設計資料集成』(丸善、2005)、『住宅設備の歴史』(空気調和・衛生工学会、2007)、『社宅街 企業が育んだ住宅地』(学芸出版社、2009)など。

● 著者

今村仁美(いまむら さとみ)
1969年生まれ、修成建設専門学校卒業。二級建築士。
1995年アトリエ イマージュを設立、主宰。1997年より、修成建設専門学校、関西デザイン造形専門学校、湖東カレッジ情報建築専門学校の非常勤講師などを歴任。
著書に『図と模型でわかる木構造』(辻原仁美著、2001)、『図説やさしい建築一般構造』(共著、2009)、『図説やさしい建築数学』(共著、2011)、『改訂版 図説やさしい建築法規』(共著、2019)、『住まいの建築計画』『住まいの建築設計製図』2021。

田中美都(たなか みさと)
1973年生まれ、早稲田大学理工学部建築学科卒業、同大学大学院修士課程修了。
一級建築士。
1997～2004年、鈴木了二建築計画事務所勤務、2006年より田中智之とTASS建築研究所設立。著書(イラスト担当)に『図説やさしい建築一般構造』2009、『改訂版 図説やさしい建築法規』(共著、2019)。
本書イラストも執筆。

図説 やさしい建築環境

2009年11月10日　第1版第1刷発行
2011年 3月20日　改訂版第1刷発行
2013年 3月10日　第3版第1刷発行
2022年 3月20日　第4版第1刷発行
2024年 3月20日　第4版第2刷発行

監修者　辻原万規彦
著 者　今村仁美・田中美都
発行者　井口夏実
発行所　株式会社　学芸出版社
　　　　京都市下京区木津屋橋通西洞院東入
　　　　〒600-8216　tel 075-343-0811
　　　　http://www.gakugei-pub.jp/

創栄図書印刷／新生製本
装丁：KOTO DESIGN Inc.

© Satomi Imamura・Misato Tanaka 2009　Printed in Japan
ISBN 978-4-7615-2476-0